北京先農壇

董绍鹏 潘奇燕 李莹 著

學苑出版社

图书在版编目（CIP）数据

北京先农坛 / 董绍鹏，潘奇燕，李莹著 .— 北京：学苑出版社，2013.6
ISBN 978-7-5077-4257-2

Ⅰ . ①北… Ⅱ . ①董… ②潘… ③李… Ⅲ . ①祭祀遗址－史料－西城区－明代 Ⅳ . ① K878.6

中国版本图书馆 CIP 数据核字（2013）第 074310 号

出 版 人：孟白
责任编辑：洪文雄　何纯谱
封面设计：徐道会
出版发行：学苑出版社
社　　址：北京市丰台区南方庄 2 号院 1 号楼
邮政编码：100079
网　　址：www.book001.com
电子邮箱：xueyuan@public.bta.net.cn
销售电话：010-67675512、67678944、67601101（邮购）
印 刷 厂：北京彩蝶印刷有限公司
开本尺寸：720 × 1000　　1/16
印　　张：21.5
字　　数：319 千字
版　　次：2013 年 5 月北京第 1 版
印　　次：2013 年 5 月第 1 次印刷
定　　价：48.00 元

书名题写：赵　迅
顾　　问：赵　迅
策　　划：董绍鹏
撰　　稿：董绍鹏（第一章、第二章、第三章，第六章的第三、四、五、六节，附录1、附录3）
潘奇燕（第五章，第六章的第一、二节，附录2）
李莹（第四章）
核　　校：董绍鹏
出版审核：赵　迅
摄　　影：董绍鹏（未署名的当代照片）、刘文丰
技术支持：苏　振

序　言

《北京先农坛》即将付梓。经过同仁们多年的奋力拼搏，终于完成了此著，其艰辛历程，颇令人赞叹。

先农坛是一座残缺不全的祭祀建筑群。有关它的资料异常缺少。作者能够这样全面系统、旁征博引地、全方位地把先农坛的方方面面翔实、细致地介绍给读者，也非一朝一夕就能做到的。

当代的年轻人，包括中青年，能够说清有关先农坛的来龙去脉者恐怕不多了。作者的初衷，在于传播知识，在于认识过去、启示未来。所谓“温故而知新”，此书出版对当前、对今后都大有好处。

我们绝非历史的虚无主义者。为什么一个具有历史悠远、文化灿烂、民风纯朴的清王朝，竟沦为列强的俎上鱼肉？原因固然是多方面的，但从先农坛的兴衰即可窥一斑而见全豹，读读它的历史，对于开阔我们的思想裨益良多。

《北京先农坛》的出版，无疑是为文史、古迹的研究者提供了一份珍贵的资料。

龙年荷月　赵迅于南柯庭

前 言

北京，是一座闻名中外的历史文化名城。

北京先农坛，是这座名城中富有独特祭祀文化内涵的一处人文古迹。自明永乐十八年（1420 年）建成，至今已近六百余年。

这里是明清两代国家祭祀中华民族的伟大先祖之一的先农炎帝神农氏的皇家祭坛。六百余年的风雨，先农坛虽饱经沧桑，但仍然散发着神秘诱人魅力，有众多秘密尚待人们去认知。这里要有几点提示，祈请读者注意：

北京先农坛是古代中国专门祭祀农业之神的最高级别祭坛（明清时的先农祭礼属于五礼中的吉礼，中祀）。

北京先农坛祭祀的农业之神，是炎帝神农氏。

炎帝神农氏是炎帝（古时代表南方之神，中国传统文化阴阳五行中代表“火”之神）与神农氏（古时代表南方稻作农业的先农之神，与代表北方旱作农业之神的后稷同为先农之神）合而为一的神话形象。

炎帝神农氏的国家祭祀内容包括：神坛祭祀、亲耕耤田。其中，亲耕耤田又称耕耤礼、耤田礼，是中国古代祭祀文化中的独特形式。耕耤礼是一种远古氏族社会古礼的孑遗，可看成是中国古代典章制度的化石。

先农之祀体现着中华民族传统文化中最朴实的人文情怀、人文思想，但后代在祭祀形式之“用”上参照了周代祭礼的做法。因周代祭祀礼法为后世儒家所推崇，后人也多认为采用的是儒家礼法。但先农之神的精神实质与儒家的核心价值观有着本质的区别，即：儒家侧重人文道德说教，专注构建人伦纲常；先农之精神侧重“以器化民”，理念中突出科技是第一生产力，用工具和技术的创新与进步提高生产力，使人民“仓廪实而知礼节”。因此，先农之精神不属于儒家思想的范畴，比其具有更为实在的人生意义、社会意义。

先农之精神对今天的最大启示：开拓进取、科技创新、苦干实干。这是中华民族兴旺发达的必经之路。

先农之精神是中国传统文化中的精华，今人只有对先农见贤思齐，才能实现今人的历史使命。

通读本书，不仅要了解北京先农坛，更为关键地是，牢记我们伟大祖先的丰功伟绩，传承先贤的精神理念，为中华民族的伟大复兴做出自己实实在在的努力和贡献，不断进取、不断创新。

这是热爱中华民族的亿万中华儿女发自内心的真诚祈愿。

董绍鹏

2012 年 5 月

目　录

第一章

走进先农坛

一　皇帝的世袭私田

——男耕女织农业的豪华示范园

北京，一座拥有三千多年建城史、近一千多年建都史的国际化大都市，漫长历史留给后人们的物质文化遗产和非物质文化遗产琳琅满目，其中以富有丰富形态特色的物质文化遗产类型之一的北京明清皇家坛庙为首，向我们展示出传统文化中那逐渐隐匿在现代喧嚣背后的已少有人知的秘密。

上年岁的老北京人一说起这京城的坛庙，会如数家珍一样滔滔不绝。天坛、地坛、日坛、月坛、社稷坛，风云雷雨庙、孔庙、太庙、历代帝王庙……就算不一定都说得上来，也能给人连蒙带唬地自圆其说，谁让北京人作为昔日天子脚下的百姓当的时间最长呢？谁让咱这北京城历史悠久呢？

如果大家去天坛游览，知道天坛有四个开门，东南西北各一处。假如又恰巧要去的是位于老天桥商场马路对面的天坛西门，这时如果你翻开北京地图仔细察看一下，细心的朋友会看到从你所在的天坛西门向西以至西南这一区域，有一个称为“先农坛”的地名。说到这个地名不仅外地来京的朋友陌生，就连北京本地的也大多不甚了了，只有那些上了年纪的老人能说出个一二，年轻人多数会对此一脸茫然。也难怪，这处已经退出市民视线半个多世纪的古建遗迹，能让人回忆起来真的很困难。不过，市民都知道这里有个北京育才学校，因为它与人们生活密切相关。如果你是一位史地爱好者或一位普通公民，如果想看看学校，对这所大名鼎鼎的重点学校进行考察，当你来到它的校门处，会陡然看到一座具有高大红色墙身、绿

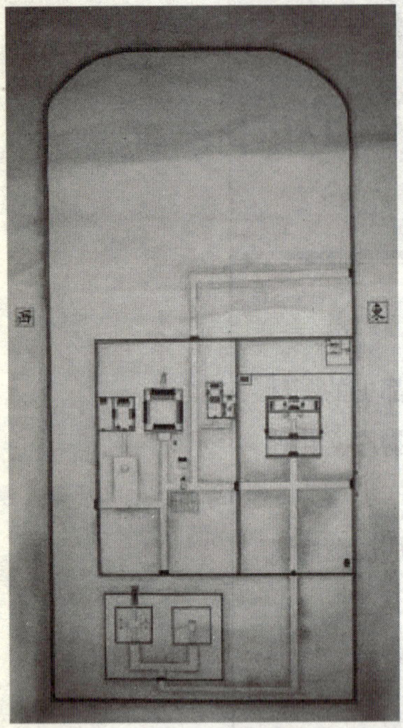

先农坛图（清样式雷绘）

色琉璃瓦、三眼大门洞的古建筑伫立在面前。古建筑中央大门洞的左下方有一块石质标志，上面镌刻着如下字样：全国重点文物保护单位——先农坛。

这里就是北京先农坛，昔日明清时期皇帝祭祀先农之神并进行亲耕耤田的先农坛，老北京说的九坛八庙之一。然而，像刚才所说它已离开公众视线半个多世纪，人们大多只知晓先农坛地名而忘了先农坛之实。

作为全国重点文物保护单位，先农坛古坛区目前还有大量的古建筑得以完好保存，只不过这里并没有因为拥有古建筑而规划成为公园，而是利用目前遗存的先农坛古坛区主体部分成立了北京古代建筑博物馆，以博物馆名义开放。在全面了解北京先农坛历史文化之前，不妨先略说一下北京先农坛的由来。

大家知道，现在通常所说的明清北京城是明成祖永乐皇帝朱棣创建（永乐十八年，1420 年）的，他从南京（当时叫应天）移都到北京，把南京的皇宫坛庙等等都在北京克隆一遍，其中也包括先农坛，当时叫做山川坛，用来祭祀先农之神、太岁、五岳、五镇、五山、四渎、四海、风云雷雨、城隍、旗纛，以及亲行耕耤田礼。这些祭祀礼仪在当时是相当重要的国家典礼，先农坛也因此一直沿用到清王朝覆灭的 1911 年。坛内不同用途的建筑多种多样，不仅有祭祀先农神的祭坛，还有祭祀太岁神的太岁殿和拜殿，有给众神做祭品的神厨，还有皇帝祭祀前向众神表示虔诚而进行斋戒的斋宫，当然最著名的还是老北京人常作为口头语“一亩三分地”所指的皇帝自己耕种的私田——耤田。想当年，明清的皇帝按规矩每年要在这里演一回大戏，煞有介事地、诚惶诚恐地扶着耕犁来回走三四趟，然后让随行的大臣把五谷的种子洒在皇帝的私田里，借此号令大臣、百姓都要向他学习，学习他热爱农业生产的勤劳模范行为，由于有贵为天子的皇帝率先垂范，于是全国随即开展向皇上学习的热潮，一年一度的春季大生产运动也就拉开了序幕。播种仅是开始，皇帝还真把自己当作了一丝不苟的老农，地里的庄稼长势如何、管理怎样、秋收时这块耤田的收成情况都要向他汇报，以便总结今年的工作，以利来年再战。这样来看先农坛是否像极了一座关于全国农业生产的微型试验园、由国家领导人亲抓实干的农业示范基地？这其实就是先农坛存在的重要意义之一。

今天能看到的先农坛大小，只是历史上先农坛极盛时期的约三分之一。所幸的是，绝大部分当时的建筑都逃过重重劫难留了下来，失去的多是空地，因此我们现在还能看到一个相对完整的先农坛核心区域。1987 年在这里成立北京古代建筑博物馆，其中一个重要原因就是要保护这些古建筑。

按清乾隆《工部则例》记载，当年先农坛的规模是：坛区形状为北圆南方即上圆下方（象征天圆地方），外坛围墙全长 1368 丈（约合今天 4377.6 米）。结合现在的城市街道情况，即：北墙在今天西城区永安路，西墙在今西城区太平街一线，南墙还留有东西两端局部遗迹，墙体在南滨河路以北，东墙即今天天桥南大街路西一线一直向北（有意思的是，原外坛东北部坛墙虽在民国初年早已拆掉，但周围建筑布局仍留出坛墙的当年走向形成街道，并一直延续到现在。这为北京先农坛的历史研究留下了重要的现实参照），坛内面积约合 2000 亩。外围的坛墙里还有一层内坛墙，主要建筑都分布在内坛墙之内。外坛墙有两个大门，一处位于天桥南大街西侧路旁、正对北京天坛医院，称先农门，是祭祀先农之神走的大门；另一处位于北京富有盛名的天桥商场北部即西城区南纬路东口那里，称太岁门，是祭祀太岁神、十二月将神和天神地祇坛时走的大门，二门相距约 200 米。这样的分布与明清时先农坛的祭祀功能分为“先农耕祭”和“神祇之祭”相符，就是

清代皇帝观耕

说各祭各的神，各走各的门。比如说清代皇帝祭祀先农，走进先农门，径直向西，过内坛东门，再向西，就到了先农神坛，祭完再折回，就到了具服殿和观耕台，在具服殿换好黄色帝袍后再耕耤田（四推四返，雍正帝时定制，之前为三推三返），然后在观耕台上观看王公大臣和从耕老农继续耕地直至耕完，之后再向东穿过内坛东门，向北经过两重院门，就到了有前后两座大殿的庆成宫（清乾隆以前称斋宫），皇帝和王公大臣们空着肚子忙了一上午，就在这里吃“早点”（诸如宫廷御膳坊做的满族爱吃的小点心之类食品，再加上奶茶、清茶），吃完喝完打道回宫。这条线路的一东一西分别为先农门、先农神坛。先农神坛以北的神厨建筑群和宰牲亭，是专门给众神准备祭品的场所。具服殿和观耕台的偏西之北，就是祭祀太岁神和十二月将神的太岁殿建筑群，内有四座建筑面积宽大的大殿；偏东之北，则是贮藏耤田收获谷物的神仓建筑群；向南偏西一直到内坛墙，就是内坛南门，门外南部，东边是天神坛，西边是地祇坛。不难看出，所有重要的建筑都在这里，当年祭先农、祭太岁、祭天神地祇（风云雷雨、岳镇海渎）等祭祀活动，就是在这些建筑中完成的。其中要数祭祀先农之神活动最为重要，清代时皇帝几乎年年来，连祭带耕，隆重异常。

为了烘托坛内神圣、庄严、肃穆的气氛，清代乾隆帝时还种植了几百棵松柏榆槐，目前还遗留上百株，也成为先农坛珍贵的历史文化遗产组成部分。

先农坛是中国古代祭农文化的终极代表。话虽然有些夸张，但明清两代把祈求风调雨顺、丰衣足食的全部愿望主要都押在这

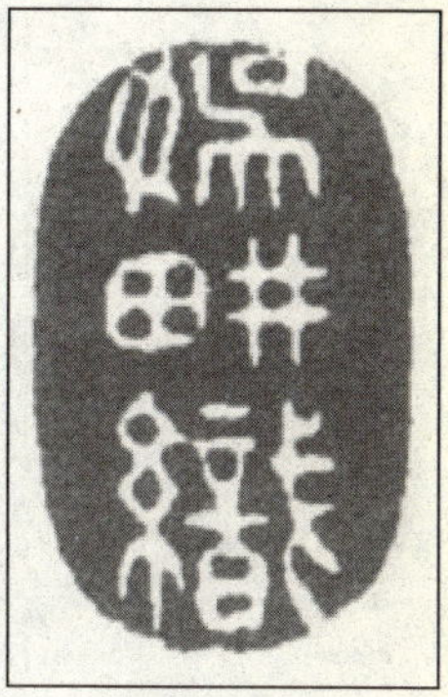
清雍正帝“娱耕织”印玺

里。因为在我们的传统文化中，先农是个职能神、专业神，分管农业，如果礼神不周，万一神降怒于人那可是不得了的情况。因此虽然明清时祭祀先农不是像祭天祭地那样的大礼，但皇帝们依然高度重视，不仅礼仪、乐舞一丝不苟，清雍正帝为了稳妥甚至实行亲耕前的演耕，祭祀礼器也在清乾隆朝重新考证制作过。这样煞费苦心地经营先农坛，目的就是要感动先农之神，从“农为一国之本”的政治高度保佑统治者的王朝延年永祚，使统治者的臣民丰衣足食、各守安分之道，除了作为皇权专制的顺民之外没有他想。

看了上述关于先农坛的大概介绍，可能有朋友要问：先农坛作为当年皇帝们专用的农业生产模范田，是不是全国仅此一处？这个问题问得不错。中国古代社会是个地道的农业社会，自从三皇五帝以来，强调农业的重要性并鼓励民间加强农业生产不松懈，成为历代政府的一项头等大事。试想，在一个以农业为最主要产业的国家，人们不重视农业生产重视什么？再者说，民以食为天，是人就要吃饭，从未听说有人不吃饭能生存，百姓如此，统治者也不例外。所以大家都把一日三餐当成要事，时时处处提醒自己也提醒他人：千万不要忘记粮食生产！生产需要技术和工具，而基本的种植技术和劳动工具先农氏在芸芸众生都还懵懵懂懂的时候就已发明，因此人们拿来用就可以了。凭借这些技术和工具种出比老祖宗刀耕火种时要多得多的粮食，人们真正做到了“避免饥馑之色”，脸色不再灰黯，体质得以改善。古时的人们极为朴实，谁给大家带来可以永享的福祉，谁就受到大家的顶礼膜拜，先农氏就这样被我们中华民族的祖先们当成神供了起来，称为先农之神。因为先农之神给大家带来的恩泽实在是太重要了，于是乎人们除了建坛建庙祭祀外，还可能随时随地祭拜，或因别的需要也在特殊场所祭拜。

北京先农坛建成至清亡，明清的皇帝们对于农业的认识是多方面多角度的。先农坛这个时期已经是国家祭祀先农之神的专用祭坛，皇帝的专祭场所仅此一处，但皇帝体验农民生活的场所可不止这一处，农民的本性并不因黄袍加身而改变。较知名的有这么几处地点：第一处是明代“西苑”（今中南海）开辟的稻田、添建的豳风亭和恒裕仓，是明嘉靖帝因一时向往江南田园风光所创建，最盛时稻田所产谷米竟能满足几处皇家坛庙供奉之用，后在明隆庆朝废去；第二处也是在中南海“西苑”，清康熙帝创建丰泽园并开辟稻田数亩，在丰泽园投入了大量“业余时间”钻研水稻种植技术，亲自试验水稻良种的优育优选，培育出籽实粒大、成色诱人的良种稻“御稻米”，以至“岁取千百，四十余年以来，内膳所进，皆此米也”（《康熙几暇格物篇》）并向全国推广（有趣的是，康熙帝一生亲自来到先农坛祭先农、耕耤田只有一次），同时这里还是雍正、乾

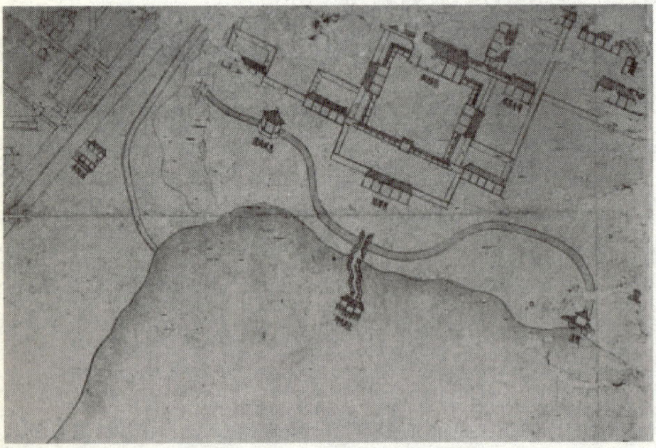

《乾隆京城全图》中的丰泽园

清末报刊中有关清康熙帝西苑丰泽园亲植稻谷记载

西洋铜版画中的中国清代皇帝亲耕场面

隆、嘉庆、光绪等清帝的演耕地，每年到先农坛耕耤田之前在这里演习耕耤仪程；第三处是清乾隆帝在清漪园（即颐和园）长堤西侧仿照《耕织图》创建的耕织图景区，内设蚕神庙、织染局和水村居等与农业耕织有关的建筑；第四处是清圆明园四十景之一的“山高水长”，清乾隆帝在这里也进行过演耕。除此之外，中国古代的农业文化本质上是男耕女织，耕与织是大农业的概念内涵。因此对应皇帝耕耤田，皇后则要亲桑蚕，明清时以母仪天下为宗旨的皇后要亲自祭祀蚕神嫘祖并观桑、选蚕种。明代亲蚕仅在嘉靖年间进行（明先蚕坛位于今中南海西北角处，明嘉靖十年（1531 年）建，清雍正年间改为时应宫，作为皇家供奉雨神的龙王庙，即清代风云雷雨庙中的雨庙）；清乾隆七年（1742 年）在今北海东北角辟建新的先蚕坛，每年春季第二个月的巳日，由皇后或嫔妃、女官来此祭祀蚕神。由此，天子之家不忘本色，以江山社稷为重每年亲行一次农人之作，以此为天下人之先，既为百姓做了回表率，又在不动声色中客串了一回先农神、先蚕神，不可谓政治上不精明。

民国初年的颐和园耕织图附近景色

清代末年的先蚕坛

说到这里，北京先农坛的重要意义不言而喻。先农坛的建筑既体现着国家典章制度的内涵要求，又是专制王权宣示“农为国之本”以物载德的标志。统治者每年进行的祭农和亲耕耤田，为先农坛的建立既确立实施的前提性和必要性，也为后代提供了一处可以透过现象看本质、借以了解中国古代祭农文化表层和深层文化内涵的绝好标本。在这里，有的是缅怀先人卓越功绩的赞叹与崇敬，有的是后人借先人伟绩以自勉。

走进先农坛，在发思悠古之情的同时，穿越历史的时空感受民族文化的深奥，感受远祖带给后世恩泽的光芒，感受先农之神的精神垂范暨触动后世灵魂的力量。这就是北京先农坛带给世人踏着先农的足迹、领略先农文化的重要意义所在。

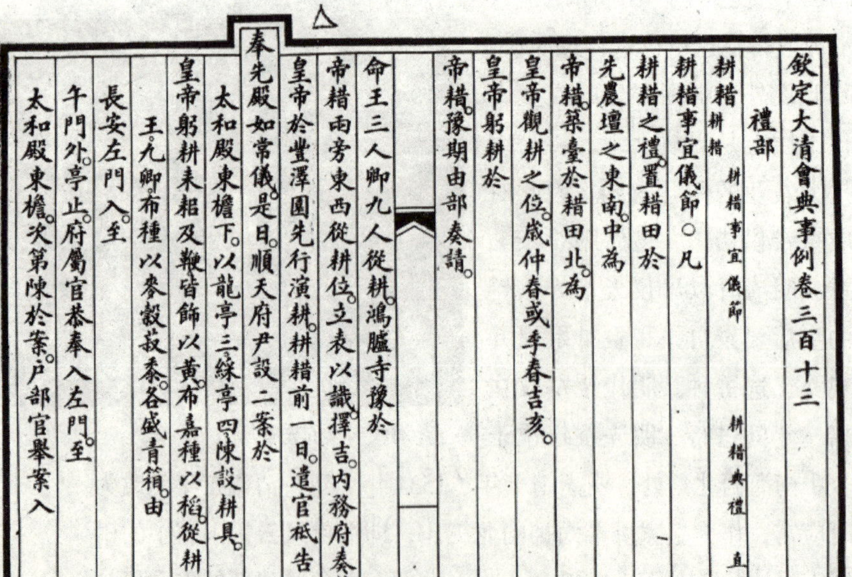

欽定大清會典事例卷三百十三

禮部

耕耤 耕耤 耕耤事宜儀節 耕耤典禮 直省

耕耤事宜儀節○凡

耕耤之禮○置耤田於

先農壇之東南○中爲

帝耤○築臺於耤田北○爲

皇帝觀耕之位○歲仲春或季春吉亥○

皇帝躬耕於

帝耤○豫期由部奏請○

命王三人卿九人從耕○鴻臚寺豫於

帝耤兩旁東西從耕位○立表以識○擇吉○內務府奏請

皇帝於豐澤園先行演耕○耕耤前一日○遣官祗告

奉先殿如常儀○是日○順天府尹設二案於

太和殿東檐下○以龍亭三○綵亭四○陳設耕具○

皇帝躬耕耒耜及鞭皆飾以黃○布嘉種以稻○從耕三

王○九卿布種以麥穀菽黍○各盛青箱○由

長安左門入○至

午門外○亭止○府屬官恭奉入左門○至

太和殿東檐○次第陳於案○戶部官舉案入

丰泽园演耕记载（《清会典事例》卷三百十三）

二　先农坛的“名片”：神仓与观耕台

进入北京先农坛，首先会惊讶于在繁华的都市中能有如此一处清幽宁静的古建园林，是身处现今浮躁世事中难得的享受。随后，一些游客会对保留的如此众多、形态纷纭的古建筑有些摸不着头脑，到底哪里是北京先农坛的代表建筑呢？其实，不要说普通观光者，就是一些学者也会发出同样的疑问。说起来这并不让人感到意外，因为半个多世纪以来北京先农坛一直游离于世人的视线之外，它被后人赋予的新职能“育才学校”得以突出，而原有功能却被刻意淡化，以至于濒临为大众遗忘的境地。好在自1987年开始，先农坛古坛区作为博物馆对外开放后，已经把北京先农坛的宣传作为日常工作的重点来进行，越来越多的人们开始熟悉它、了解它。

书归正传。北京先农坛作为明清两代祭祀先农炎帝神农氏并进行亲耕耤田礼，同时兼顾祭祀太岁神和天地神祇的皇家祭坛，功能可不是一般的繁复，每尊神不仅在祭祀仪式上要恭敬到位，而且用的祭祀物品、体现祭祀功能的相关建筑也都有着丰富的内涵和讲究。在这些祭祀仪式中，最为核心的内容其实就是两个：祭祀先农炎帝神农氏和亲耕耤田。明清时，尤其在清代，这两项活动的重要性被提到史无前例的高度。因此，围绕着一祭一耕所做的文章就尤显重要。北京先农坛的建筑中，能够体现昔日皇帝亲耕享先农历史文化内涵、能够成为北京先农坛对外展示自身形象的就以先农坛神仓和观耕台最为典型。

（一）天下第一仓——神仓

先农坛神仓，位于内坛北门以里偏东南方，顾名思义就是敬神用的粮仓，史料上说神仓收贮的耤田所产谷物“以供粢盛”，也就是说神仓贮藏的粮食专门用来供奉各路神明之用。北京先农坛因为有皇帝的耤田，所以给收获的粮食建个粮仓也就在情理之中。历史文献显示，自汉代开始，以耤田享先农的形式祭祀先农炎帝神农氏的活动，在先农坛中建造神仓的尝试就已出现，虽然史料记载往往过于简单，但仍证明最晚到隋代已有神仓这种建筑物为耤田享先农服务：

隋制，于国南十四里启夏门外，置地千亩，为坛，孟春吉亥，祭先农于其上，以后稷配。牲用一太牢。皇帝服衮冕，备法驾，乘金根车。礼三献讫，因耕。司农授耒，皇帝三推讫，执事以授应耕者，各以班五推九推。而司徒帅其属，终千亩。播殖九谷，纳于神仓，以拟粢盛。穰稾以饷牺牲云。

——《隋书·志第二·礼仪二》

“播殖九谷，纳于神仓，以拟粢盛。”虽然只有短短十二个字，但表明隋代的神仓已是功能到位的专用建筑。

后世的文献中也有记载，如：

皇帝还宫，明日，班劳酒于太极殿，如元会，不贺，不为寿。耤田之谷，敛而钟之神仓，以拟粢盛及五齐、三酒，穰稾以食牲。

——《新唐书·志第四·礼乐二》

元丰二年，诏于京城东南度田千亩为耤田，置令一员，徙先农坛于中，神仓于东南，取卒之知田事者为耤田兵……

——《宋史·礼志》

绍兴十四年十一月，诏以嗣岁之春祇祓青坛，亲载黛耜，躬三推之礼。命临安府守臣度城南之田，得五百七十亩有奇，乃建思文殿、观耕台、神仓及表亲耕之田。

——《文献通考》

宋代的古籍中绘有神仓的形象，其身为圆柱状，屋顶为斗笠形，正面有木质气窗，已具备后世神仓（圆廪）的基本要素。

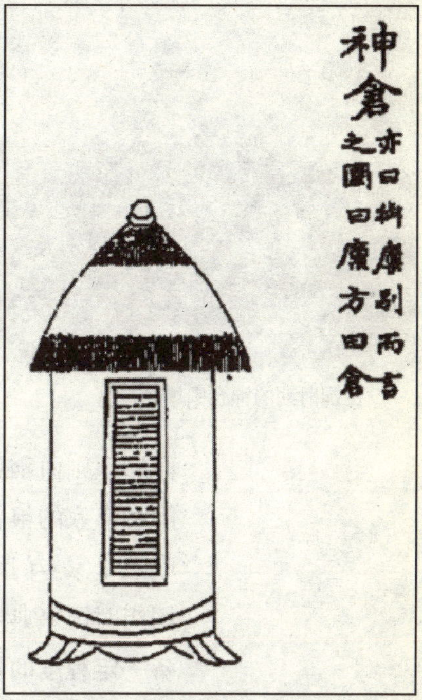

古书中的宋代先农坛神仓形象

北京先农坛神仓建于何时呢？据记载，明嘉靖十年（1531年）七月乙亥“以恭建神、祇二坛并神仓工成，升右道政何栋为太仆寺卿”（《明实录·世宗实录》卷一二八），说明嘉靖十年（1531年）时神仓已建成。这是历史上仅有的一次关于神仓建造时间的记载。刚建成时的神仓由圆廪（位于神仓院中路最北端，正向，供奉碾磨好的不同品种的谷物）、碾房（位于神仓院中路的东西两侧，两座，碾磨谷物）、仓房（位于神仓院中路的东西两侧，两座，存放收获的谷物），以及位于神仓院中路最南端的收谷亭（晾晒谷物）共六座建筑组成。其中，又以圆廪和仓房在建筑上比较富有特色。

圆廪是先农坛神仓建筑的核心，供众神享用的“神用粮仓”，是一座单檐圆攒尖顶、覆盖黑色绿剪边琉璃瓦的标准粮仓型建筑，即圆筒形墙身上覆斗笠形屋顶，木质，无窗。平面圆形，建筑面积约47平方米，最大直径为8.6米，座落于高约0.56米的圆形基座之上，室内铺有木地板以防潮。这种“圆筒形墙身上覆斗笠形屋顶”的形制建筑起源很早，根据考古资料显示，在原始社会进入新石器时代时，就以堆放稻草粮垛的形式出现，后演化为草拌泥的木骨墙身、上覆稻草顶，以后的主要变化体现在建筑材料上，墙身出现诸如泥砖、烧制砖、石砌及木制，

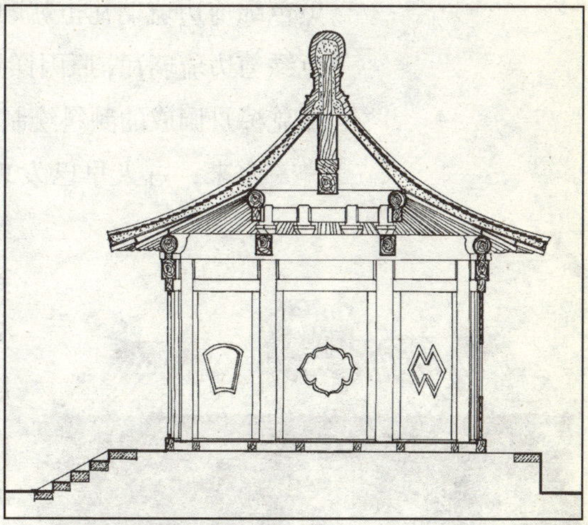
神仓圆廪剖面图

民国时期的神仓圆廪

神仓圆廪（1902–1905 年）

而屋顶则由稻草演变为树皮瓦、木质瓦、石片瓦、烧制瓦等。民间和皇家的粮仓主要区别在建筑材质上。而北京先农坛的神仓是收贮皇家专门用来祭祀神明之用粮食的粮仓，因而建筑上就要使用当时国家典章制度规定能够使用的最高等级用材，同时还要具备一定程度的特殊用途考虑。因北京先农坛是中祀等级坛庙，按规定可以使用黑色绿剪边琉璃瓦，所以供奉敬神谷物的圆廪使用黑色绿剪边琉璃瓦也就顺理成章（北京先农坛祭祀建筑多使用黑色绿剪边琉璃瓦，原因详见第三章），同时在室内梁架上用“雄黄”加兑樟丹调成的颜料绘制彩画。

原来，古人早已发现雄黄有毒，那么把它作为颜料的成分绘到圆廪的木结构上，既让建筑本身得到彩画的妆点，又让雄黄中的硫、砷成分慢慢析出到圆廪内部的空气中，使存放在这里的谷物环抱在有毒的氛围里，自然虫害也就减轻了。这就是前面所说的“具备一定程度的特殊用途考虑”，我们不能不佩服古人的智慧。

民国时期的神仓仓房

神仓仓房，是一座三开间悬山顶建筑，屋顶覆盖黑色绿剪边琉璃瓦。在它屋脊中央位置开了一座天窗，这成为先

神仓仓房气窗

神仓仓房吻兽和垂脊仙人走兽

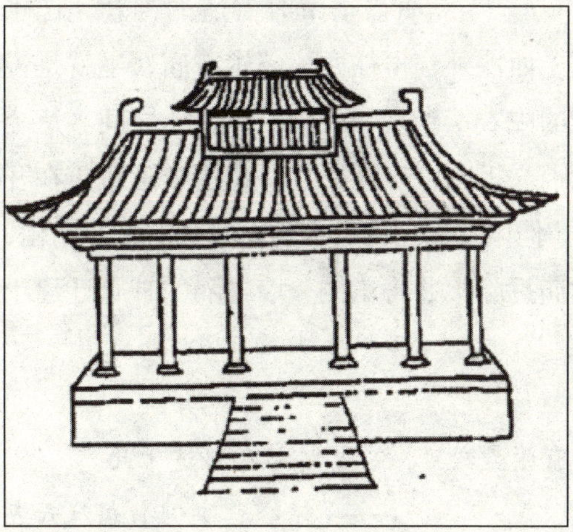

古书中的宋代先农坛神仓仓房形象

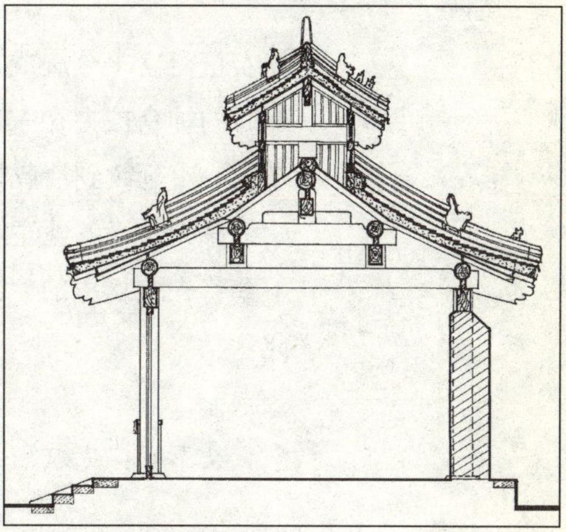

神仓仓房剖面图

农坛神仓建筑群中的第二处特色建筑。仓房的形象，最早也是见于宋代的古籍，书中绘制的形象已相当成熟。仓房的用途，是专门用来存放耤田每年收获的谷物，这些谷物虽经过收谷亭中的晾晒，但集中到一处非正向建筑内存放，多少还是会有受潮霉烂的可能。解决这一问题最直接的方式就是加强通风换气。在古代没有电力、没有机械的情况下，能用的只有自然风，所以建造出有利于空气对流的建筑形式（特别是能起到强制对流作用的建筑结构形式）就是最佳选择，开天窗在很久以前就已然为人们所认识并加以利用，因此像其他官仓一样（如前面举例的北京清代南新

南新仓

仓），把仓房建成带有天窗的形式也就不足为怪了。神仓仓房同圆廪一样，在梁架结构表面也绘制了掺有雄黄的彩画，用以驱散杀灭仓内的细菌害虫。

先农坛神仓今天所在的位置，并不是它一开始营造时的原始位置。在清乾隆帝时，先农坛神仓经历了一次易地迁建。明嘉靖帝时营造的神仓，位于先农坛斋宫（今庆成宫）西墙外，再往西比邻旗纛庙，也就是说那时的神仓被夹在东边的先农坛斋宫和西边的旗纛庙之间。这个布局一直延续到清乾隆十八年（1753年）。时值清乾隆帝正在开始整修先农坛各处建筑，他以旗纛之神已在各军校场有祭祀为由，下令将先农坛里的旗纛庙拆除，并将东侧一墙之隔的神仓迁建于此：

> 又奉旨：先农坛旧有旗纛殿可撤去，将神仓移建于此。
>
> ——《清会典事例》卷八六五

随着神仓的易地迁建，清乾隆帝还把原旗纛庙北院的三座建筑划归神仓，把正殿改为祭器库，专门存放皇帝的亲耕农具。这样一来，前后院的功能就自成体系：后放农具，前存敬神的粮食，同时也是加工场所。这里变为皇权专制国家中最高等级的“农家小院”。

这就是今天神仓建筑群前后院格局的由来。

现在实测的结果，全院占地面积约3436平方米，东西约宽41.2米，南北约长83.4米。前院建筑中轴对称分布，轴线上的圆廪、收谷亭，与后院的祭器库构成先农坛神仓建筑群的“三剑客”。

历史上北京的神仓可不止先农坛神仓这一处，还有另一处，那就是明大内西苑的恒裕仓。明嘉靖十年（1531 年），年轻跋扈、骄狂任性的明世宗嘉靖帝在与群臣争议更定国家典章礼仪取得胜利后，不顾历代以来凡典章必考据周之古礼并参照历代做法的传统，而是肆意妄为，在大内西苑（约今中南海流水音处）营造帝社坛、帝稷坛，同时建造无逸殿、豳风亭及恒裕仓。建造无逸殿、豳风亭的原始目的，本是嘉靖帝看到中海、南海附近有水、有树，湖面波光粼粼、鸥鹭戏水，颇有江南田园风光，于是突发奇想，招农夫开地五顷有余，在这里进行耕作，嘉靖帝则借此尽享田园之乐。据说当时无逸殿墙壁有“睿藻承遗训，农歌启圣衷。千秋所无逸，七月咏豳风”诗句，可以看出营造这几处建筑的用意。既然有农地耕作，那么耕地打下的粮食就要有地方存放，于是也就有了恒裕仓。这个神仓的地位在一段时期内竟然比翼于先农坛神仓：

凡祭祀粢盛，旧取给于耤田祠祭署。嘉靖十年议准：每岁耤田所出者，藏之神仓，以供圜丘、祈谷、先农、神祇坛、各陵寝、历代帝王及百神之祀。西苑所出者，藏之恒裕仓，以供方泽、朝日、夕月、宗庙、社稷、先蚕、先师孔子之祀。

——《明会典》卷二一五

上述文献说明，明嘉靖帝时期的近六成时间里，先农坛神仓所出粢盛仅占全部粢盛的一半，不过这个情况到明隆庆元年（1567 年）时就终止了，从此以后没有再出现第二处神仓：

隆庆元年，罢西苑耕种，诸祀仍取给于耤田。

——《明会典》卷二一五

我们可以这样说，作为明清皇家敬神专用粮仓的北京先农坛神仓，是天下第一仓。

（二）皇帝的观耕之所——观耕台

观耕台，是北京先农坛里的第二处代表建筑。

观耕台，位于内坛北门以里西南、内坛东门之西，在先农坛具服殿南方。这里呈现在眼前的，是一座占地面积约435平方米（台面约258平方米）、通高近2.9米、台面边长约16.1米呈正方形的大平台。基座四面遍覆绿色黄色琉璃砖，基座上设有汉白玉围栏，围栏望柱镌刻卷云纹，东西南三面出陛（台阶，青白石材质），台上海墁清灰砖。

这就是清代皇帝（清乾隆十八年即1753年以后）四推四返亲耕后，观看王公大臣及顺天府尹带领大兴县、宛平县令及耆老农夫终亩的专用看台。

明清时，皇帝亲耕及王公大臣从耕后，剩余田亩由管辖北京的地方官顺天府尹（相当于今天的北京市长）带着分管京城地界的大兴、宛平两县县令，及从两县中精选出的耆老（乡绅）和农夫终亩。

观耕台望柱与栏板纹样

说到观耕台的由来，还要从历史说起。

历史上自汉代恢复亲耕享先农之后，各类与祭祀活动相关的建筑并不是一次性出现，而是随着封建统治者对亲耕享先农活动所蕴含政治含义认识的不断加深而逐渐出现和添建的。前述一节所说的神仓按史料记载出现在隋代，而观耕台应出现在南北朝时的南朝：

普通二年，又移耤田于建康北岸……别有望耕台在坛东，帝亲耕毕登此台以观公卿之推伐。

——《隋书·志第二》

望、观，都是看的意思，因此望耕台即是观耕台，这是观耕台这种建筑出现的最早记载，时间为521年，首创人是南朝梁朝梁武帝萧衍（464年—549年），创建的本意，就是皇帝按古礼三推三返后，在此观看王公大臣继续耕作直至农夫终亩。但这种建筑的外观形制，古书没有详细描述。时隔不久，到北齐时这种观看王公大臣继续耕作直至农夫终亩的看台又出现“御耕坛”的称谓，《隋书·志第二》对于“御耕坛”的作用有较为详尽的描述：

……又为大营于外，又设御耕坛于阡陌北……殿中监进御耒于坛南，百官定列。帝出便殿，升耕坛南陛，即御座。应耕者各进于列。帝降自南陛，至耕位，释剑执耒，三推三返，升坛即坐。耕，官一品五推五返，二品七推七返，三品九推九返。耤田令帅其属以牛耕，终千亩。

称台也好，称坛也好，作用都是观看耕作之用。从此，这种建筑作为先农坛的功能建筑之一得以正式确立。

到了宋代，文献中对观耕台这种建筑的记载多处出现，表明宋时观耕台在亲耕享先农活动中发挥着不可替代的作用：

雍熙四年始诏以来年正月择日有事于东郊，行耕耤田礼……观耕台高五尺，周四十步；四陛，如坛色，其青城设于千亩之外。

——《宋史·礼志》

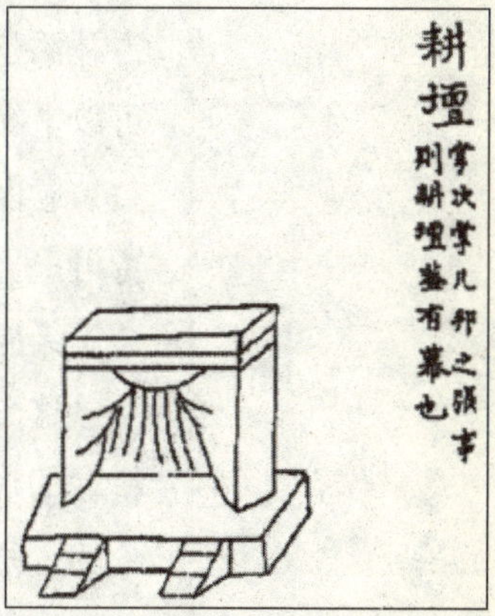

古书中的宋代先农坛观耕台形象

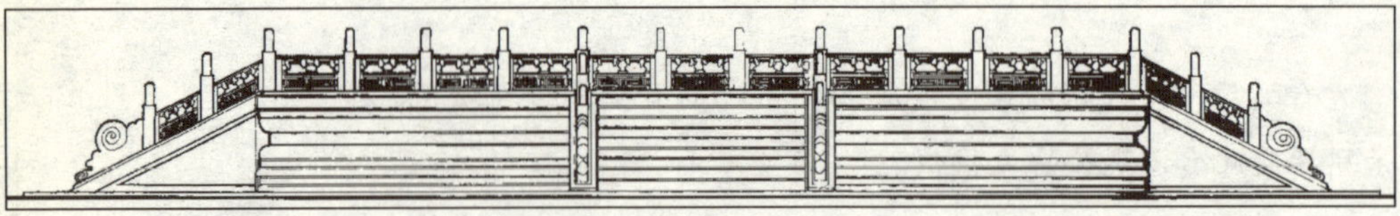

观耕台测绘图

绍兴十四年十一月，诏以嗣岁之春祇祓青坛，亲载黛耜，躬三推之礼。命临安府守臣度城南之田，得五百七十亩有奇，乃建思文殿、观耕台、神仓及表亲耕之田。又诏：毋建殿宇设幕、殿席、屋如南郊，事毕撤去，庶不扰民。

——《文献通考》

宋代古籍中绘有“耕坛”的形象，而耕坛就是观耕台。观耕台上设有帷幄，皇帝坐在帷幄中观看终亩，这是观耕台最早的形象记载。

北京先农坛建成后的一百多年内，皇帝观耕是坐在先农坛具服殿前仪门前方放置于平地的御位上进行的，开个玩笑地说可能当初规划先农坛时把观耕台古已有之的做法忘却了。直到嘉靖十年（1531年）嘉靖帝亲耕后，感到自己坐在仪门观耕与臣民平起平坐，没有体现出皇帝的尊严，这时有大臣趁机讨好，建议恢复古礼添建一座观耕台，每年亲耕前用木材临时搭制，这样皇帝就可以坐在台上观耕，以显示皇帝的尊严。嘉靖帝马上就同意了，《明史》卷四九记载：“其御门观耕，地位卑下，议建观耕台一。诏皆可。”其尺寸规格“用木，方五丈，高五尺，南、东、西三出陛”（《天府广记》卷之八）。

这个做法一直延续到清乾隆十九年（1754年）。明代木制观耕台的形象已无从查考，但清代木制观耕台的形象我们从遗存至今的《雍正帝先农坛亲耕图》中还可管窥其端容。

清乾隆十九年（1754年），乾隆帝因考虑观耕台每年搭建耗费银两，下旨对先农坛观耕台进行改造：

十九年奉旨：观耕台著改用砖石制造。钦此。

——《清会典事例》卷八六五

改造后的观耕台方广尺寸没变，但外观装饰发生了巨大变化，由过去一座普通的木台摇身一变为富丽堂皇的砖石巨台：

垣东南为观耕台，方五丈，高五尺，台座用黄绿琉璃仰覆莲式成造，南、东、西三出陛，各八级，面甃金砖，卫以青白石栏柱，版用白石。

——《清会典图》卷一二

改造后的观耕台，就是今天游客所见到的样子。

从每年耗费银两以木材搭建，到改为一次性砖石建造并四面贴琉璃砖、上绕汉白玉石栏的华丽平台，而且还为遮蔽阳光增设帷幄，《清朝文献通考》卷一一〇载：“（乾隆）三十九年三月，上亲耕耤。诏嗣后耕耤时，观耕台添设幄次。”那边节省而这边耗费，统治者“堤内损失堤外补”的伎俩可见一斑。

民国初年的观耕台（台上为观耕亭）

观耕台

从清乾隆二十年（1755 年）始直至清亡，皇帝扶犁亲耕后就是坐在这座富丽堂皇的大平台上观看臣子、百姓耕完台前的一亩三分地，感受着、聆听着臣子及百姓对他的恭维和称颂。而这里每年上演的亲耕大戏，成为皇权专制国家中最富有亲民色彩的活报剧，不断安抚着皇权专制国家中国民的麻木灵魂。

从建筑形制上说，这种特殊用途的建筑在几十年前还有一例，那就是建于清乾隆七年（1742年）的先蚕坛观蚕台，只不过它的外观参照的是改造前的先农坛观耕台，而质地却是砖石。可惜的是，先蚕坛观蚕台在20世纪50年代初已被拆毁，因此北京先农坛的观耕台就成为这类建筑的孤例，在中国古代建筑发展史上就显得更加弥足珍贵。

三　众神的家园

北京先农坛，毫不夸张地说是一处供奉众多神灵的神之家园。

我们知道，北京先农坛的前身，是明永乐帝时伴随北京城的建设而建造的山川坛，而这处山川坛又是“悉仿南京旧制”的克隆产物，也就是说，这山川坛一切的一切都要从明朝开国时洪武帝为南京山川坛订立的种种规矩去找其内涵根源。

翻开文献，我们查看有关明初洪武帝营造南京山川坛的记载：

国初，建山川坛于天地坛之西，正殿七间，祭太岁、风、云、雷、雨、五岳、五镇、四海、四渎、钟山之神；东、西庑各十五间，分祭京畿山川、春、夏、秋、冬四季月将及都城隍之神。坛西南有先农坛，东有旗纛庙，南有耤田。洪武二年，封京都及天下城隍神。三年，正岳、镇、海、渎、城隍诸神号。合祀太岁、月将、风、云、雷、雨、岳、镇、海、渎、山川、城隍、旗纛诸神。又令每岁用惊蛰、秋分各后三日，遣官祭山川坛诸神……七年，令春、秋仲月上旬择日祭。未几，以诸神从祀南郊，省春祭。十年，令中七坛上亲行礼，余以功臣分祀。

——《明会典》卷八五

山川坛内的祭祀，体现了强烈的多神崇拜现象。

多神崇拜，是中华文明形而上领域中的一大重要特征。洪武帝建国伊始百废待兴，他不仅在国家的政治经济方面采取了一系列安定民心和提振民生的措施，极力去除百年来蒙古外族统治下汉民族伤痛的心理阴影，还从国家的精神生活方面大力提倡恢复唐宋古制，极力恢复、健全国家祀典中各类可以维系皇权永祚的大小神祇的祭祀活动，试图以此标示其政权的汉家正统性、祈求上天嘉佑其政治统治的永久性。由此，先农坛祭祀和崇拜的神祇种类、数量也越来越多。我们可以理解，朱元璋经过多年人生磨难，经历太多的打打杀杀，使其深深感到江山得之不易，所以不仅在形而下的层面动用各种手段巩固政权，更要在形而上的层面统一思想，不论是宗教还是习俗。作为介于宗教和习俗之间地带的多神崇拜自然也不能逃出他的政治股掌。真可谓是调动一切可以调动的力量，只为江山永存。山川坛内神灵多，成为区别于其他神坛的一大特征。

有不少人对如此众多的神祇聚集在山川坛表示不解。的确，这么多的神聚集在这里，从文献上看没有给出明确的说法，即为何明洪武帝要把这样众多的神灵安排在山川坛。按功能看，洪武帝安排在这里的神可分为：作为人神的先农炎帝神农氏，作为自然神的太岁神及四季月将神、天神（风云雷雨及星辰）、地祇（岳镇海渎及名山大川、城隍），以及作为器物神的旗纛神。是否因为太岁及天神地祇掌管着岁时四季运转和风调雨顺、四方安康，所以将它们与司农之神——先农炎帝神农氏尽在一处供奉，以利神灵之间互为感应、互为关照、共为皇祚永存服务？此或许可成为一家之说。

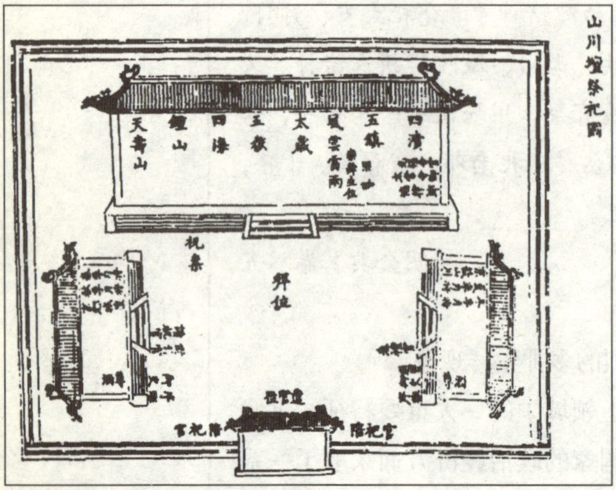

山川坛祭祀图（《明会典》）

明永乐帝营造北京城，虽说“悉仿南京旧制”，但也“殿宇坛庙高广壮丽过之”，北京山川坛的高广是否真的大过南京不得而知，文献没有具体记载。那么祭祀内容有什么变化呢？

文献上说区别只一处，即在山川坛正殿增添了天寿山之神，“永乐中，建山川坛，位置陈设悉如南京旧制，惟正殿钟山之右增祀天寿山神”（《明会典》卷八五）。

天寿山就是明十三陵所在地的原燕山山丘，这里被明永乐帝认定为营造陵寝的百年福地之后，身价倍增，名字也随之改为天寿山。

到了嘉靖帝时，嘉靖帝改制典章，在京城南北东西四郊分祀天地日月，除了在山川坛内坛南部另建天神坛、地祇坛，并把山川坛正殿内的天神地祇请到天神坛、地祇坛祭祀，把城隍之神请到城隍庙祭祀外，其他永乐帝时确定的山川坛内享祀之神没有更改。

这里，不妨看一下明嘉靖帝时对山川坛里所供奉神灵们的祭祀规定：

嘉靖八年，令以每岁孟春及岁暮，特祀太岁、月将之神，与享太庙同日，凡亲祀山川等神皆用皮弁服行礼，以别于郊庙。九年，更风、云、雷、雨之序曰：云、雨、风、雷，又分云师、雨师、风伯、雷师以为天神，岳、镇、海、渎、钟山、天寿山、京畿并天下名山大川之神以为地祇。每岁仲秋中旬，择吉行报祭礼，同日异时，而祭城隍神于其庙。十年，建天神、地祇坛于先农坛之南。天神在左，南向，地祇在右，北向，附祖陵基运山、皇陵翔圣山、显陵纯德山神于地祇坛，并号钟山曰神烈山。十一年，令神祇坛以丑、辰、未、戌三年一亲祭。

——《明会典》卷八五

也就是分别祭祀以下诸神祇：

先农神：炎帝神农氏

太岁神：含太岁神、十二月将神

天神：风伯、云师、雷师、雨师

地祇神：

五岳之神：中岳嵩山（位于河南登封市）

东岳泰山（位于山东泰安市）

南岳衡山（位于湖南衡山县）

西岳华山（位于陕西华山县）

北岳恒山（位于山西浑源县）

五镇之神：中镇霍山（位于山西霍州县）

东镇沂山（位于山东益都县）

南镇会稽山（位于浙江绍兴县）

西镇吴山（位于陕西陇兴县）

北镇醫巫闾山（位于辽宁北镇市）

五陵山之神：基运山（祖陵）、翊圣山（皇陵）、神烈山（孝陵）、纯德山（显陵）、天寿山

四海之神：东海（位于山东莱州）

南海（位于广东广州）

西海（位于山西蒲州县）

北海（位于河南济源县）

四渎之神：东渎淮河

南渎长江

西渎黄河

北渎济水

京畿名山、大川之神：泛指国都所在地行政区划内的大山大河

天下名山、大川之神：泛指国家行政区划内的大山大河

旗纛神：牙旗六纛、弓弩号角、火砲礌石、刀枪箭铳等兵器

清代，除了更改五陵山之神的内容外，清乾隆十八年（1753 年）下令将先农坛旗纛庙拆除，因此自乾隆十九年（1754 年）起，先农坛内就不再有旗纛神之祀。除了这些变化外，清代先农坛内供奉的神灵与明代亦无区别。

清代五陵山之神：启运山（位于辽宁新宾县永陵）、天柱山（位于辽宁沈阳东陵）、隆业山（位于辽宁沈阳北陵）、昌瑞山（位于河北遵化县东陵）、永宁山（位于河北易县西陵）

第二章

先农、耕耤与先农之祭

一　话说先农

（一）先农之神的由来

中华民族自古以来就是一个没有宗教信仰传统的民族。

可能有朋友会感到不理解：君不见佛教、道教、伊斯兰教、基督教、天主教都在中国有教众，况且像佛教还在历史上极度兴盛过，道教还是本土宗教，怎么会说没有宗教信仰传统呢？

这是一个说矛盾却又不矛盾的问题。宗教信仰和宗教信仰传统，不是等同的概念。如果说中国有宗教信仰传统，谁看到哪一种宗教能够始终如一地占据国民的精神世界而没有被世俗同化，最后成为国家的国教？或者说能够自始如一地占据我们的精神世界并使人们的世俗行为受到强制性的制约？不错，历史上的确出现过诸如佛教、道教成为国教的时期，不过因它们的存在之短，已经变为中华民族集体记忆中的碎片，逐渐消逝于善于忘却的历史习俗之中，就像在地球生物史上曾经出现过的那些属于演化旁支的生物一样。中华民族惯于生活在现实中，更关注的是人，对于过去和未来、对于看不到的神们，只要是无关当下世俗福祉的，就不会为人们所重视，只有等到需要时才“临时抱佛脚”。这种精神生活中的极度实用主义，早已成为中华民族惯常的做法，这导致天神地祇们在中国人的日常生活中常常遭受到非神的待遇，比西方世界的洋神们可怜得多。基于这些缘由，可以说中华民族没有宗教信仰传统。精神生活中的实用主义使中华文明体现出人本有加、戒忌不足的特性。

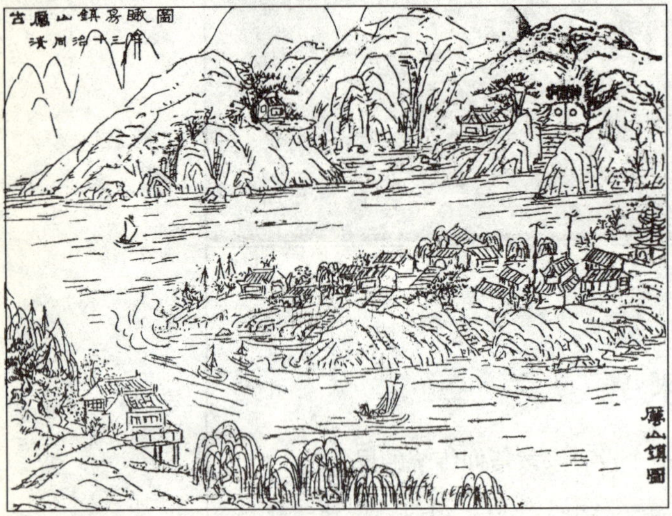

古厉山镇鸟瞰图（清同治十三年）

中华民族的宗教情结始终处于世界文明史中人类从蒙昧向文明开化的过渡阶段之中不能自拔。更为明确地说，中华民族的宗教情结一直停留在宗教学上所说的前宗教时期，比如类似美洲印地安人的多神崇拜或一些仍然处于原始文明阶段民族的“萨满”崇拜，简略地讲是宗教萌芽阶段。通常地说，一神崇拜才能形成真正的宗教，多神崇拜只是走向真正宗教的前夜。

汉代神农画像石

正如人们看到、体验到的那样，中华民族信奉的不是一神，而是众多的神，多到让世人难以记忆的神。可以这样说，中华民族虽然没有真正意义上的宗教，但却有着丰富多彩的多神崇拜，而这其中，祖先崇拜这种充分保留人类文明原始性的祭拜行为，是中华民族多神崇拜的核心内容。

因为我们关注的是人，所以为他人做出过至善大德之事的人，如古圣先贤、创建亲缘关系的先祖，都能成为中华民族的可崇拜之人，大的概念上说，对他们的崇拜都可以看成对民族祖先的崇拜。

看一下世界范围内祖先崇拜的特点，通常是把对部落、氏族或者民族做出过特殊贡献的，时间上属于在人们记忆中能够追溯到尽可能最早时期的人当作这些社会成员的祖先，而这些社会成员也就是形式上祖先的后人则通过传诵祖先的丰功伟绩、赞美后人可以从祖先那里得到的恩泽，通过口头相传的形式向后代传递这些被逐渐夸大的业绩，以使子孙对祖先进行无限的感恩；同时通过祖先崇拜也可以彰显拥有这个祖先的社会群体的傲人属性，对缺乏这种属性的其他社会群体会产生一种显性或隐性的感召力，往往会出现其他社会群体在感召力下最终放弃自己的祖先崇拜而改为信奉这个具有强大感召力的社会群体的祖先。随着历史的推移，这种现象只能达到这样一个局面：所有具有优秀特质的祖先的特征都会聚合在一个或者几个所谓祖先身上，从而产生出终极祖先。终极祖先实质上就是人的神格化产物，因为它所具有的特异功能早已超出正常人的范畴。

炎帝神农氏（《三才图会》）

回到中华民族。我们翻开历史文献会发现，越是早期的著作，记载内容越会呈现出无数拥有至善仁德、大智大勇、救民于水火的远古英雄的现象，这些古圣和先贤，在绝大多数人仍然处于茹毛饮血的状态时，就已经洞悉人世一切，精神境界已然超越物质生活的低下，教化人们如何构建人世的家园。他们多是以身作则的典范，以为人之先为己任，在尚未出现后世物质文明的原生态中披荆斩棘，践行人先之责，用生命谱写出一曲曲构建中华文明精神家园的壮丽诗篇。先农之神，就是中华民族祖先崇拜中的一个重要神祇，是为人之先不可超越的榜样，也是中华民族的终极祖先之一。

祭奠炎帝神农氏的活动

谈到先农之神，总会有人关注这样的问题：他是谁？何时出现？在人们的生活中起到怎样的作用？

既然是神，离不开造神的历史土壤、文化土壤。

远古时期，约在距今六七千年前的新石器时代，以黄河流域、长江流域等为中心区，率先摆脱了早已无法使人们得以饱食的渔猎生产方式，而采用种植谷物的农耕方式进行农业生产。想要进行农耕，就须经历相对漫长的粮种筛选培育过程，这个过程从生物学上说不啻于创造一个新的物种，可以想象此过程中要经历多少的失败和曲折。在漫长的历程过后，终于有一天良种得以培育成功，人们于是利用简单的工具垦荒播种，开始了人工种植的农耕时代。

传统上，中华大地出产的农作物不外乎五谷。俗语说的五谷丰登，指的就是人们对农作物能够丰收并且使自己衣食无忧的美好愿望。当社会发展进入到农耕时代后，历代口口相传的农耕经验与经过长年经验积累不断改进的农业生产工具对提高农业生产都在起到巨大的促进作用。经验的不断总结、工具的不断改进，使得生产效率逐渐得到提高，同时，伴随着栽培技术的不断进步，周代时（东周）我国已能培育出以“五谷”为代表的主要农作物。古籍中“菽、粟不足，末生不禁，民必有饥饿之色”（《管子》）、“耕稼树艺聚菽、粟，是以菽、粟多而民足乎食”（《墨子》）、“菽、粟如水火，而民焉有不仁者乎”（《孟子》）、“无不被诱衣而食菽、粟者”（《战国策》）等，说的就是以“五谷”为代表的主要农作物对于百姓、国家政权稳固所具有的重要性。《礼记·月令》说“春食麦，夏食菽，季夏食稷，秋食麻，冬食黍”。以五谷为代表的中国古代主要农作物的选植成功，成为先农之神得以产生的科学、历史背景。

五谷是古人对粮食作物的总称，一般地是指粟（谷子，即小米）、黍（粘黄米）、稻（水稻）、麦（燕麦、荞麦）、菽（豆类，如大豆、青豆、黑豆等），其中，北方以粟、菽最为重要，南方则主要依靠水稻。

那么，作为中华民族终极祖先之一的先农之神到底是谁呢？

今天我们通常所说的先农之神，比如北京先农坛里原来供奉的先农之

燕麦

大豆（菽）

稻

荞麦

黍（稷）

粟（稷）

神，是先秦至汉代经过一段时间演变后形成的炎帝神农氏。在历史上，先农之神还包括起源于周代、周人供奉的祖先后稷，以及世人少有知晓的烈山氏。其中，因古人记载出处及传说来源十分庞杂，造成炎帝神农氏与烈山氏之间出现极为复杂以致矛盾的渊源关联，后世文献多认为因炎帝神农氏在烈山（又称列山、厉山、历山，即今湖北随州厉山，据考证为先秦时代的古国厉国所在地）以火焚山开荒耕种，所以又被称为"烈山氏"，也有因传说其出生于烈山（湖北随州厉山有神农洞，传说是神农氏出生地）所以称"烈山氏"、"列山氏"、"厉山氏"、"历山氏"。但后世的民间祭祀却存在将炎帝神农氏与烈山氏作为两个不同神祇加以祭祀的现象，表明二者之间的神祇关联不是常人所理解的状态：

先农坛，在庆春门外，东郊仁和县临江十一图，雍正四年八月钦奉上谕各省一体举行创建。坛制于东郊清净之地，田地坛前，坛中正祠五间，左、右翼七间，后立寝室，供先农炎帝神农氏之神、先农厉山氏之神、先农后稷氏之神，祭品、祭器、祭仪照先师之礼。

——《浙江杭州府志》（民国十一年铅印本）

因篇幅所限，及结合其在历代典章中发挥的作用，本书不对烈山氏做进一步探讨。

（二）先农之神炎帝神农氏

先说说先农之神炎帝神农氏。

从先秦时期的众多文献上看，当时的炎帝神农氏还是分为"炎帝"和"神农氏"两个不同的神祇，而炎帝传说的起源应该还要早于神农氏。众所周知，今天的我们常将炎帝与黄帝合称炎黄，中华民族儿女以炎黄子孙相称，其实这个称谓是经过了漫长的历史发展伴以神话传说才形成的。本源上，先秦时代的炎帝具有多重文化内涵。

首先，炎帝是代表南方之火的火德之神，又称赤帝。古人崇拜火和太

炎帝神农氏祀像（湖南炎陵县炎帝陵）

阳，认为火与太阳同源，太阳是光明之源，万物之本，万物生长靠太阳，所以火神就是太阳神。“炎”字与火有关，喻示火与热，“炎帝”实际上是由对火的崇拜演化而来的荣誉称号，于是炎帝又成为火崇拜、太阳崇拜的象征。后世公认赤帝即炎帝。

其次，炎帝在具有神之属性的同时，应该说事实上也代表着生活在南方的氏族或部落联盟。最早提及炎帝的文献是大约成书于西周穆王时代的《逸周书·尝麦》：

> 蚩尤乃逐帝，争于涿鹿之阿，九隅无遗。赤帝大慑，乃说于黄帝，执蚩尤杀之于中冀，以甲兵释怒。

汉代神农画像石 一

汉代神农画像石 二

这段文字中提到的赤帝、黄帝等俨然是军事、政治首领的形象。《帝王世纪》说“炎帝都于陈，在位百二十年而崩，至榆罔，凡八世，合五百三十年”。显然，炎帝的存在更像是一个王朝，比如炎帝朝的统治者。炎帝是这个王朝统治者的尊称（类似古埃及的国王尊称“法老”），是盘踞一方的王国国君、大型部落联盟或氏族的首领。

传说炎帝称号一共沿袭了八代，这八代分别是：帝石年、帝临魁、帝承、帝明、帝直（宜）、帝来（厘）、帝哀（里）、帝榆罔。

汉代神农之像

宋代的炎帝神农像

再次，炎帝之名及其由来还与古人在方位上的阴阳五行概念有关，所谓东方主木为青是为青帝，南方主火为赤是为赤帝，西方主金为白是为白帝，北方主水为黑是为黑帝，中央主土为黄是为黄帝。炎帝是主南方的方位神。因此后世还有对炎帝的五方帝之祀（止于元代），这里不作讨论。

至于神农氏，《史记》中的记载说黄帝出道时神农氏国运已然衰落，诸侯互相征战而神农氏无法调和，于是黄帝挺身主持天下公道，摆平了混乱，使百姓又过上安定生活，诸侯就推黄帝为天子而取代了神农氏。

这样看来，神农氏的存在与前述炎帝的情况相同。神农氏并不指一个人，而应该是一个王朝或大型部落联盟之名，比如“神农氏朝”，神农氏是统治者的称号。传说神农氏传了十七个世代，假设一个世代按照一世30年计算，十七个世代就是五百多年，就是说神农氏统治的时期大约为500年。因此，神农氏较为真实的面目应该是因掌握相对丰富农业技术的一个氏族或部落联盟的名称，他的首领也以神农氏为尊称。

春秋战国（东周）时期的文献，少有谈及神农氏和炎帝之间的关系，更多的是借神农氏之古寓春秋战国当时的社会情况。春秋战国是我国古代历史中一个上下衔接的历史阶段，此时古老的氏族公社实行的土地公有制——井田制妨碍了社会生产力的发展，诸侯、士大夫（贵族）、自由民（国人）拥有土地，拥有政治权利，但不耕作生产（诸侯、士大夫不用耕作，但自由民的大部分要进行耕作）；奴隶不能拥有土地、政治权利，但从事着耕作生产。随着铁器的逐步使用，农业生产效率也逐渐得以提高，致使原先逐级分封的耕田之外的荒地也陆续得到开发，农耕面积的逐步扩大；又因诸侯国之间的利益冲突导致战争不断，这些都需要大量人力保障农业生产的可持续开展和战争人员的补给。新兴的具有开拓意识的自由民对经济利益的不断追求，促使各种形式的社会改革尤其是土地所有制改革开始出现，土地私有制和地主经济逐渐得以确立（当然伴随这一进程的深入原有的奴隶制经济体系自然土崩瓦解，大批奴隶转换身份为拥有土地使用权、拥有一定生产生活资料的农民）。不过任何社会变革都要面临旧有政治势力的强大阻力，面对保守利益集团强大的理论、舆论体系，变革者们必须从历史的角度、从祖先这个源头上找出改变的意义和依据。于是，神农氏因具有教民耕稼使初民得以避免饥馑之苦的功勋，被变革者们视为向保守势力展开政治进攻的绝好舆论武器，成为变革者们十分适用的历史借口和言论托词。我们从先秦文献中，看到这种托古改制即以借赞誉神农氏为名实为宣扬变革者的政治理念的“神农氏记载”浩如烟海：

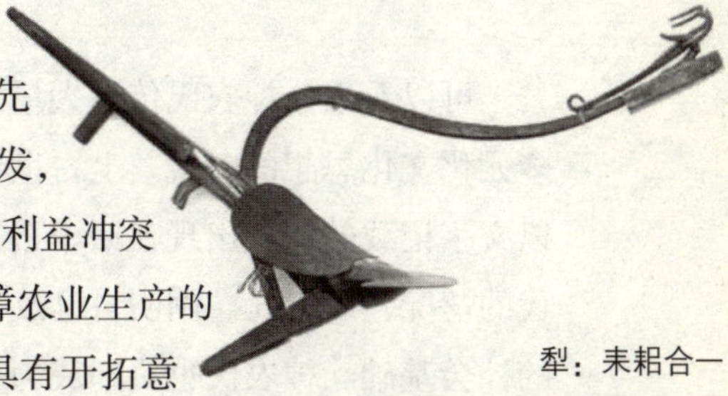

犁：耒耜合一

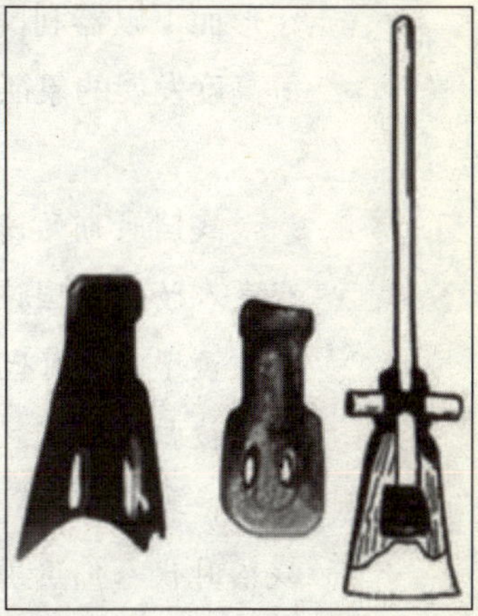

耒

《易·系辞下》：包牺氏没，神农氏作。斫木为耜，揉木为耒，耒耨之利，以教天下，盖取诸益。

《商君书·画策》：神农之世，男耕而食，妇织而衣，形政不用而治，甲兵不起而王。

《管子·形势解》：神农教耕生谷，以致民利。

《庄子·盗跖》：神农之世，卧则居居，起由于于。

《韩非子·六反》：夫民之不及神农。

《尸子·下》：（神农氏）并耕而王，以劝农也。

可以看出，神农氏传说大量涌现于春秋战国这样一个百家争鸣、具有多元化文化思想的时代。上古世代口头相传的神话，到了这一时期不断地以文字记载的形式出现在诸子百家的典籍中，他们纷纷借助介绍神农氏时代的情况，以寄托、阐明自己改良社会的思想，这构成了神农氏传说起源的社会基础。神农氏也旋即成为一位集农、医、手工业等技术于一身的精于形而下以器利民、以技惠民的神祇，其实质上是战国时期农、医、手工等高度发展的象征。

战国时期的诸子百家中，还有以宣讲神农之道为己任的农家学说，其代表人物是楚国许行。许行，战国时期著名农学家、思想家，约与儒家的代表孟子同一时代，在《孟子·滕文公上》记载有许行其人“为神农之言”，所以被归为农家。许行思想的核心是反对不劳而获，强调“贤者与民并耕而食，饔飧而治”、“仓廪府库，是厉民而以自养也”，他的思想反映出战国时代人们追求平等、反对奢侈的社会底层人民的美好愿望。后世认为《汉书·艺文志》中已散佚的《神农》二十篇就是许行所著。农家思想与儒家思想针锋相对，这从《孟子·滕文公上》孟子对许行主张的反驳中体现得淋漓尽致。

历史上对于炎帝和神农氏是否为同一人，自古就有不断的争论，从前述介绍中，应该看到二者之间还是存在相当大的差异。从文献上看，首先把炎帝和神农氏合在一起称为“炎帝神农氏”，谓炎帝即神农氏的，是《世本·帝系篇》，其说炎帝为身号，神农为代号。也就是说，神农二字是个朝代名称，而炎帝是这个朝代中天子的称呼。汉高诱注《淮南子·时则训》，提到炎帝时也把炎帝与神农氏合起来，说赤帝即炎帝，少典之子，号为神农，南方火德之帝。汉武帝以前的西汉正逢黄老无为思想盛行（黄是假托黄帝，老是老子。黄老思想实际上是战国道家的政治思想，它在政治上强调“寂若无治国之意，漠如无忧民之心，然天下治”，即“无为而治”、与民休息），休养生息、发展农业生产成为国策，统治者大力提倡趋本舍末（发展农业生产、抑制商品经济），导致国家在意识形态上对农业神祇的重视。由此，炎帝神农氏的称呼被西汉官方正式加以确定，炎帝神农氏的祭祀也被正式列为国家祭典开始在国家政治生活中发挥作用。而汉代的文献则继续对神农氏的历史功勋进行政治发酵，完成了炎帝与神农氏的最终融合：

《淮南子·修务训》：古者民茹草饮水，采树木之实，食蠃蠬之肉，时多疾病毒伤之害。于是神农始教民播种五谷，相土地宜燥湿肥硗高下。

《白虎通德论·号》：神农因天之时，分地之利，制耕耜，教民农作，神而化之，使民宜之，故谓之神农也。

《汉书·律历志》：以火承木，故为炎帝。教民耕农，故天下号曰神农氏。

炎帝神农氏，因其为天下人之先掌握农业技术，于是被后人尊称先农。它的主要丰功伟绩为后人假托，体现在各行各业，比

神农尝百草（《农书》）

神农锄耕（《农书》）

如农业、医药、手工业、音乐艺术、历法、商业等，其中最为令人称道的是炎帝神农氏制耒耜，植五谷，奠定了农业生产基础；尝百草，辨识草药，为民解病危之困。耒耜的使用和选育、种植五谷，解决了“民以食为天”的大事，促进了以种植为代表的农耕农业的发展。辨识草药，则开中医药之先，使后世得以从本草以解百病，故后世有假托炎帝神农氏所作的《神农本草经》。

因此说，炎帝神农氏是中华民族农业主神。后人为了纪念他，将这位农业主神的生平极度细化，揉和着历代的传说，为我们描绘了一位俨然业已证明存在于久远以前的真实圣贤：

炎帝神农氏，姜姓。母曰女登。有娲氏之女。为少典妃。感神龙而生炎帝。人身牛首。长于姜水。因以为姓。火德王。故曰炎帝。以火名官。斲木为耜，揉木为耒，耒耨之用，以教万人。始教耕。故号神农氏。

——《史记·补三皇本纪》

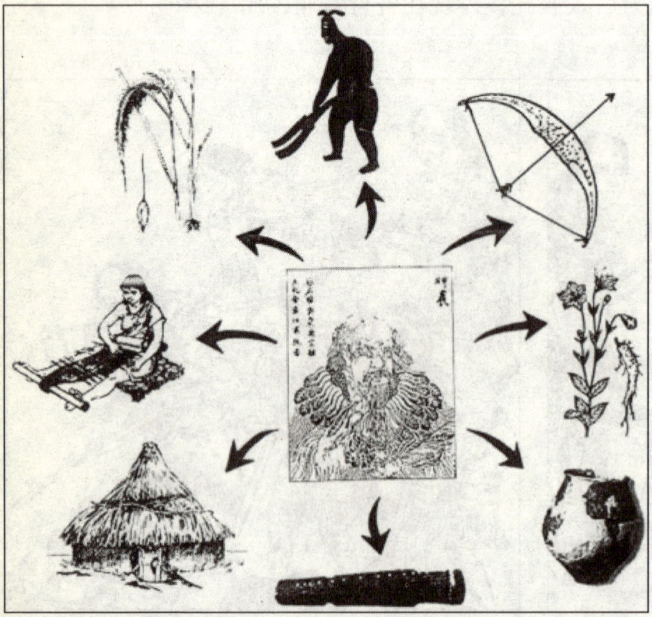

炎帝神农氏的贡献

有意思的是，古人习惯于将某个圣人的职能以理想化、形象化、符号化的方式描绘，并把这种符号或形象作为该圣人的固定特征来崇拜。现代研究表明，这是古人将某个氏族或氏族联盟的突出物质贡献或专长图腾化的表现，并把图腾作为这个氏族或氏族联盟的集体描述特征。可以想象，炎帝神农氏以农耕为之长，同时牛作为人类最重要的助耕工具所发挥的功效比纯粹的人力要强上百倍，所以把“人身牛首”的形象附加在炎帝神农氏身上，更加体现出炎帝神农氏的氏族集团“农”之特性。这样，无论从神话的文学角度还是从人类学角度，这一形象描述直接把炎帝神农氏装扮成为神祇，一位为中华民族所永远崇拜的伟大农业之神。

在中国许多地方的民间禁忌中，都有不食牛的风俗。明显地，牛对农耕文明地区的人们有着特别重要的意义，它不仅是犁地的工具，也是人们重要的私有财产，更在潜意识中演变为具有人格属性的角色，某种程度上说人们已经把它看作自己的一份子，是生活中不可分割的一部分。不妨说，牛是农耕农业的徽标。

（三）先农之神后稷

最后简略说一下先农之神后稷。

关于后稷的传说，以《诗经·大雅·生民》的记载最早：

厥初生民，时维姜嫄……载生载育，时维后稷。

《史记·周本纪》说帝喾元妃姜嫄久婚无子，后来到野外游玩，见到巨人的足迹，心中喜欢，就用脚踩了那个巨人脚印，回来后就怀孕生下了后稷。后稷初生，胎胞未破，姜嫄以为不祥，故弃之，但婴儿到处受到禽兽的保护，因此姜嫄又收养了他，并取名为弃。这可以看成是对《诗经·大雅·生

祭祀后稷

后稷祀像

民》的进一步详解。总的来说，后稷应当是周人的一个先祖，但他的本名应叫弃。为什么通常称后稷呢?《说文解字》说“稷，五谷之长”，《尔雅·释诂上》又说“后，君也”。“后稷”，以稷代表所有农作物，后则是号令，引意为管理，顾名思义，应该是专门管理农作物、农事的官员。《国语·周语上》说“昔我先世后稷”，意思是说周人的祖先在过去担任过“后稷”之职。因此按逻辑来说，周人之祖弃因为当过后稷之官，所以才用官名为己称。把官职或所从事行业、崇拜的图腾、因所居之地名或物产名等名称用来作为姓氏，这在历史上十分常见，如司马之姓、熊之姓、林之姓、齐之姓，后世《百家姓》中的姓氏不少都是源于此。

周人之祖弃是否像《国语》所说曾经做过古时的“后稷”之官，没有其他历史文献的明确记载以供佐证，这应该只是周人用以解释其祖名为后稷的追拟之辞。当然也含有借给古时圣贤之君做过重要官员以显示周人日后替代商人继承大统的天道正统性。

汉代之前，后稷是名符其实的农业神。《诗经·周颂·载芟》的毛诗序说“《载芟》，春耤田而祈社稷也”。这里的“稷”不只是代表五谷之粮的意思，也是后稷。《左传》也说“夫郊祀后稷，以祈农事，故启蛰而郊，郊而后耕”，郊祀完后稷才能开始耕种。自汉代开始，因炎帝神农氏的传说为汉代官方所承认并得以大力推崇，炎帝神农氏成为历代官方的中华民族农业主神，因此后稷演变为农业次神（如唐代官祀先农之神炎帝神农氏时就将后稷作为配位。农业次神的地位不含社稷之祭的后稷，因为引申的意义不同），在先农之祭时配合着炎帝神农氏一同福佑着中华民族的子子孙孙。在民间，他往往与炎帝神农氏不做区分，仅以先农之神之名（也有称作先穡之神）让黎民百姓们供奉。

二　耤田、耤田礼与祭先农

说起北京先农坛，旧时人们挂在嘴边谈论最多的，就是当年皇上们的亲耕耤田“一亩三分地”，说这是当年皇帝们自己的私田，自己耕自己种自己收自己吃，别人别想插手。因此晚清到民国期间的京津地区就有了这么一个口头禅：一亩三分地，引申的意义是指一个人专有的狭小圈子（有趣的是，保存在天津地方博物馆中的一幅晚清天津地图，还真的就把清代天津的地方先农坛称为一亩三分地）。

北京先农坛的一亩三分地，在清代官方的称呼是“耤田”，其土地面积约为 798.72 平方米。耤田开辟于先农坛观耕台之南，自东向西分为三大块，整体又按南北方向被一条一条整齐地分成十二部分“十二畦”；中间的一大块是皇帝亲耕的区域，“亲耕之田，长十一丈，宽四丈”（《清会典》卷三五，合今约为 451 平方米），当年清代的皇帝们站在田地的中央，扶着牛拉的耕犁把儿，神色凝重、慢慢悠悠地演着一场体恤黎民耕耘之艰的亲民秀。耕多少地呢？皇上们可不会真的像百姓那样把地都耕完，他们是按照近三千年前周代时的老规矩“天子三推”，在地里扶犁来回走三趟就可以了。虽然三趟不多，但对于成天锦衣玉食的皇上们来说还是会累得够呛。知道累但这秀还是得做，因为耕这块田不仅是给率土之滨的王之臣民们做个重视农桑的政治秀，而且更关键的是这块田地内出产的五谷之粮要供奉给皇家大大小小坛庙里的各路神灵享用，专用词汇叫做“以供粢盛”，皇上可不敢吃，因为这些是神粮。这后一层的含义恐怕没有多少人能说得明白，原来皇上们耕地种粮食是为了敬神！

明清两代的皇帝们来到先农坛要做的大事，第一是祭祀先农之神炎帝神农氏，第二就是亲自耕种耤田。为了说起来方便些，很早以前就把这两件事合二为一，称做“耤田享先农”，或“亲耕享先农”。先农之神是怎么回事，前面我们已经大致说了一些，这耤田又与先农之神的祭祀是啥关系呢？这要从明代以前说起。

（一）耤田与耤田礼

中华民族的文明史之所以在世界文明史上能够独树一帜，根本原因就是我们的历史是一个不间断的连续的文明史，比起古埃及、古巴比伦等其他古代文明发展到中途消失了，而我们的则一直延续下来，历经几千年的风雨未断。能做到这一点依靠民间文学的口头相传是远远不够的，中华民族主要依靠的是浩如烟海的历史文献。

耤田，这个概念的厘清就是依靠着对历史文献的对比分析完成的。它与历史上为人熟知的“井田制”密不可分。

什么是井田制呢？简单地说，自三代或更早以来，土地的所有制一直采取公有制，所有权属于天子，由天子分封给诸侯，再由诸侯以下逐级分封，这种分封带有原始氏族公社时期土地制度的印记。井田制是推测开始于商代、主要推行于周代的一种国有土地分封制度，传说由周的开国功臣姜太公姜尚所推广。元代王祯《农书》中绘有井田的示意形象：在一块巨大的田地上，划出井字形的土地分配，土地被分割成九大块；四面的田地为私田，是出产供养自己吃穿之用的土地，由土地拥有者自己行使耕作；中间的田地是公田，它的出产用来祭祀祖庙“宗庙”及其他神庙（以宗庙为主）。私田有专人耕作，但公田的土地耕作是没有专人完成的，因为他没有分配给任何个人，因此要由该井田的拥有者（天子、诸侯或士大夫）带领着私田拥有者们“借私力以助公

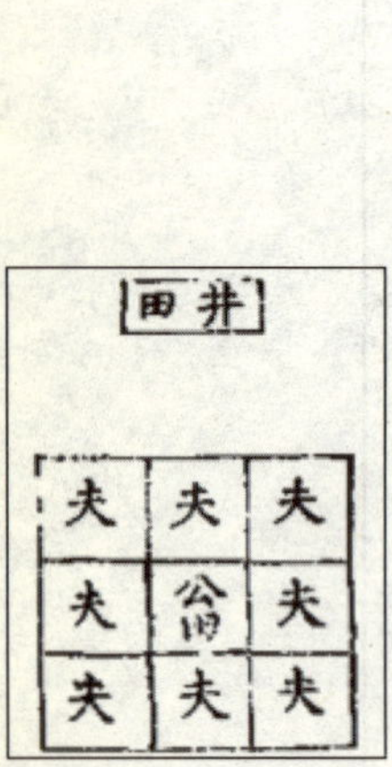

井田图（王桢《农书》）

田”，一同完成春耕秋收，将出产物送入宗庙祭祀祖先（就是以供粢盛）。公田因要依靠借助私力才能完成农事，所以又称耤（音 jiè，就是借字，耤是借的同音异体字，古时多用）田，后世又因耤、籍、藉通假，也称藉田、籍田。故读作（jiè、jí）二音虽然都可以，但其本意就是借字音。可见，所谓耤田就是“借助私田民力完成耕作之公田”。

这就是耤田的真正含义。《孟子·滕文公》上说“方里而井，井九百亩，其中为公田，八家皆私百亩，同养公田……”，说的就是井田的分配以及完成公田农事的情况。

从历史发展的角度来看，耤田的产生应该在远古氏族公社时期。当时，氏族首领与氏族成员作为氏族农耕土地的拥有者，都拥有各自作为财产的土地，这种分配于氏族成员名下的土地就是“私田”。除此之外，还有一些属于氏族全体成员名下共有的田产，它们每年由氏族首领带领氏族成员共同进行耕作，秋收时也由全体成员共同收获，但收获物不能用来分配，而是祭祀祖先神祇之用。这种公有田产就是所谓氏族的“公田”（耤田）。国家出现后氏族社会虽然瓦解，但氏族社会特有的土地分配制度却得以保留，公田属性在相当一段时间内仍然象征性地存在。此时，国家的统治者（天子及诸侯）已不再像祖先那样进行劳作，代之以在田中进行有限的推耕形式，“春耤田而祈社稷也”，象征性地完成农耕行为。这种象征性地进行率先耕作借以带动国人（国家内的自由民）并主要依靠国人完成耤田农耕的行为，随着时间的推移逐渐演变为礼仪形式，成为政权的一项国家典仪，称为耤田礼或耕耤礼。中国的历史发展进入夏代后，耤田就是天子诸侯借用国人的力量完成耕作的农田。《孟子·滕文公》说“夏后氏五十而贡，殷人七十而助，周人百亩而彻，其实皆什一也。彻者，彻也；助者，籍也”；《说文解字》里说“籍（耤），帝籍千亩，古者使民如借，故谓之耤”；后世朱子《集注》也说“夏时一夫受田五十亩，而每夫计其五亩之入以为贡。商人始为井田之制，以六百三十亩之地画为九区，区七十亩，中为公田，其外八家各授一区，但借其力以助耕公田，而不复税其私田”，说的就是这个意思。

但耤田礼作为国家典章制度，有文字可溯的应在周代，周之前虽有个别见于金文所记的“耤”字，并不是制度的记叙而只是记事。周代，周天子是否亲行过以井田制作依托的耤田礼，史书并未出现具体明确的记载，但通过文献的一些侧面记述，周天子耤田礼之真实性应当是可信的：

噫嘻成王，既昭假尔。率时农夫，播厥百谷。骏发尔私，终三十里。亦服尔耕，十千维耦。

——《诗经·周颂·臣工·噫嘻》

作为后世儒家推荐的重要典籍之一的《礼记》，则更多地记述或追述了周代耤田礼的相关制度：

昔者天子为耤千亩，冕而朱纮，躬秉耒；诸侯为耤百亩，冕而青纮秉耒。以事天地山川社稷先古。以为醴酪斋盛，于是乎取之，敬之至也。

——《礼记·祭义》

（孟春三月）是月也，天子乃以元日祈谷于上帝。乃择元辰，天子亲载耒耜，措之于参保介之御间，帅三公九卿诸侯大夫，躬耕帝耤。天子三推，三公五推，卿诸侯九推。返，执爵于大寝，三公九卿诸侯大夫皆御，命曰劳酒。

——《礼记·月令》

天子的耤田是千亩，诸侯的耤田是百亩；天子三推三返。三公五推五返，诸侯九卿九推九返；日期为孟春三月（即农历三月）。这一切构成后世历代统治者亲历耤田礼的重要制度依据。

三公是中国古代最尊贵的三个官职的合称，始于周代。西汉今文经学家据《尚书大传》、《礼记》等书以为三公指司马、司徒、司空，古文经学家则据《周礼》以为太傅、太师、太保为三公。秦不设三公。西汉初承秦制辅佐皇帝治国者主要是丞相和御史大夫，另有最高军事长官太尉，但不常置；从武帝时起，因受经学影响，丞相、御史大夫和太尉也被称为三公。西汉九卿是列卿或众卿之意，人们以秩为中二千石一类的高官附会成古代九卿。

耤田礼因涉及宗庙粢盛，因而在国家政治生活中扮演着重要角色。春秋战国时期随着诸侯争霸的愈演愈烈，社会经济伴随着铁器的大量使用、商业往来的日益兴盛，社会生产力的发展对于土地分配制度也日益强调着变革，土地开始出现大量集中的现象，新的土地所有者开始出现，“废井田，开阡陌”成为时尚。随着各个诸侯国变法的不断出现，井田制逐渐废去，这个古老的带有氏族公社属性的田亩经济制度被新兴的土地私有制所替代，伴随着周王室的日衰，诸侯连年征伐混战导致“人心不古、礼崩乐坏”，耤田礼失去了制度以及政治环境的依托，已不可能再继续下去，因此在相当长的历史时期内，耤田礼事实上已被人们遗忘。

因后世以周礼为制度之始，故而有时沿袭周代“帝耤千亩”的说法，将耤田也称作“千亩”。这个称呼习惯一直用到清亡。

（二）耤田享先农

通过前述介绍，不难看出所谓的耤田礼其实质是一种远古氏族公社时期的政治经济习俗制度在商周时代的孑遗。历史进入汉代。经过战国——秦这段几百年的战乱时期，中华民族元气大伤，人口锐减、土地大量荒芜、社会生产力极大倒退。有个著名的例子，说汉代建国伊始，汉高祖刘邦按礼制要给自己的马车配齐同色的马匹，结果无论如何也配不到。可想国家的经济已是何等萧条！汉代的统治者经过秦代的严刑酷法时期，看到了残酷的法律以及酷法官吏给黎民造成的极大伤害从而引发的天崩地陷式的反抗，深深知道“酷”字不能当头。于是从高祖时起到汉武帝初年的七十余年间，汉政府采取黄老之治的国策，以国家政治、民生政策不涉及或少涉及百姓之“不为”，作为让黎民百姓休养生息、国家富国强兵之大为。尤其是汉文帝、汉景帝在位的四十年间，这种无为而治的政策为国家日后的真正强大奠定了极其重要的物质基础。也正是这段无为而治时期，国家的日益安定、政治秩序的日益稳定、社会民生的逐步恢复生机，因此恢复并健全礼仪、官制以为国家上层建筑之用，就成为一项重要的政治工作。

为了从封建统治基础上全面发展农业，汉代统治者在奉行无为而治的黄老之学国策前提下，极力重农抑商、重本轻末，用政策加大向基础产业农业的倾斜。在形而上层面，汉文帝时在贾谊建议全面恢复礼制的前提下，文帝决意恢复久已为人忘却的耤田礼，一为将其所出供奉汉室宗庙，二为以亲身耕作给天下百姓做出表率，劝课农耕，也就是说以国家领导人身份为汉代全国上下开展的农业大生产带个好头、做个好榜样：

春正月丁亥，诏曰：夫农天下之本也，其开耤田。朕亲率耕以给宗庙粢盛。十三年春二月甲寅，诏曰：朕亲率天下农耕以供粢盛，皇后亲桑以奉祭服，其具礼仪。

——《汉书·文帝纪第四》

作为恢复耤田礼的开端，汉文帝还是更多地强调“以供粢盛”，毕竟这是耤田古礼的最本源目的，同时时刻提醒农业的重要性，思想上不加懈怠：

诏曰：农，天下之大本也，民所恃以生也，而民或不务本而事末，故生不遂。朕忧其然，故今兹亲率群臣农以劝之。其赐天下民今年田租之半。

——《汉书·文帝纪第四》

汉景帝子继父业，虽仍以粢盛作为耕耤的主要目的，但已强调“为天下先”（夏四月，诏曰：朕亲耕，后亲桑，以奉宗庙粢盛、祭服，为天下先。——《汉书·景帝纪第五》），并严厉禁止把开采金银玉矿和收集珍玩作为交换，要求将人们的精力都放在农桑本业之上：

三年春正月，诏曰：农，天下之本也。黄金、珠玉，饥不可食，寒不可衣，以为币用，不识其终始。其令郡国务劝农桑，益种树，可得衣食物。

——《汉书·景帝纪第五》

汉代后世天子行耕耤礼的记载见于《汉书》、《后汉书》：

征和四年三月，上耕于钜定。

——《汉书·武帝本纪》

始元元年春二月，上耕于钩盾弄田。六年春正月，上耕于上林。

——《汉书·昭帝本纪》

永平四年春二月辛亥，诏曰：朕亲耕耤田以祈农事。十三年春二月，帝耕于耤田。礼毕，赐观者食。十五年春二月东巡狩，癸亥，帝耕于下邳。

——《后汉书·明帝本纪》

元和二年二月乙丑，帝耕于定陶。诏曰：三老尊年也，孝悌淑行也，力田勤劳也，国家甚休之。其赐帛人一匹，勉率农功。三年春正月。辛丑，帝耕于怀。

——《后汉书·章帝本纪》

兴平元年二月丁亥，帝耕于耤田。

——《后汉书·献帝本纪》

作为耕耤礼的恢复期，汉代耕耤礼举行之处随意性较强，不仅在国都，甚至在天子巡游中也行亲耕之礼，这是汉代的一大特点。第二个特点体现在汉代是将耤田礼与祭祀先农炎帝神农氏合二为一的开端时期，皇帝不仅要行耕耤之礼，还仿效祭祀社稷的形式制订先农祭礼，创建神农祠（春始耕于耤田，官祠先农。先农即神农，炎帝也。——《汉旧仪》），同时还设有专职官员有效管理耤田及耕耤礼诸事务，“大司农属官有耤田令丞”（《汉书》）。在祭礼上仿社稷之仪行祭先农之事，成为后代祭祀先农的礼仪依据，一直影响到封建社会晚期的元明，甚至到清末在民间地方祭祀先农之神仍采用社稷之礼（唐武则天时，还因为先农之礼等同于社稷之礼，差一点毁了先农之祭）。这个做法因为开始自汉代，因此可以将其看作汉代耕耤礼实行的第三大特点。

从汉代至南北朝，耕耤礼与祭祀先农炎帝神农氏逐渐融合为一种形而下为“耕”、形而上为“祭”新的典章礼仪，这种礼仪逐渐合称为“耤田享先农”或“亲耕享先农”。在这个过程中，历代统治者在逐渐提高对先农炎帝神农氏祭祀重视的同时，不同程度上加深对“身为天下先”的感

耤田（王桢《农书》）

悟，从过去强调以为粢盛之天下先，快速转变为以为农桑国本之天下先，也就是说耕祭作为劝课农桑的形式，耕之收获归为粢盛。如晋武帝司马炎对于耤田礼就有着特别强调耕耤田以为为官者体会稼穑艰难之目的。他指出晋以前的耕耤礼不过就是在田中推犁数下，走走样子，“空有慕古之名，曾无供祀训农之实，而有百官车徒之费”（《晋书·礼志》），而他自己要“修千亩之制，当与群公卿士躬稼穑之艰难”（《晋书·礼志》）。梁武帝萧衍甚至还亲自考证古书中对于祭礼制度的记载，得出天子行亲耕之日应为惊蛰节气所在的农历二月内（天监十二年，武帝以为：启蛰而耕，则在二月节内。——《隋书·志第二·礼仪二》），且应遵《国语》所规定的祭祀要斋戒三日之规，祭祀先农之神耕耤田也要斋戒三天。梁武帝不仅考证，还按照考证坚决执行。

伴随着耤田享先农活动开展的不断加深，一些与祭祀相关的建筑陆续出现，如南朝宋文帝元嘉二十一年（444年）春“亲耕，乃立先农坛于耤田中，阡西陌南，高四尺，方二丈，为四出陛，广五尺，外加埒，去阡陌各二十丈”（南朝一尺约合今0.258米），将祭坛建在耤田中。从此，为先农之神建坛祭祀成为后世定制，但在发展过程中有的将祭坛仍然建于耤田中，有的则将祭坛建到耤田之外，但坛、田没有再分开出现过，祭坛的出现标示着一祭一耕构成先农之神致祭的完美形式之定型。另一重要建筑类型是供皇帝自己三推之后观看其余人等继续耕作的看台——观耕台，这时期也出现于文献记载：

普通二年，又移耤田于建康北岸，筑兆域大小列种梨柏，便殿及斋及宫省如南北郊。别有望耕台在坛东，帝亲耕毕登此台以观公卿之推伐。

——《隋书·志第二·礼仪二》

普通二年（521年）梁武帝萧衍在先农祭坛的东面，创建望耕台，用来观大臣耕作耤田余耕之亩。虽然后世并不是每代都建这种看台，但作为一种先农之神祭祀专用建筑，的确从梁武帝时得以确立，并一直影响到清代。北京先农坛观耕台就是这类建筑的登峰造极之作。

汉代以来，文献在耤田享先农上多记耕祭，但少见记载耤田种植品种。唐代之前，仅北朝的北齐在耤田享先农上做法相对到位，文献记载也相对全面：

北齐耤于帝城东南千亩内，种赤粱、白谷、大豆、赤蚕、小豆、黑穄、麻子、小麦，色别一顷。自余一顷，地中通阡陌，作祠坛于陌南阡西，广轮三十六尺，高九尺，四陛三壝四门。又为大营于外，又设御耕坛于阡陌北。每岁正月上辛后吉亥，使公卿以一太牢祠先农神农氏于坛上，无配飨。祭讫，亲耕。先祠，司农进穜稑之种，六宫主之。行事之官并斋，设斋省。于坛所列宫悬。又置先农坐于坛上。众官朝服，司空一献，不燎。祠讫，皇帝乃服通天冠、青纱袍、黑介帻，佩苍玉，黄绶，青带、袜、舄，备法驾，乘木辂。耕官具朝服从。殿中监进御耒于坛南，百官定列。帝出便殿，升耕坛南陛，即御座。应耕者各进于列。帝降自南陛，至耕位，释剑执耒，三推三反，升坛即坐。耕，官一品五推五返，二品七推七返，三品九推九返。耤田令帅其属以牛耕，终千亩。以青箱捧穜稑种，跪呈司农，诣耕所洒之。櫌讫，司农省功，奏事毕。皇帝降之便殿，更衣飨宴。礼毕，班严赉而还。

——《隋书·志第二·礼仪二》

通过上述记载，我们可细分出有关北齐耤田礼以下信息：

耤田位置 帝城（郸城）东南千亩内。

耤田种植品种 赤粱、白谷、大豆、赤蚕、小豆、黑穄（跟黍相似，子实不粘，也叫“糜子”）、麻子（胡麻）、小麦。

耤田面积、种植面积 色别一顷（种植八种作物，共八顷，计八百亩，约合今575亩），自余一顷（建祭坛，占地计一百亩，约合今72亩）。

祭祀坛制 作祠坛（先农祭坛）于陌南阡西，广轮三十六尺（约合今11.12米），高九尺（约合今2.78米），四陛三壝四门。又为大营于外，又设御耕坛（观耕台）于阡陌北。

祭祀时间 每岁正月上辛后吉亥（每年农历正月上旬“辛”日后的亥字吉日，例如辛亥、乙亥）。

祭品等级 使公卿以一太牢（太牢级别的祭品，即牛、羊、猪各一头）祠先农神农氏于坛上，无配飨（没有其他祭品）。

祭祀仪程 一、祭祀先农之神

二、司农呈上穜稑之种（穜（tóng）稑（lù），指先种后熟的谷类和后种先熟的谷类种子）

三、致斋

四、祭礼由司空主持“一献“，不燎（祭品不送进燎炉）

五、皇帝乘车到观耕台

六、皇帝亲耕，三推三返

七、皇帝观耕，臣民终亩

八、耤田令将剩余种子呈司农

九、司农向皇帝奏报礼成

十、皇帝更衣摆犒赏宴

服饰 官员穿朝服。皇帝穿通天冠、青纱袍、黑介帻，佩苍玉，黄绶，青带、袜、舄。

仪仗、乘具 仪仗为法驾（天子车驾的一种。天子的仪仗分大驾、法驾、小驾三种，其仪卫之繁简各有不同），乘具为木辂（皇帝出行仪仗中用的大型豪华车辆的一种）。

礼乐器 宫悬，即钟磬等乐器悬挂在架上，按皇帝的身份挂四面。

耤田图（王桢《农书》）

《隋书》的这一记载，从耤田品种、祭祀坛制、祭品等级、仪程等方面，较为细致地描绘了一幅北齐高氏王朝的亲耕图，不仅祭坛和观耕台等祭祀专用建筑齐备，而且规模排场盛大，仪式也初现繁冗。可以看出，此时先农坛与先农之祭、亲耕耤田礼已是密不可分、浑然一体，即在亲耕之日也祭祀神农。经东汉、三国、两晋到南北朝，此时这一典章制度上的变化已告完成，并为以后的耤田享先农奠定了极为重要的已具有相当完备程度的仪式仪程等制度雏形。

隋唐是中国古代封建社会发展的巅峰时期，特别是唐代，随着统一国家的日益昌盛，领土版图出现了继西汉以来新的扩大，大量西域不同文化的人们进入唐帝国，日本、朝鲜及印度支那半岛的国家也纷纷遣使朝贡，他们把各自的文化艺术带入唐朝，同时也派出大量留学生留学唐朝，把唐朝这个当时世界上唯一的超级大国之文化传统、经济生活方式、艺术、政治制度等等尽力传播到四方。唐朝，文化上采取对世界开放、海纳百川式的尽揽天下人才的方针，尽显世界大国之风貌，使中华民族从此享有为外人称为“唐人”的殊荣。唐代因此成为值得中华民族永远留恋的不多的几个辉煌历史时期之一。

作为当时的世界超级大国，前所未有过的对外交流规模之大，使世界为之汗颜。虽然如此，作为汉民族政权的统治者们决不可能慢待自身的文化、礼仪及政治习俗。经过之前几百年的演变、“磨合”，这时的耤田享先农以较为完备的面貌在国家政治生活中成为重要的典章制度之一，发挥着越来越重要的作用。纵观隋唐文献，这个时期的耤田享先农有三个主要特点：一为祭祀时常用后稷、勾芒作为配位之神，这在之前是没有的；二为祭祀建筑中出现了专用于收纳收获物的神仓；三是出现了先农祭坛存废的争议，而这是历史上仅有的一次。

祭祀神时用配位，这在古时并非不常见。但隋之前的时代并未见到有关配位的记载。到了隋代，文献记载开始出现有关配位神的情况：

隋制，于国南十四里启夏门外，置地千亩，为坛，孟春吉亥，祭先农于其上，以后稷配。

——《隋书·志第二·礼仪二》

隋依前制，与北齐的耤田享先农相比较，没有本质出入，唯独配位之说。唐代，祭祀先农之神配位未缺，《旧唐书》、《新唐书》记载大同小异、详略各异，但唐天子用配位祭农的做法都记载得清清楚楚，配位之神除有后稷外，还有勾芒：

玄宗开元二十二年冬，礼部员外郎王仲丘又上疏请行耤田之礼。二十三年正月，亲祀神农于东郊，以勾芒配。

——《旧唐书·志第四·礼仪四》

勾芒，也称芒神、句芒神。勾芒是春天之神，即草木之神和生命之神，形象是人面鸟身，执规矩，主春事。周代时就设有东堂迎春之事，说明祭勾芒由来已久。民间一直都有勾芒之祭，直到近代不衰。唐代十分重视以金木水火土为代表的五方之神，东方主青代表生命，因此将代表东方生命的勾芒列为配位，以寓示着农业因此兴旺、谷物丰收。《新唐书》中还曾提到唐太宗李世民不听朝臣劝其遵从古礼于东南耕耤，他的理由就是：因亲耕的部分农具是青色，喻示接春气，而东方就是青色，所以要在东方耕耤。后来玄宗开元二十六年（738年）时，玄宗还亲往东都洛阳东郊迎春气、祀东方青帝，又以勾芒配（《旧唐书·志第四·礼仪四》）。

关于出现祭祀配套专用建筑神仓，《隋书·志第二·礼仪二》记载：

隋制，于国南十四里启夏门外，置地千亩，为坛……播殖九谷，纳于神仓，以拟粢盛。穰稾以饷牺牲云。

《新唐书·志第四·礼乐四》在讲到唐之耤田享先农仪程时还说“耤田之谷，敛而钟之神仓，以拟粢盛及五齐、三酒，穰槁以食牲”，虽言辞甚少，但说明自隋代开始，神仓作为一种新的建筑类型已增添到耤田享先农的专用建筑行列。

这一时期耤田享先农的第三个特点，是出现了先农祭坛存废的争议。原来，唐初不知因何将在耤田祭祀先农之神的祭坛改成帝社（又称耤田坛）。这件事是始于唐太祖李渊之时还是始于唐太宗李世民之时，文献没有明确记载，只有唐太宗贞观三年（629年）将要亲耕时与大臣的对话里提到帝社。到武则天垂栱年间（685—688年），武则天将祭先农的帝社改名先农坛。中宗李显神龙元年（705年），大臣依据《诗·周颂》、《礼记》，认为先农坛应改回帝社之名。有人还进一步论证先农坛应改回帝社的重要性，并说“先农与社，本是一神，频有改张，以惑人听。其先农坛请改为帝社坛，以应礼经王社之义”（《旧唐书·志第四·礼仪四》）。结果，先农坛又改回帝社。前文已说过，汉代恢复先农之祭时，参照的就是社稷之祭礼仪，而后代也沿用这一传统。所以出现争论现在看来在所难免。武则天时期的先农、社稷之祭的争议，可以说是中国古代国家先农祭祀史中的一次重要事件。

从文献上看，虽然到了唐代后期耤田享先农因国家走向衰败而久未实行，但唐前期至唐中早期时，耤田享先农还是受到唐天子的高度重视，有两个事例说明了这一点，一次是唐玄宗二十三年（735年）正月，当时唐玄宗祭祀先农之神完毕，按照规制将要扶犁亲耕，听到礼仪官说“天子三推，公卿九推，庶人终亩”，玄宗三推后意犹未尽，就又接着向前推耕了五十步，一直走到田垄尽头。看来这次亲耕唐玄宗是真开心，不仅多耕了些地，回到皇宫后还出乎意料地大赦天下，为自己在史书上给后人添了些读史的花絮。另一个事件是唐肃宗李亨乾元二年（759 年）春正月，肃宗祭先农神之前来到籍田查看农具，突然发现木犁上都雕刻着花纹图案。肃宗没有生气，转而严肃地对大臣们说：农业用具要的就是朴素，怎么能雕刻纹饰？于是命令将农具撤换掉，暂停祭祀耕作，让负责部门马上找来最普通的耕犁，第二天再用这些普通农具接着亲耕。兴许肃宗前述的这一番表示让他心里很是得意、兴奋，感到自己重农劝耕以为天下先简直就是表率，干脆就来个一不做二不休，第二天做榜样做到家，扶犁亲耕一下子走了个九推九返，差点没把礼仪官员吓坏。礼仪官员赶紧说：陛下，您走三趟就可以了，您走了九趟，这都越古制了。谁也没想到肃宗气宇轩昂地说：我做皇帝给天下人当榜样，就是要多耕些地，真恨不得把这一千亩耤田都耕完！说到这里都会让人热血沸腾啊，这是大唐天子的话。

不难想象，唐初近百年的国家强盛、人民安居乐业，除了有个良好的国际国内环境外，大唐天子为人表率的高风亮节也是极为重要的内在因素。

唐代的典章有个特点，就是凡遇到具体工作事宜时，皇帝都要和臣下商量解决，并不完全遵循前朝历代已有旧制。所以开国近百年没有丰富的典章制度记载。有关唐时的耤田享先农制度之规，我们依据一部十分可靠的文献《大唐开元礼》“皇帝吉亥享先农仪”的记载，大略恢复出唐初的耤田享先农的仪程：

斋戒 祭祀前斋戒共五日，皇帝敬斋三日，致斋二日，其中致斋一日于太极殿，一日于行宫。

陈设及规制 先农坛高五尺，方五尺四，为每次祭祀前二十日临时修筑。祀前享三日，太乐令设宫悬乐；祀前享一日，奉礼设皇帝致祭位和耤田耕耤位，设三公、诸王、九卿从耕位，并在各耕耤位放置好耒耜。祭器陈设于先农神位前，计有二牺尊、二象尊、二山罍，与先农神位陈设同。正祭日，制牺牲之物，升设先农后稷神位。

正祭日 皇帝乘耕根车自太极殿到先农坛。正祭日未明三刻，诸祭享官员和从祭官员将祭品实于祭器。未明一刻，皇帝至先农坛受耒耜，并行祭祀礼，分奠玉帛、初献、读祝、亚献、终献。终献毕，饮福受胙，撤馔，望瘗。

祝文　维某年岁次月朔日，子开元神武皇帝，敢昭告于帝神农氏，献春伊始，东作方兴，率由典则，恭事千亩。谨以制币、牺齐、粢盛庶品，肃备常祀。陈其明荐，以后稷氏配神作主，尚享。

耕耤田　皇帝诣耕耤位，廪牺令取耒授司农卿，司农卿授侍中，侍中奉于皇帝。皇帝三推，推毕将耒交侍中，侍中交司农卿，司农卿廪令藏于本位。三公、诸王五推。

祭毕先农之神、行毕耕耤之礼，皇帝还宫，第二天设会于太极殿。

总的来说，有唐一代大大发展并丰富了祭祀先农神农氏的各项规程，使先农之神的耕祭更加成熟。

宋元时期的先农之神耕祭，是在唐制基础上的继续延伸。

宋代，祭祀建筑方面，祭坛、观耕台、神仓以至专用斋宫都已完备，礼仪规章进一步完善，如宋太宗雍熙时期（984—987年）就按礼臣进言和考证制订出耤田享先农仪（《宋史·志第五十五·礼五》），甚至还增设耤田兵行使耤田相关事务。类似唐代先农祭坛更名之争一样，宋代也存在过先农之祭的祭祀等级争论（政和元年，有司议：享先农为中祠，命有司摄事，帝止行耕籍之礼……寻复以耕籍为大祠，依四孟朝享例行礼，又命礼制局修定仪注。——《宋史·志第五十五·礼五》）。不过祭祀等级的争论并不影响耤田亲耕祭祀先农之神的开展，从南北宋各自的延续时间来看，北宋时期的耕祭活动比南宋要频繁得多。而南宋时期因偏安一隅、苟且偷生的萎靡不振政治风气，也导致国家典章制度极度荒废，“徒有行文而未见俱行”。耤田享先农的活动仅在宋高宗时进行过两次，开始时为了昭显政治上、典章上的承继性，还刻意把一系列北宋时的祭祀建筑克隆在临安郊外；而到了绍兴三十一年（1161年）八月时，竟然免除了掌管耤田享先农事务的耤田令官职（实质是不设此官职），并将与耤田事务相关的耤田兵、农夫人等裁撤至仅剩三人。这与废除耤田享先农之礼已无区别。宋高宗之后，耤田享先农就没再进行。以至到了后来，先农之祭的官祀建筑竟因常年不兴祭礼几近荒废：

（光宗绍熙五年，1194年）太社令陈岘奏：九宫、先农、高禖坛壝芜废不治，而农坛为甚。乞命临安府守臣葺筑，以严祀。

——《文献通考》

耤田享先农作为国家的重要典章沦落成这样，某种程度上不能不说是一个国家礼不兴、乐不奏的政治亡国写照。

元代的耤田享先农搞得比较有特色。按常理说，一个驰跨欧亚大陆的草原游牧民族，不太可能对农耕民族经济基础及神祇祭祀等上层建筑感兴趣。蒙古统治者起初也是这样做的，把大片汉地良田作为放牧的草场进行“粗犷经营”，但招致汉民的极力反抗。好在元天子世祖忽必烈集德、智、勇于一身，广纳言路，礼待贤臣，采纳各族有识之士为元帝国的健康长寿开出的各式药方、有益献策，决定在汉民族地区用汉法治国，沿用大量汉族旧制。蒙古统治者在权衡政治利弊、深思熟虑后采取的一系列措施，对缓和民族矛盾、安定汉民族人心，特别是安抚汉民族知识官僚阶层的情绪，都起到有益的作用。恢复耤田享先农即是其中一项重要内容。至元九年（1272年）二月，开始祭先农“命祭先农如祭社之仪”；至元十四年（1277年）二月戊辰，祀先农东郊；至元十五年（1278年）二月戊午，祀先农，以蒙古胄子代耕耤田；至元二十一年（1284年）二月丁亥，又命翰林学士撒里蛮祀先农于耤田（以上均见《元史·志第二十七·祭祀五》）。这样看来，元初的二十几年间有耤田之礼，并无先农之坛，故有时在耤田地头祭拜先农之

传说元世祖忽必烈耕作处——景山集祥阁

神，这可以看成历史上以耕代祭的一个重要体现，也是元代耤田享先农一个重要特点。

元代的先农祭坛建于元武宗至大三年（1311年）夏四月，“从大司农请，建农、蚕二坛”（《元史·志第二十七·祭祀五》），仍然依照唐宋之制，于大都东郊开耤田千亩，仿社稷祭礼制订先农祭礼、仿社稷坛制建先农祭坛及先蚕祭坛：

> 博士议：二坛之式与社稷同，纵广一十步，高五尺，四出陛，外壝相去二十五步，每方有棂星门。今先农、先蚕坛位在籍田内，若立外壝，恐妨千亩，其外壝勿筑。是岁命祀先农如社稷，礼乐用登歌，日用仲春上丁，后或用上辛或甲日。祝文曰：“维某年月日，皇帝敬遣某官，昭告于帝神农氏。”配神曰“于后稷氏”。
>
> ——《元史·志第二十七·祭祀五》

除先蚕祭坛建于耤田属有元一代独创外，坛制、祭仪类同唐宋。

元代作为一个非农耕民族建立的朝代，不仅按照唐宋之制恢复了耤田享先农之礼，而且耕祭活动几乎贯穿短短的九十八年（据《元史》统计，共有八次耕祭。最后一次在元至正十三年，即1353年），其重视程度甚至超过了历史上的某些汉家朝代，可见，即便于蒙古统治阶层，为了从政治上彻底使中原汉人臣服，也不得不依汉人古制法礼敬汉人的神祇，对汉民族以汉法治之。作为中华文明核心内容之一的先农之祭以及它的现实表现形式——耤田礼，与其他典章制度一样，从政治上体现出无可替代的巨大价值。

比较有趣的是，元天子似乎是发自内心地对汉人的一切都有着兴趣，礼法制度、神祇祭祀传统、经济制度、社会生活都不例外。除了耤田享先农之外，对于汉家的农耕生活好像也表现出特别兴趣，元代描写北京史地风貌的文献中，甚至还有元世祖忽必烈于大都宫殿禁苑内耕作农田之事，“厚载门，乃禁中之苑囿也。内有水碾，引水自玄武池，灌溉种花木。自有熟地八顷，内有小殿五所。上曾执耒耜以耕，拟于耤田也”（《析津志辑佚》)。元代厚载门是大内北门，位于约今景山公园南门处，从这里往北至今地安门十字路口之间，是当年元代的“禁苑”，也就是说类似开展各类游玩项目活动的游乐场，是天子散心娱乐的场所。今北京景山公园内有一座明代建筑集祥阁，传说这里近5公顷（50000平方米）的空地就是当年元世祖耕作、赏农事之处，这里还曾经出土过元代铁权（衡器，就是大号砝码），推测是称量农作物之用，似乎旁证了文献之说。一块自家之田，引水浇灌、自耕自乐，小桥流水映日辉、石碾当迎农人来，草原民族的天子竟也留恋这汉家田园之色、陶醉其中。

洋洋众文，汉代至元代为耤田享先农的最终成型完成了软件、硬件上的几件大事：

软件方面，耤田礼与先农之祭逐渐融合为耕祭一体；相关礼仪由照搬社稷之仪到逐步完备，明确了耕祭先农之神的相关制度，使耤田享先农进入官祀典章序列。

硬件方面，祭祀专用建筑逐渐出现，并自成体系，即先农祭坛、观耕台、神仓、斋宫，它们与耤田相伴左右。

正因为这个阶段是为明清时期的耤田享先农达到鼎盛打下各方面的基础，所以不可否认这个阶段不可能象明清时期那样对于耤田享先农给予高度重视。我们已从前述记载中看出耤田享先农的活动总是在断断续续进行，没有哪个王朝自始如一，但这并不能掩去这个阶段为耤田享先农这个皇权专制时代的国家重要典章制度的成型所做出的努力，我们只能说，随后的明清时期只有登在这个基础之上才能达到他们的辉煌。

（三）明清：先农之祭的最后辉煌

众所周知，明代与清代是中国大一统皇权专制时代的巅峰时期。

明清时期不仅政治上皇权专制极度加强，精神生活上对传统信奉的各式神明、圣贤之流大力宣扬，顶礼膜拜，企图用成熟的礼教继续束缚人们的精神世界。作为业已证明能够发挥充分稳固统治者江山社稷政治目的的先农崇拜，理所当然地继续得到明清统治者的深入提倡，在祭祀上加大力度，把业已恢复了一千四百多年的耤田享先农所蕴含的政治养分充分挤榨到底，以发挥它的最大效能。

明清时期的国家典章制度较之以前历代都有了长足进步，主要表现在国家颁订会典（国家各类法律规章制度汇编），不断健全各类礼仪，礼制建筑极度规范化。体现在先农之神祭祀上，这两个时期各有其特点，概括来说，就是明代健全制度及祭祀建筑，但应用较少；清代对明的制度、建筑最终完善，礼仪达到完美无缺，是进行先农之神耕祭最多的朝代。

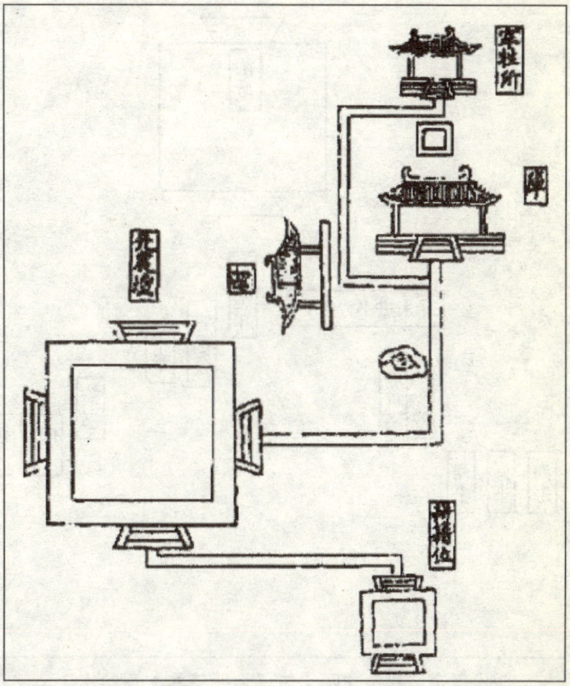

明洪武二年（1369 年）南京先农坛（《四库全书·明集礼》）

明代是在极度动荡的大环境下建国，汉民族主政华夏被元代隔断了近百年，汉民族渴望回归正统迫切性高涨，因此明太祖洪武帝朱元璋出于国家政治利益的考虑，在大力废止元代蒙古统治者的各种不合汉法的政策措施的同时，极力恢复唐宋时期的礼仪典章，以为其彰显作为汉家天子继承天道的合法性、正统性。朱元璋为此亲自上阵，与礼臣反复考据确定各种礼法典章，先农之祀也涵盖其中。查看史料，朱元璋在称帝前的吴王时期，就开始了相关工作，与臣子忙于大统的相关准备，1368 年宣布称帝，改国号大明。政治上名正言顺后，确保江山社稷的各种典章加快制订，洪武二年（1369 年），朱元璋下令为风云雷雨岳镇海渎城隍等天神地祇开建山川坛，选址在国都应天城西南，同时在山川坛内的西南位置，按唐宋之制建造先农坛，定为大祀，祭坛“在耤田之北，高五尺，阔五丈，四出陛”（《大明集礼》卷十二），祭坛东南角为埋入祭祀毛血之物的瘗坎（也称瘗池，古代行祭地礼时用以

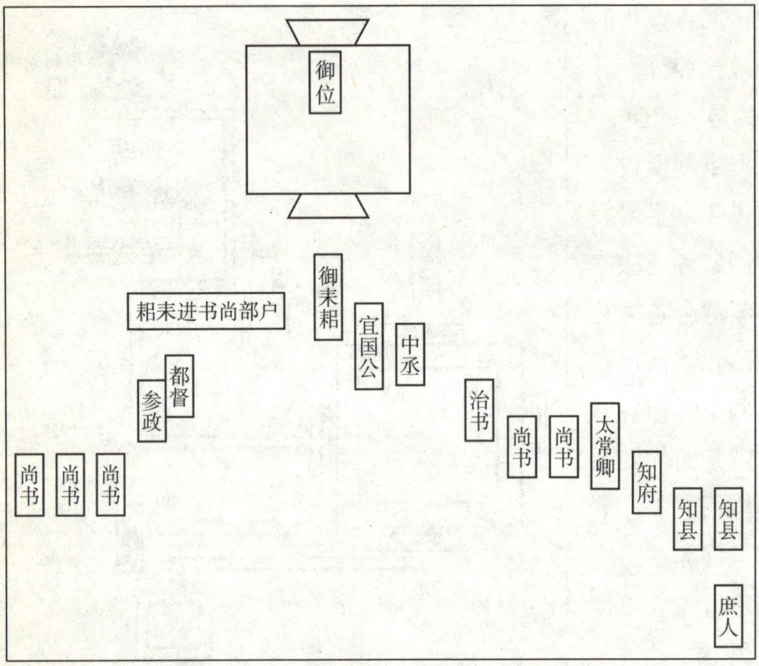

明代皇帝亲耕位次图（依《大明集礼》重绘）

埋牺牲毛血、玉帛的坑穴），祭坛的正北方是先农坛神库，平时供奉先农神主。朱元璋还沿用古制，在祭坛的东南方建造御耕耤位，“高三尺，阔二丈五尺，四出陛”（《大明集礼》卷十二），也就是观耕台。据《大明集礼》记载，朱元璋为先农之祭和耤田礼制订了繁冗的仪程。但奇怪的是，时间不长先农之神的大祀改为中祀，朱元璋除耤田还是自己耕外，祭祀则遣应天府尹致祭。从《洪武京城图志》中，我们发现图中所绘先农坛的平面与《大明集礼》不同，再根据前述《大明集礼》的记载，有充分的依据怀疑朱元璋在先农之祭“降级”后（如“二十一年更定祭先农仪，不设配位。——《明史》卷四十九”）对先农坛的祭坛与耤田的位置做了调整，即：将耤田移到祭坛的东面，同时不设观耕台，形成《洪武京城图志》中的格局，也就是后来永乐帝迁都后“悉仿”的“南京旧制”。

了解明代历史的人都知道，明代的典章制度有一个前后分水岭时期，那就是世宗嘉靖帝时期。明代的官方典籍《明会典》对明初太祖朱元璋、迁都的成祖永乐帝、明中期厘祀典的世宗嘉靖帝这三个关键人物时期的典章变化都有详细记载。太祖朱元璋是奠定大明的“万世”基业阶段，所有典章制度由简到细，还经过一些反复，可以说是在情理之中的，毕竟万事开头难。前述提及的《大明集礼》，涉及的是朱元璋时期的典章，对祭祀先农、亲耕耤田的礼仪都有详细的规定，因此嘉靖之前的明代皇帝除了永乐帝有微调外（永乐定都，建坛如南京，遣顺天府官致祭。自后遇登极初行耕耤礼，则亲祭。每岁以仲春上戊日遣官致祭。——《明会典》卷九二），其余理论上讲是“悉仿旧制”。虽然如此，弘治元年（1488 年）时，明孝宗对明初以来的耤田礼仪还是作了进一步明确，使明代这一祭礼达到最为完备状态：

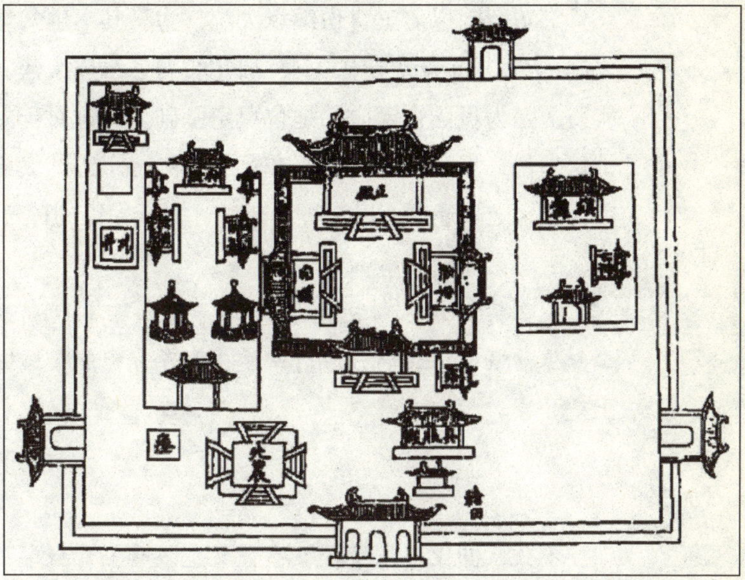

明洪武初年先农之祭大祀改中祀后的南京山川坛（《图书编》）

孝宗弘治元年，定耕耤仪。前期，百官致斋，顺天府官以耒耜及穜稑种进呈，内官仍俸出授之，由午门左出置綵舆，鼓乐送至耤田所。至期，帝祭先农毕，太常卿引至耕耤位，南向立，三公以下各就位。户部尚书北向跪，进耒耜，顺天府官北向跪，进鞭。帝秉耒，三推三返讫，户部尚书跪受耒耜，顺天府官跪受鞭。太常卿奏：请复位。府尹挟青箱，以种子播而覆之。帝御外门，南向坐，观耕毕，帝还具服殿，升座，府尹率两县令、耆老人行礼毕，引上、中、下农夫各十人执农器朝见，令其终亩。百官行庆贺礼，赐酒馔，三品以上丹陛上东、西坐，四品以下台下坐，并宴劳耆老于坛旁。宴毕还宫，鼓吹振作。农夫人赐布一匹。

——《续通志》卷一百十二

嘉靖帝因以藩王身份继承大统，为将其本生父母以帝后名分晋身昭穆之制，大规模重新更定国家典章制度，对各坛庙废建、礼仪删改等大造事端，实质上是为巩固自己政治地位奠定基础。不过对于先农坛这个中祀身份的神坛来说，嘉靖帝对它的兴趣远不如对待东边的大祀坛。登基伊始，似乎因为年轻之故还颇有励精图治想法，对于大臣的谏言认可得比较充分：

（嘉靖）初，亲耕礼成，礼科给事中王玑言：“耕耤实务有四：一供粢盛，二知稼穑艰难，三慎锡财用，四率公卿百官皆重农，以风示天下，使知务本。”上是其言。

——《国朝典故》卷之三十五

不久，仰仗自己年轻气盛且又是以藩王晋身皇帝，本来就受不了宫廷的繁文缛节，所以于嘉靖十年（1531年）以“礼过繁”为名要求大臣更改仪程，主要更改涉及“迎神送神止行二拜。先二日，顺天府尹以耒耜穜稑种置綵舆，至耕耤所，并罢百官庆贺”（《明史》卷四十九），随后又于嘉靖十六年（1537年）“谕：凡亲耕，则户部尚书先祭先农。上至止行三推礼”（《国朝典汇》卷十八）。由于嘉靖皇帝随着年岁增长日益迷信求仙问道，沉溺于召神弄鬼炼丹方术，长期不理国政，他忙活出的祀典新政也就随之荒废，结果连他自己都说了实话，说自己如果是怀着谦恭真心去耕作，那耤田礼有意义，否则就是徒有形式。实话说了，也就证明再继续下去真是有名无实，干脆于嘉靖四十一年（1562年）连皇后亲蚕礼一起“俱罢之”。先是嫌礼仪麻烦，随后让别人代祭自己也不耕，最后干脆罢黜耤田享先农，嘉靖帝的做法可说是“步步深入”。这相比于当年太祖洪武皇帝到山川坛为百姓求雨三天三夜，为了以诚感天而着布衣穿草鞋、领着皇后皇子拿瓦罐煮食糙米粗粮、夜晚睡卧草席，真是天壤之别。

可以看出，嘉靖的改制不过是对弘治时礼仪的局部调整。文献记载表明，之后的明代皇帝就未再做过任何改动。因此明代的耤田享先农典章的变化以嘉靖帝改制结束为截止。

明代的文献对耤田享先农的乐舞制度记载十分少，但对于亲耕时耤田旁的禾辞说唱有着相对丰富的记载，表现出明时的亲耕过程还是很富于观赏性、一定程度上的娱乐性。这是明代先农坛耕祭乐舞的一大特色。元、明时，中国的民间戏剧、曲艺正是蓬勃发展时期，生来龙体命又娇生的大明天子在枯燥乏味的耕耤过程中听听曲艺，既不耽误仪程又能用听曲艺打发时间，想来也能理解。《明会典》中说，按明制耤田享先农都用《中和韶乐》，兼用《堂下乐》，"《中和韶乐》设于奉天殿内，先一日，于御前奏知"，而导驾用《堂下乐》。到了亲耕耤田时，主角戏就是"装扮裹行十八人，内村田乐老人四人，禾詸十四人，各念《禾词》"，耤田一耕完，上演"大乐擁掇百戏院本探子觔斗队舞"，最后还宫时高奏《神欢之曲》。对于耕耤田以后的场景，更有详细描述：

念《禾词》。俳长一人，歌工四人，乐工十五人，白叟六人，黄童八人，舞毕。奏："乐，奏《抚安四夷》之舞。"引舞、乐工二人，歌工四人，乐工十七人，高丽舞、琉球舞、北番舞、回回舞各四人。舞毕，奏："三，奏《感帝德》之曲（今钦定《感昊德》之曲）。侑食，乐作，奏进酒，乐止。奏："乐，奏《车书会同》之舞。"舞人、乐工三十四人，舞毕。奏："四，奏《民乐生》之曲。"侑食，乐作，奏进酒，乐止。导汤，乐作，迎汤，乐作，如前。奏进汤，乐作，赞馔成，撤汤，乐止。奏："乐，奏《表正万邦》之舞。"引舞、乐工二人，舞人、乐工六十四人。舞毕，五奏《感皇恩》之曲。侑食，乐作，奏进酒，乐止。导汤，乐作，迎汤，乐作，如前。奏进膳，乐作，撤汤、膳并御筵，乐止。奏："乐，奏《天命有德》之舞。"引舞二人，舞人、乐工六十四人。舞毕，奏缨鞭得胜蛮夷队舞。舞人、乐工一百四人，承应内狮子舞五人。舞毕，官二员，更送致语："万民安乐，天下太平，嵩呼万岁，再动乐声。"乐作，乐止。百官四拜，礼毕。

——《明会典》卷一〇四

民间曲艺、外国舞蹈尽显田间地头，"教坊乐工执綵旗，夹陇讴歌，一唱百和，飐旗而行"（《国朝典汇》卷十八），好不热闹。如果时光倒流回明代，不知道底细的百姓还可能以为天子在看社戏、自娱自乐呢。文献上说，这个传统一直到清代乾隆时才废止（《养吉斋丛录》卷之五说“国初沿明制，有教坊司。耕耤筵宴，有黄童白叟、鼓腹讴歌、香斗老人、进宝回回、五方夜叉、五海龙王等承应，后裁”）。以今天的眼光看，就是旧时农村的过节娱乐、市井的杂耍闹剧，只不过是国家级别。

这一出热闹局面，赶上皇帝清醒还好，要是皇帝也其乐融融迷迷糊糊可就违背祭农耕耤田的初衷。因此有大臣敢于直言以劝，要皇帝牢记稼穑之艰难、要以庄重为主：

弘治元年二月，上耕耤田。礼毕，宴群臣。时教坊司以杂剧承应，或出狎语。都御史马文升厉色曰：新天子当知稼穑艰难，岂宜以此渎乱宸听。即斥出之。

——《国朝典汇》卷十八

嘉靖元年三月，上耕耤田。礼科给事中李锡言：南郊耕耤，国之大礼，而教坊承应，哄然喧笑，殊为亵渎。古者，伶官贱工，亦得因事纳忠。请自今，凡遇庆成等宴例用教坊者，皆预行演习，必使事关国体，可为监戒，庶于戏谑之中，亦寓箴规之益。命禁之。

——《国朝典汇》卷十八

还有大臣干脆建议皇帝把亲耕耤田所领会的内涵配以更加合适的形式加以表现，以彰显皇帝的圣明：

弘治元年……户部尚书李敏言：天下之劳苦者，莫如农夫。今皇上躬耕耤田，若不亲见共事，则稼穑之艰难，何由而知？乞勅礼部，于耕耤仪注内，增上、中、下农夫各十人，服常服，执农器，引见行礼，然后令其终亩。或赐食、赐布，以慰其劳，见重农之意。上曰：朕正欲观农夫艰苦。其终亩数人，只常服从事。仍人赐布一匹。

——《国朝典汇》卷十八

当然，皇帝也不糊涂，表现出天子应有的政治素质，像上述提到的明弘治皇帝就答应了臣下提出的建议，不仅表示真的想一见农民耕作的艰苦，而且还指示耕地农夫就穿着各自平时劳作的装束以显真实。至于像宣德皇帝所说“天子、公卿躬秉耒耜，贵有实心。为君者，念创业艰难，爱恤苍生，使明德至治，达于神明，则黍稷之荐，不待亲耕矣。农夫穷苦，终岁不免饥寒，国家轻徭薄敛，贵农重谷，禁止游食，则人乐于耕稼，不待劝率。不然三推、五推何益于事”（《国朝典汇》卷十八）则更是真正体会出耤田享先农的深层用意所在，表达出一个皇权专制国家天子对构建和谐稳定政治的到位认识。

春郊风动彩旗新，快睹黄衣是圣人。
盛礼肇行非自汉，古诗犹在宛如豳。
朝臣共助三推止，野乐全胜九奏频。
稼穑先知端可贺，粢盛不独备明禋。

——（明）吴宽

明代耤田享先农的又一主要特征，就是逐步完善了祭祀相关建筑，使先农坛的先农祭祀功能建筑最终到位。历史上永乐帝迁都北京后，先农坛仍位于山川坛内并以之作为统称。当时为先农之祭服务的建筑包括：先农祭坛、瘗坎、神版库、神厨、神库、井亭、宰牲亭、具服殿、仪门，其中只有先农祭坛（石包砖砌，方广四丈七尺，高四尺五寸，四出陛。——《明会典》卷一八七）、瘗坎、具服殿、仪门是专用，而其他几座建筑是与山川之祭诸神共用（这种共用的方式一直延续到清亡）。明英宗天顺二年（1458年）下旨建山川坛斋宫，与祭先农之神斋戒共用；明世宗嘉靖十年（1531年）下旨每年亲耕前临时搭建木制观耕台，嘉靖十一年（1532年）建成先农坛神仓。这几处添建的建筑中，以斋宫规模最大、占地面积最广、自用配套设施最全（含前殿、寝宫、御膳房、御茶坊、钟楼、鼓楼，等）。嘉靖十一年后山川坛的总体布局，为北京先农坛在清代乾隆帝时形成的布局打下了重要基础（有关北京先农坛建筑布局沿革等内容详见第五章）。

明代万历四年（1576年），“改铸神祇坛祠祭署印为先农坛祠祭署印”。从这一年开始，北京的“山川坛”（嘉靖时又称神祇坛）之名就以“先农坛”

之名取而代之。先农坛之名正式登上历史舞台。

这一章的最后，看一看中国古代皇权专制制度达到巅峰时期的清代是怎样耤田享先农的。

作为中国古代皇权专制社会中的最后一个王朝，清代既有与之前历代相当的共性，亦存在着区别。政治上的皇权专制、极端的中央集权自不用说，国家对神祇祭祀制度的承袭性更是极具彻底。说到区别，最为独到之处就是没有尽毁前代宫室、坛庙，反而继续沿用（这曾着实让不少史学人士困惑不已）。典章上，伴随着明代坛庙的继续留用，祭祀礼仪上也多效法明代，体现出前述所说的制度承袭性。

清代在耤田享先农上做得最突出的事情，就是全面完善了耕祭礼乐、仪程，并对祭祀陈设重新考据，重新制作了各式礼器用品。因此说清代是中国历史上耤田享先农的集大成者。

与元代一样，清代也是游牧、游猎民族入主中原，作为当时的“蛮夷”民族本不识汉家礼法，但满族统治者在进入中原以前，就已大量接触中原明廷的典章，因此统一全国后在国家级别的神祇祭祀上几乎一切沿用前朝之法，实行国家典章制度上的直通车，这为其快速稳定在中原的统治秩序从上层建筑上铺垫了便利。满清统治者在不长的时间里快速接受、消化了汉家文化中的精华并迅速转为己用，同时实行满汉分治，节约了政治成本。当然不可避免地随着历史的发展，汉文化强大的同化力和感召力最终消弭满汉之分，使满汉一统。

纵览清代的重要典籍《五朝会典》（康熙、雍正、乾隆、嘉庆、光绪五朝的清会典），清代耤田享先农制度的发展同明代相仿，也经历过几个时期，即顺治时期、雍正时期和乾隆时期。这三个时期的主要特点体现在：顺治十年（1653 年）下诏，于顺治十一年（1654 年）恢复耤田享先农，颁布清代耕祭礼仪；雍正帝对皇帝的三推之礼多增加一推，形成皇帝四推，并一直延续到清亡，亦颁布新制三十六禾词（是为目前唯一所知的清代耕耤禾辞）、首创在西苑演耕；乾隆时期修改耕祭礼仪，包括祭仪、乐舞、陈设礼器，大修及改建先农坛建筑，形成今天的格局。三个时期中最为重要的就是乾隆时期，因乾隆之后几乎所有的耤田享先农制度没有再进行更改，成为清代最终定制。

清顺治十一年（1654年）二月，顺治帝进行了清代开国以来第一次耤田享先农的耕祭，“丙子，祀先农，行耕耤礼”（《清实录三·世祖实录》）。伴随着清代天子的第一次耕祭，清代首定的耕耤礼仪也随之成型：

先农神坛

先农坛焚帛炉

顺治十一年，定岁仲春亥日行耕耤礼。先期，户、礼二部尚书偕顺天府尹进耒耜暨穜稑种。届期，帝亲飨祭献如朝日仪。毕，诣耕耤所，南向立。从耤者就位。户部尚书执耒耜，府尹执鞭，北面跪以进。帝秉耒三推，府丞奉青箱，户部侍郎播种，耆老随覆。毕，尚书受耒耜，府尹受鞭。帝御观耕台，南向坐，王以下序立。三王五推，九卿九推，府尹官属执青箱播种，耆老随覆。毕，帝如斋宫。府尹官属、众耆老行礼。农夫三十人执农器随行。礼毕，从府、县官出至耕耤所，帝赐王公坐，俟农夫终亩，鸿胪卿奏礼成，百官行庆贺礼。赐王公耆老宴，赏农夫布各一匹，作乐还宫。其秋，丰谷登，所司上闻，择日贮神仓，备供粢盛。寻定先农岁祭遣府尹行，大兴、宛平县官陪祀。

——《清史稿》卷八十三

从记载中可以分析出两个特点，一是定仲春亥日为耕祭日，也就是说由钦天监从农历二月中择选一个吉利的亥日，用这天亲耕；二是皇帝不是在观耕台观看终亩后去斋宫，而是在看完三王九卿推耕后就去斋宫，从耕终亩的顺天府尹、大兴宛平县令及农夫先去斋宫行礼，然后再回耤田终亩。

我们知道，接受汉家包括典章制度在内的政治文化对于满清统治者来说是需要消化过程的，满清统治者采取的策略是：将前朝的典章制度稍作改动以满足政治之需。这种拿来主义做法很是实用，也符合历代遵循古制传统。顺治帝的耕祭之仪就是在明代基础上的小改动，也可以说清初顺治、康熙时期就是对明制的延续。这是一种宣示承继政治血统“天道”的聪明手法。还是那句话，万事开头难，但头总是要开的，躲不是办法。只要做了，细节可以慢慢来。

雍正帝在清代历史上是一位高度勤于政务的皇帝，用今天的话说就是“优秀公务员”、“工作狂”，在位十三年竟因批改文件写了上千万字，如此的政治高产是对他为官风格的真实写照。短短十三年，雍正帝先农坛亲耕亲祭 12 次，不仅每次毕恭毕敬、仔仔细细，还奉行厉行节约的原则（雍正帝的节约成为他个人的习惯，有清一代另一位节约皇帝是道光帝，此二人虽然一勤一庸，但节约还是要称道的），如耕耤礼成后取消了斋宫庆宴。雍正帝对农业的重视近乎疯狂，他深知衣食对于国家社稷的重要性，因此不仅时常劝勉自己要重农，还时常把重农的道理讲给大臣们听，强调“盖天生民而立之君，鉴观在上。人君一念敬谨，政事无阙，天必嘉之佑之；一念放逸，政事有乖，天必儆之戒之。此一定之

清雍正帝先农坛亲祭图

清雍正帝先农坛亲耕图

理也。况人君抚驭臣庶，位处极尊，所以赏罚之者，独有上天耳。是以朕每于水旱等事，皆实心内省，必系朕有过失，上天儆戒示谴也”（《清会典事例》卷三一三），把自然灾害与自己为政之道的德与行直接挂钩，时时刻刻牢记不犯过失；同时告诫臣子“以督抚受朕委任之重，为朕养育万民，必视百姓之疾苦，如痛痒之在己身。一遇水旱饥馑，必思所以致此之由，或因本省之政事吏治有阙，即思速为改易之；或因本地之人心风俗不端，即思速为化导之”（《清会典事例》卷三一三）。雍正帝为此要求“假若闻朕之政治稍有阙失，即直言陈奏，不必隐讳。如此则官与民联为一体，臣与君又联为一体，太和翔洽，实意交孚，天听虽高，诚呼吸可通矣”（《清会典事例》卷三一三）、“督抚以下，皆有课农之责，应不时咨访疾苦，为农除害”，甚至“各州县又应春至劝耕，秋至劝敛，察农民之勤劳，及收成之丰歉。如或奉行不力，则予议处”（《清实录·世宗实录》）。如此的“政治觉悟水平”，可说是皇权专制时代统治者的楷模！

苍驭千官引，乘时事耤田。从来重稼穑，何敢惜劳先？

履亩迎膏发，群公继耦联。所祈同亿兆，岁岁介丰年！

——（清）爱新觉罗·胤禛

为了给臣民做出表率，他采取以下几个办法：

一、除元年外逢亲耕必去，把古制天子三推增加一推为四推

二、在西苑丰泽园内康熙帝种植水稻处进行模拟耕耤“演耕”，

仪轨与耤田亲耕相同，为的是保证亲耕时万无一失

三、重新定制耕耤禾辞

四、仿康熙帝颁布《耕织图》，以强调农桑之本

五、颁旨各省推举县一级富有德望的老农，政府授予八品顶戴

其中，给富有德望的老农授予品级（八品顶戴），可说是千年来闻所未闻。雍正二年（1724 年）二月，因这是雍正帝第一次亲耕耤田祭先农，他的思想有不少关于体恤农桑的想法，特别是想到农民之艰辛“农民勤劳作苦，手胼足胝，以供租赋”，似有深深愧疚，于是令各州县“择老农之勤劳俭朴、身无过举者、每年推举一人。给以八品顶带荣身。以示鼓励”（《清实录·世宗实录》）。八品顶带已经等同于当时的县太爷！雍正帝还一本正经地说这是参照了西汉时期举孝悌为官的做法。在政治上看似天方夜谭的做法，却体现出雍正帝“国以农为本”的思想发挥到了极致。用今天的话来说，这位皇帝真是钻到牛角尖里去了。

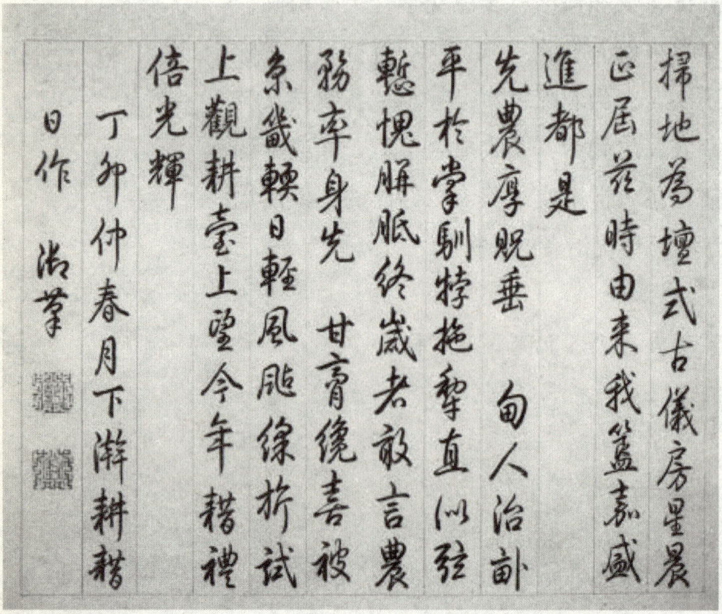

清乾隆帝的耕祭先农坛记事御笔

之后的乾隆帝深受其父影响，在位六十年不仅以其父为榜样坚持亲耕，以至七十五岁仍不停止，更主要的是最终完善了耤田享先农的全套大礼，大规模修建改建先农坛的建筑，如改造斋宫，并于乾隆二十年（1755 年）更名为庆成宫，以示耕耤庆成之意；将每年临时搭建的观耕台改

建为琉璃砖石台以为永久之用；拆去旗纛庙，将东侧神仓移到今址，等。由乾隆帝完善的先农坛耕祭礼仪一直沿用到清亡未再更改，而他改建、修缮后的先农坛格局也沿用至今。典仪上，对于雍正帝以至顺治帝在位时的典章，乾隆帝小心翼翼地修漏补缺，在局部调整的同时，还对一些不切实际的做法进行更正，如将原来亲耕时临时搭建于耤田之上的彩棚予以撤除，理由是“设棚悬綵，以芘风雨，义无取焉。吾民凉雨犁而赤日耘，虽襏襫之尚艰，岂炎湿之能避。且片时用而过期彻，所费不啻数百金，是中人数十家之产也”（《清会典事例》卷三一三）。就这一点与其父雍正帝何其相像！

有意思的是，乾隆帝还立了不少小规矩，其一如因自己年事逐渐高企，于是下谕今后皇帝“凡遇亲耕典礼，若年在六十以内，礼部自应照例具题，年年躬行耕耤之礼”（《清会典事例》卷三一三），也就是说我之后的皇帝如果想逃避亲耕，就等六十岁以后吧；其二如乾隆八年（1743年）“谕：向来先农坛亲祭，始用《中和韶乐》，遣官，则同群祀之例，不用《中和韶乐》。案日、月坛中祀虽遣官，仍用《中和韶乐》，惟不饮福受胙。朕思国之大事在农，先农坛在中祀之列。此次遣亲王恭代，即著照日、月坛之例，用《中和韶乐》。永著为令”（《清会典事例》卷五二五）。其实这些小规矩都体现着乾隆皇帝关注耤田享先农耕耤礼仪对于国家政治生活的重要性。

旭日旌旗辇路分，肇开东作迈思文。
燃萧默祝千村雨，秉耒深锄一片云。
柳渐鸣鸠春意满，杏初飞燕午风薰。
授衣成礼临黄幄，次第公卿致力勤。

——（清）徐本

根据《清朝文献通考》卷一百一内详细的记载，我们整理出乾隆帝时确定的皇帝先农之神亲祭仪、皇帝耤田亲耕仪的主要仪程内容：

皇帝先农之神亲祭仪

一、确定仲春吉亥日

奉先殿

二、祭祀之前的两天礼部尚书检查祭祀牺牲

三、斋戒。斋戒前派人祇告奉先殿

四、做写祝词、处理牺牲等准备工作

五、祭祀的前一天晚上，太常寺官员、銮仪卫冠军使、太常协律郎等布置祭祀现场的礼器、乐器、盥洗位

六、祭祀日清晨。太常寺官员摆放先农神座、皇帝拜位，最后清洁现场

清光绪末年时的先农神坛

七、祭祀日辰初三刻，太常寺卿报请皇帝出宫；礼部尚书率太常寺卿属诣神库，上香行礼，恭请先农神位

八、皇帝到达先农坛。鸿胪寺官引百官就位；瘗毛血行迎神礼，乐舞生登歌奏乐，奏《永丰之章》

九、行初献、亚献、终献之三献礼，分别奏《时丰之章》、《咸丰之章》、《大丰之章》

十、饮福酒、献福胙，撤馔

十一、送神，奏《报丰之章》

十二、祭品送瘗坎，望瘗，奏《庆丰之章》

十三、皇帝诣太岁殿上香

需要说明的是，先农之神祭毕皇帝到太岁殿上香，不是乾隆

帝的独创，虽然在乾隆帝时列入先农之神祭祀仪程，但乾隆之世只进行过一次，算上雍正及道光时的祭毕进香，清代一共有据可查的只此三次。

皇帝的“一亩三分地”——清光绪末年时期的耤田

亲耕（《唐土名胜图绘》）

皇帝耤田亲耕仪

一、确定仲春吉亥日

二、礼部疏请。命亲王、郡王各三人，卿二共九人从耕。顺天府准备皇帝躬耕的丝鞭、耒耜，黄色耜、黄牛犊、稻种、青箱。准备从耕亲王、郡王的麦、谷种子，九卿的豆、黍种子，及青箱、鞭、耒耜，耜红色、牛黑色。

三、亲耕前一日祗告奉先殿

四、亲耕的当天一早，礼部尚书在紫禁城中和殿将亲耕农具、粮食种子呈皇帝检查阅示；工部官员布置观耕台；顺天府官员布置亲耕现场

五、鸿胪寺官员确定耕耤现场的各级官员站立序位

六、皇帝先农坛祭祀完毕，具服殿换黄龙袍，开始亲耕，四推

七、四推毕，皇帝登观耕台观看终亩

八、亲耕礼成，皇帝回宫

九、仪仗为法驾卤簿，出宫回宫各奏《禧平之章》、《祐平之章》

乾隆帝的耕、祭之礼，是在对历代礼仪的比对、调整后最终确立，前代合理的、符合敬神与体恤稼穑之艰的各项仪轨均予以保留，而不符合礼仪肃穆的仪轨，如原来教坊司乐工歌舞等予以裁撤。这样，全部耤田享先农过程中贯穿的主题尽显隆重与肃穆，充分体现出统治者对于神祇的谦恭与敬畏之心。至此，耤田享先农的礼仪发展经过汉代以降近一千八百年的历程，完成了它的最终演化，成为皇权专制国家中高度程式化的重要典章内容，同时清代也以其皇帝亲行高达九十二次之多的耤田享先农之礼（根据《清实录》统计），成为中国古代史中最为重视农桑之本并敢于身为天下人之先的王朝典型。

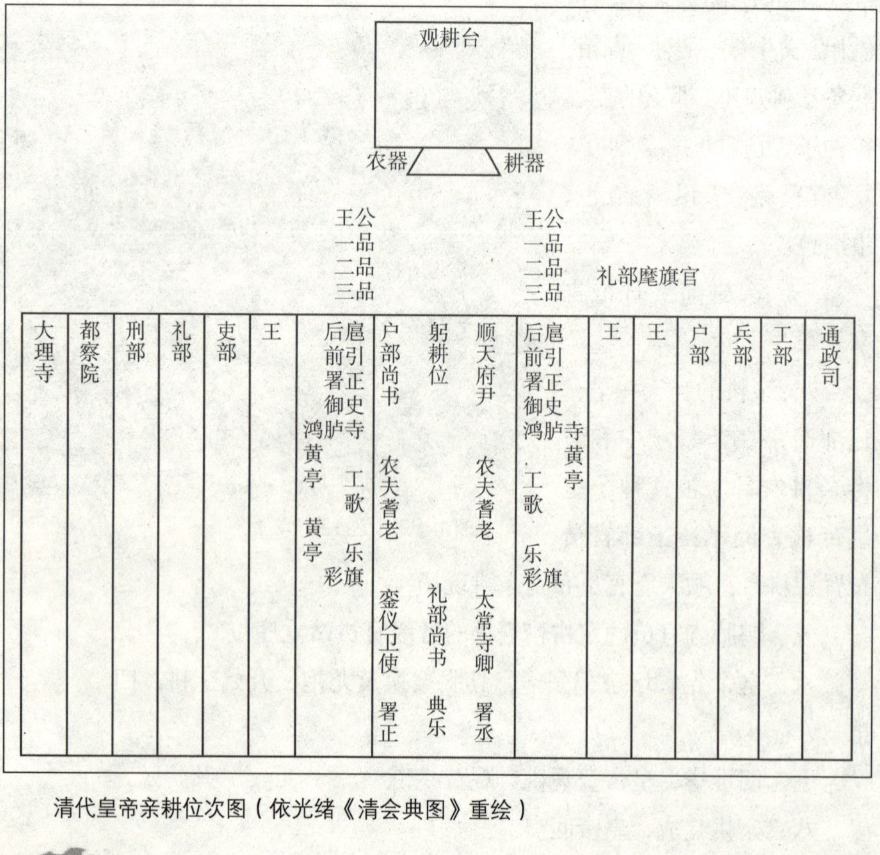

清代皇帝亲耕位次图（依光绪《清会典图》重绘）

三　先农崇拜是中国传统文化的精髓

通过前面的相关介绍，可以得出这样一个结论，先农炎帝神农氏的崇拜在中国古代社会政治生活中发挥着不可替代的巨大作用，特别是对汉以降的历代统治者而言，既通过每年春天的某一天亲自耕地，为天下百姓开始一年的春耕带个好头，以鼓励农业生产（农业文明社会中的第一产业），又通过劳动深深体会到作为天子之民——农夫的稼穑艰辛，以此领会儒家所说的“仁”，并以此采取正确的仁政方法，以最终达到稳固统治者国家政权的目的。所以汉以来耤田享先农逐渐发展为国家大礼，在典章制度中成为一项不可不做的要事——虽然多数统治者的心里并不愿意身穿皮弁服（也就是所谓亲耕礼服，清时直接穿帝袍）去干地位卑微农夫去做的事。

古代天子视朝、诸侯告朔所著之衣，称“皮弁服”以白缯为之。也称“缟衣”。《仪礼·既夕礼》说：“荐乘车，鹿浅幦，干笮革靾，载旜载皮弁服，缨辔贝勒，县于衡。”郑玄注：“皮弁服者，视朔之服。”清凤应韶《凤氏经说·皮弁服》说：“皮弁之用，天子视朝，诸侯告朔，聘礼主宾，皆服之。”又说：“孔子谓诸侯皮弁告朔，卒告朔事，然后服缟以视朝，然则缟衣，皮弁之衣也。”

民间历来不乏多神崇拜，针对自然万物、各行各业都有无数大大小小的神祇。炎帝神农氏作为有大德大恩于民的远古圣人，为后世黎民所祭拜自然在情理之中。比较有名的祭拜之所，如陕

江苏省六合县先农坛（清光绪《六合县志》）

西宝鸡神农镇浴泉村的神农庙，据说始建于唐代，清乾隆三十年（1765年）还进行过重修。另一处如湖南衡南县的炎帝神农祠，始建于唐贞观十三年（639年），清乾隆、咸丰时两度重修。另外多见于广东、福建、台湾的供奉五谷大帝的谷神庙、五谷庙、先穑庙、五谷大帝庙等，所祀主角就是炎帝神农氏，只不过叫法不同（这在中国民建祭祀文化中是常见现象）。这些庙宇是民间具有地域性祭祀先农炎帝神农氏的场所。还有一类只见于清雍正以降的地方志中，不过现已绝大部分无存，这就是地方先农坛。它们的出现，展现着民间祭祀先农之神的活动的丰富多彩性。

民国河北武强县年画

地方先农坛的创建要归功于清雍正皇帝。众所周知，清雍正帝在位十三年极尽勤政之道，在耤田享先农以为天下黎民之先、体恤黎民稼穑之艰上

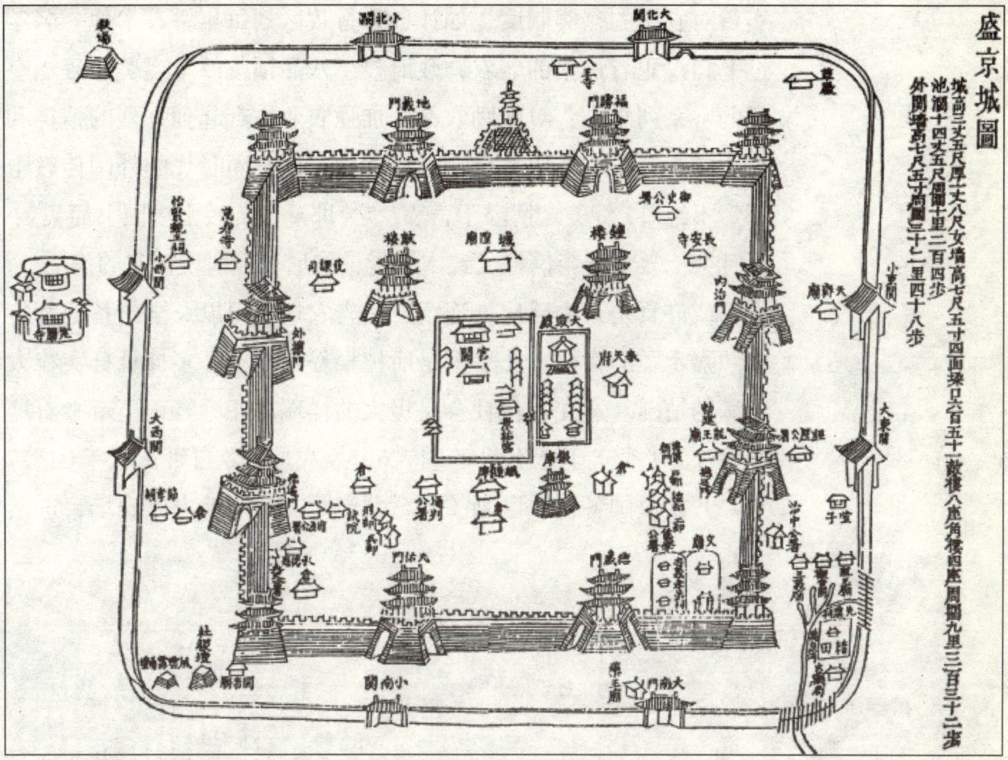

清代盛京与先农坛

做到了可圈可点，可称为历代人君之表率。雍正二年（1724年）第一次亲耕之后，他深深感受到百姓终日耕耘仍不免饥馑的难处，稼穑之艰使他不断对国家的统治之道自我沉思，决定一定要从几个方面入手，以加强农业生产工作，其一从自己做起，把耤田享先农坚持做好，在自己的一亩三分地上诚心诚恳、尽心尽力，以行动给黎民做出榜样；其二不断提醒臣下并颁布命令，要各地行政第一把手春耕时深入田地鼓励督促百姓勤耕，把春耕的情况如实上报，秋收时也要深入田间，把当地的收成情况考察清楚上报中央，同时要求观察各地气候是否正常并作出预测，如可能出现旱涝灾害的话要提前上报他本人，以便他自己在皇宫斋戒祈祷，以免百姓受灾。同时参照汉代举孝悌的方式，

清代盛京与先农坛：清雍正四年（1726年）颁旨命全国除蒙藏疆外于地方均设先农坛，自雍正五年（1727年）始行官祀先农之神礼及亲耕礼，就连满清的龙兴之地盛京（沈阳）也不例外。图中盛京的先农坛座落于盛京内城外东南角，称“先农祠”，与其它地方先农坛一样，主要由供奉先农神牌的正殿及耤田组成。

实行对农民的嘉奖制度，如让地方行政区划每年举荐本地一名年过七旬没犯有过错的老农，政府授予八品顶戴以示褒奖。雍正皇帝的一系列举措，对鼓励农桑、加强农业生产起到强烈的精神和物质的双重激励作用，反响极其强烈，以至同时代的外国传教士都赞不绝口，赞美之情溢于言表（见《耶稣会传教士中国书简集》：耶稣会传教士龚当信神父致本会爱梯埃尼·苏西埃神父的信）。

或许真是天人感应，连续三年先农坛耤田以及全国各地都传来“嘉禾”的喜讯，几乎都是所植稻谷出现一杆多穗且籽实粒大饱满的情况。这在古代社会是极大的祥瑞之兆。雍正皇帝乘着这股喜庆的心气，于雍正四年（1726 年）八月下令自雍正五年（1727 年）开始全国各行政区划（不含蒙疆藏）建立地方先农坛，选治

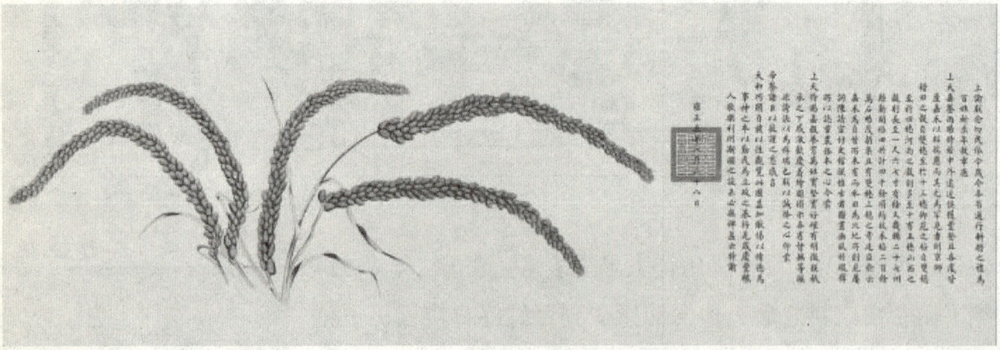

瑞谷图（清·郎世宁）

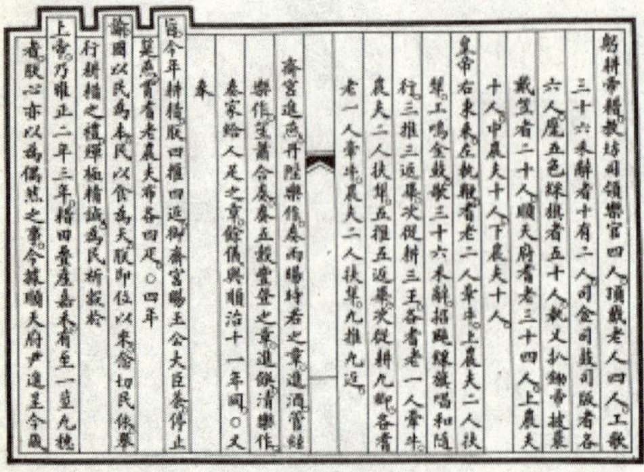

躬耕帝耤教坊司領樂官四人工歌
三十六禾辭者十有二人司金司鼓司版者各
六人麾五色綵旗者五十人執叉扒鋤帚披蓑
戴笠者二十人順天府耆老三十四人上農夫
十人中農夫十人下農夫十人
皇帝右秉耒左執鞭耆老二人牽牛上農夫二人扶
犁工鳴金鼓歌三十六禾辭揺颺綵旗唱和隨
行三推三返畢次從耕三王各耆老一人牽牛
農夫二人扶犁五推五返畢次從耕九卿各耆
老一人牽牛農夫二人扶犁九推九返
齋宮進茶丹陛樂作奏雨暘時若之章進酒官[illegible]
樂作至尊合奏秦五穀豐登之章進饌清樂作
奏家給人足之章餘儀與順治十一年同○又
來
旨今年耕耤朕四推四返御齋宮賜王公大臣茶停止
奠爲賞耆老農夫布各四疋○四年
諭國以民爲本民以食爲天朕即位以來念切民依舉
行耕耤之禮擇極精誠爲民祈穀於
上帝乃雍正二年三年耤田疊産嘉禾有至一莖九穗
者朕心亦以爲偶然之事今據順天府尹進呈今歲

清雍正四年耤田出瑞谷的记载一

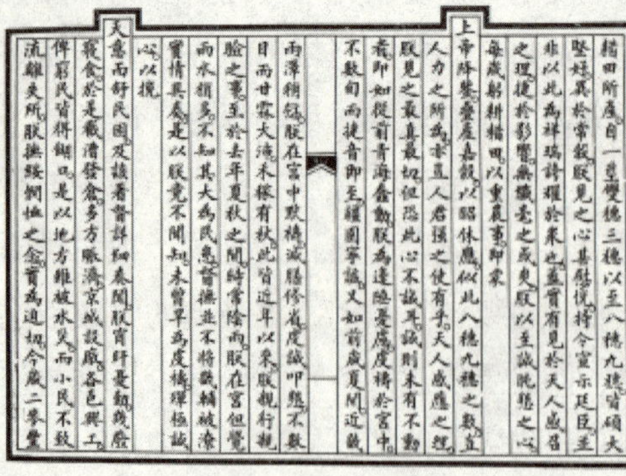

耤田所產自一莖雙穗三穗以至八穗九穗皆碩大
堅好異於常穀朕見之心甚懽悅特令宣示廷臣並
非以此爲祥瑞誇耀於衆也蓋實有見於天人感召
之理捷於影響無纖毫之爽更欲以至誠祗懸之心
每歲躬耕耤田以重農事即家
上帝降鑒豐產嘉穀以昭休應似此八穗九穗之數直
人力之所爲者且人君孜之使有乎天人感應之理
朕見之最真最切但恐此心不誠耳誠則未有不動
者即如從前青海奮勳朕爲達賴憂慮虔禱於宮中
不數旬而捷音即至羅國寧謐又如前歲夏閒近畿
雨澤稍愆朕在宮中默禱誠懇修省虔誠叩懇不數
日而甘霖大沛禾稼有秋此皆近年以來朕親行親
驗之事至於去年夏秋之閒時常陰雨朕在宮但覺
雨水稍多不知其大爲民患皆撫並不將數輔被潦
實情具奏是以朕竟不聞知未曾早爲虔禱禳極誠
心以挽
天意而舒民困及該督撫詳細奏聞朕實時是甚觖歎
寝食於是截漕發倉多方賑濟京城設廠各邑興工
俾窮民皆得餬口是以地方雖被水災而小民不致
流離失所朕撫躬惕慎之念實爲迫切今歲二麥豐

清雍正四年耤田出瑞谷的记载二

所东郊肥沃之官地四亩九分设耤田并建先农坛，地方官参照九卿耕耤之礼行九推、仿地方社稷之陈设，每年进行耕祭，以彰显国家对于农业、对于先农之神的重视。自此，地方官办先农坛的出现，使耤田享先农的活动于神州大地生生不息，一直活动到清亡，个别地方甚至活动到民国初中期。今天，湖南醴陵县还保存着一座基本完好的清代醴陵县先农坛，辽宁沈阳、山东成武县、重庆酉阳县还遗存先农坛地名，它们成为这一历史事件的见证。

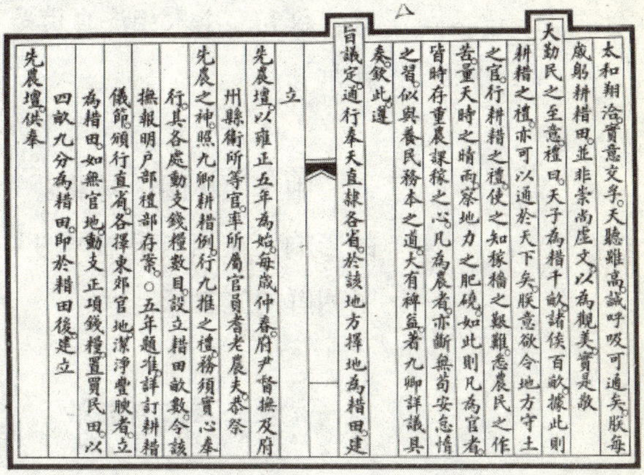
太和翔洽實意交孚。天聽雖高誠呼吸可通矣朕每
歲躬耕耤田並非崇尚虛文以為觀美實是敬
天勤民之至意禮曰天子為耤千畝諸侯百畝據此則
耕耤之禮亦可以通於天下矣朕意欲令地方守土
之官行耕耤之禮使之知稼穡之艱難悉農民之作
苦量天時之晴雨察地力之肥磽如此則凡為官者
皆時存重農課稼之心凡為農者亦斷無苟安怠惰
之習似與養民務本之道大有裨益著九卿詳議具
奏欽此遵
旨議定通行奉天直隸各省於該地方擇地為耤田建
立
先農壇以雍正五年為始每歲仲春府尹督撫及府
州縣衛所等官率所屬官員耆老農夫恭祭
先農之神照九卿耕耤例行九推之禮務須實心奉
行其各處動支錢糧數目設立耤田畝數令該
撫報明戶部禮部存案。五年題准詳訂耕耤
儀節頒行直省各擇東郊官地潔淨豐腴者立
為耤田如無官地動支正項錢糧置買民田以
四畝九分為耤田即於耤田後建立
先農壇供奉

清雍正帝诏令地方设先农坛的记载一

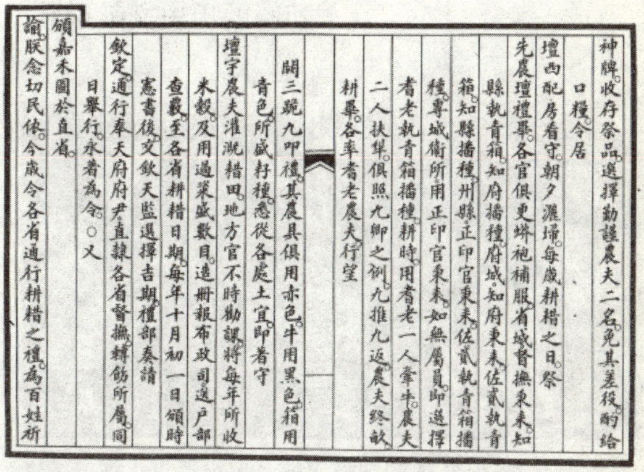
神牌收存祭品選擇勤謹農夫二名免其差役酌給
口糧令居
壇西配房看守朝夕灑埽每歲耕耤之日祭
先農壇禮畢各官俱更蟒袍補服省城督撫秉耒知
縣執青箱知府播種府城知府秉耒佐貳執青
箱知縣播種州縣正印官秉耒佐貳執青箱播
種專城衛所用正印官秉耒如無屬員即選擇
耆老執青箱播種耕時用耆老一人牽牛農夫
二人扶犁俱照九卿之例九推九返農夫終畝
耕畢各率耆老農夫行望
闕三跪九叩禮其農具俱用赤色牛用黑色箱用
青色所盛籽種悉從各處土宜即著守
壇宇農夫灌溉耤田地方官不時勸課將每年所收
米穀及用過粢盛數目造冊報布政司送戶部
查覈至各省耕耤日期每年十月初一日頒時
憲書後交欽天監選擇吉期禮部奏請
欽定通行奉天府府尹直隸各省督撫轉飭所屬同
日舉行永著為令。又
頒嘉禾圖於直省
諭朕念切民依今歲令各省通行耕耤之禮為百姓祈

清雍正帝诏令地方设先农坛的记载二

以先农文化为代表的中国古代农文化的核心理念，对中国的近邻甚至远在欧洲的国家都有过一定的影响。比如远在欧洲的法国，18世纪法国重农学派深受中国重农思想影响，在他们的提倡下，法国国王路易十五（le Bien—Aimé 15，1710—1774）于1756年（清乾隆二十一年）曾效仿中国皇帝举行过耤田仪式。

1756年法国国王路易十五亲耕农田（铜版画）

重农学派是18世纪50～70年代的法国资产阶级古典政治经济学学派。重农学派以自然秩序为最高信条，视农业为财富的唯一来源和社会一切收入的基础，认为保障

财产权利和个人经济自由是社会繁荣的必要因素。代表人物魁奈、杜尔哥。

中华文化圈中向来以“小中华”自称的朝鲜，深受中华文化的影响，在相当于中国的明清时期也盛行耤田享先农活动，出现了朝鲜的先农坛：

先农坛在京都东郊。

——《钦定四库全书·朝鲜志》

朝鲜的历史文献记载，朝鲜国王仿效中国的作法，每年孟春亲祭先农、亲耕耤田。朝鲜皇家先农坛建于相当于中国明中期时期，位于汉城（今韩国首尔）东郊，祭祀炎帝神农氏，以后稷氏陪祀，建筑规制“方二丈三尺，高二尺七寸，四出陛，两壝，二十五步”，与朝鲜皇家的风云雷雨山川城隍坛规制相同。朝鲜先农坛今尚存遗迹，韩国当地的社区民众近年恢复了孟春祭享先农氏的活动。

20世纪30年代的朝鲜汉城先农坛遗址（鲜史编修会，1927-1935年照片）

日本的先农之神祭奠处

日本作为中华文化圈中的一员，历史上也存在过先农之神的祭祀。根据日本文献记载，日本后水尾天皇在位时的元和二年（1616年），日本秋田县迁来一户人家进行开荒，后来引水渠灌垦殖成大片优质水稻田，称仁井田堰和武卫门堰，因武卫门堰的一代主人高桥左武卫门努力耕植，又开拓了一个叫四小屋的田区，成为良田，后人纪念他的成就，就尊奉他为“先农之神”并建祠堂。虽然日本的这位先农之神不是我们中国的先农之神炎帝神农氏，但其所褒扬的精神是一致的。可见，凡是为后人创造衣食之福的先人，无论在哪里都会受到人们的敬仰，都会成为“先农之神”。

由此可想中华文明的先农之神的影响是多么深远，先农之神可以看成中华民族奉献给世界精神文明宝库中的重要文化遗产。

先农炎帝神农氏，是中华民族的人文先祖之一。我们常说的炎黄子孙中的炎就是炎帝神农氏。虽然经过前述我们从研究的角度知道炎帝神农氏这个称呼仅仅始自汉代，汉代以前是代表两个不同的神话人物，但这恰恰说明，凡是给人类带来光明温暖与衣食的神话人物或真实的人，都无法拂去后世万代对他的敬仰和深深的爱戴。

没有阳光，万籁俱黯；没有食物，万物俱灭。这是亘古不变的真理。凡是大自然的子民，都不例外。人类是大自然的产物，自然的属性将伴随人类始终，无法逃脱自然规律是人类的宿命。

大自然不可能事事处处眷顾人类，具有自然属性的人类已经演化为占据大自然顶层食物链的生物，它的生存仅仅依靠大自然的赏赐已嫌不够，需要人类后天的改进与创造。发现问题并努力寻找解决问题的途径和办法，形成取之自然用之于人类的局面，这就需要极大的智慧和矢志不移的勇气。恰恰，这并不是多数人所具有的素质。而能够体现这些素质的人，往往就是为后世崇拜的英雄。

先农炎帝神农氏就是这样一位英

湖北随州炎帝神农氏故里景区规划图

雄，在他身上充分体现着极大的智慧和矢志不移的勇气，因此才能制耒耜教耕稼、识五谷辨百草。

从人类社会发展的角度来说，原始的渔猎及采摘农业伴随着人类渔猎技术、采摘规模的不断提高和加大而效率大增，同时随着人口的增殖，不可避免地带来自然农业资源的逐渐衰退。到了新石器时代演化出的畜牧农业和农耕农业，秉承了渔猎及采摘农业的核心价值，开创以人工的手段自我养育的新型农业，这就从根本上为人类文明的继续进步谱写了前奏曲，它不可阻挡地引领人类向突出技术性的文明方向加快演化。历史文献中描述的先农炎帝神农氏的种种贡献，无论是确有其人的原创还是后人以事附会，都体现出先农炎帝神农氏信奉技术创新为人类带来新生的理念，以技术的进步引领社会生产力的进步与发展。埋头实干加巧干、求真务实，发现困难并解决实际问题，以大量的实际工作成效来改进民生，是先农炎帝神农氏个人品质的全部内涵。

其实这个朴素的道理千百年以来一直深深根植于人们心中。但几千年前的人类由于尚处于精神世界的萌芽阶段，对周围的一切尚怀有相当的不可知导致的敬畏，民智未开，所以把日后看来可能是极普通的智力行为当成神赐，并把拥有这种为他人之先智慧的人或群体也认为是具有天赋异禀并当作神来敬畏，这就成为宗教学中所说的一神崇拜或多神崇拜的内容之一。先农炎帝神农氏就是我国多神崇拜体系中的重要一员，因其能够为人之先发明农耕工具、农耕技术、培育作物，我们也就自豪地皈依到他的门下，将它作为共同的先祖之一。试想，谁不愿意成为神人之后、圣人之后呢？

两千多年以来，先农炎帝神农氏为人之先教民稼穑的传说之所以能够为统治者所推崇，统治者之所以能够放下架子一年之中扮演一回终年难得温饱的农夫、推几趟木犁演一演亲民大秀，其实从根本上说无非是对前述所言的种种要理的深刻体会并完美地结合自己也是农民而且是所有农民终极代表的实情。看不出高尚，只能说看出两千多年来的统治者们还具有应该具有的政治智商而已。

生活在当代的人们，当然不可能天天以作秀的心态去面对生活。作为炎黄子孙，当面对着我们自己的人文先祖先农炎帝神农氏时，当面对着他尚在远古没有任何当下的工具而仅凭一双勤劳的手创造出的种种恩泽后代千百年的成就时，我们该作何感想呢？是磕头作揖式的顶礼膜拜，是无限崇敬、感慨，是自愧不如，还是领略先农精神的要义汲取力量发奋进取？这不仅仅需要反思，需要的是做。相信具有理性思想和智慧的朋友经过思考一定会认知到：先农精神的核心价值是创新与开拓。只有不断进取，才能创造出人类文明的新篇章。

认知这一点是需要勇气和毅力的。我们文明至今的思想内核是人所周知的儒家思想，它的全部价值在于治世之术，在于非神的实用主义世俗人文理念（所谓“子不语怪力乱神”，只有人是儒家的关注对象），所以以先农之神为代表的神祇本不在儒家的眼界范畴，因为先农之神专务形而下之器，以器为化民工具，而儒家以维护统治秩序的礼为化民之形而上，从而使人各安不同层面之礼而各知“天命”，各司其职。这就造成后世对先农的崇拜分化成两种观念，统治阶层只是从儒家要求统治者要爱民如子的角度去理解，体恤了民之苦就知爱民之重要，也就知道了呵护江山社稷的秘方，而黎民百姓却只知先农的恩泽并加以感激。这些观念都没有发现先农崇拜中的核心价值，所以也无法加以阐发继承，导致两千多年来的中国社会赋诗抚琴可为官、以器化民不进仕的文化怪状，促进社会生产力提高及社会进步的科学技术始终得不到主流政治上的应有重视，最终酿成在十九世纪西洋坚船利炮下的彻底投降。这不啻于中华文明的原罪之一。

如果我们认知先农精神的真正核心价值，“见贤思齐”，学习光大先农精神，就要像先农炎帝神农氏那样脚踏实地地生活，善于发现问题并善于解决问题，不被任何困难所阻挡，不断地为社会进步进行科技创新，以科技的不断进步带动社会生产力的大发展，使人民仓廪实而知礼节、仓廪足而知荣辱。用当下的话说，就是一心一意谋发展、聚精会神搞建设。历史证明，只有这样国家才能跻身世界强国之林、民族才能兴旺发达、社会才能和谐安定。中华民族的未来离不开先农精神，离不开千千万万真抓实干的勤劳人民、离不开科学技术的不断进步。那种尊古而薄今、不利器而妄想桃花源的观念，不是中华民族拥有光明未来的历史选项。

【附一】清代先农之祭的祭祀陈设、祭祀礼器、祭祀乐器、乐舞内容

有清一代，是中国古代皇权专制国家发展的顶峰。政治上的高度集权、形而上层面的国家大力垄断，致使沿袭近两千年余年的先农之神炎帝神农氏崇拜及皇帝耤田亲耕之礼，都得到了极力宣扬和推崇。特别是清乾隆时通过修订耤田享先农相关礼仪、重建祭祀礼器、完善祭乐等一系列措施，把先农之祭的"精神文明建设"做到了极致。我们依据光绪《清会典图》、《清文献通考》等对先农之神的祭祀陈设、祭祀礼器、祭祀乐章、乐舞内容做一个还原，以便读者明晰。需要提醒的是，光绪《清会典图》所涉礼仪制度沿用乾隆朝，而《清朝文献通考》也是以叙述乾隆朝内容为主。因此不妨说我们的还原基本反映的是乾隆朝中后期时的情况，望读者注意。

（一）先农之神的祭祀陈设

祭祀陈设

祭台台面正中的北侧：设置先农神位神幄，黄色，长方形，坐北向南

神幄内：

怀桌一张，坐北向南，陈设先农之神神牌、琖三十件

笾豆案一张，坐北向南，陈设红色爵垫一件、爵三件、登一件、铏二件、簠二件、簋二件、笾十件、豆十件、篚一件

神幄外：

幄前笾豆案前为俎，坐北向南，内置犊、羊、豕太牢三牲，三牲北向

俎前为几三件，中间陈设铜香炉，左右陈设白色鱿镫

幄前偏西侧祝案一张，坐北向南，陈设祝版

幄前偏东侧馔桌一张，坐北向南，陈设盛有神馔的木盘一件

祭台台面东侧：

福胙桌一张，坐东向西

尊桌一张，坐东向西，陈设尊三件，罩布幂、有锡酒勺

接桌一张，坐东向西，陈设木香盒一件

祭台台面西侧：接福胙桌一张，坐西向东

祭台台面南侧：设置皇帝拜位幄，黄色，内为拜褥，向北

祭品内容

俎：“太牢”犊、羊、豕，即小牛、羊、猪各一全只

登：“太羹”，即牛肉清汤

铏：“和羹”，即五味调料牛肉汤

簠：黍、粟，即黄米、小米

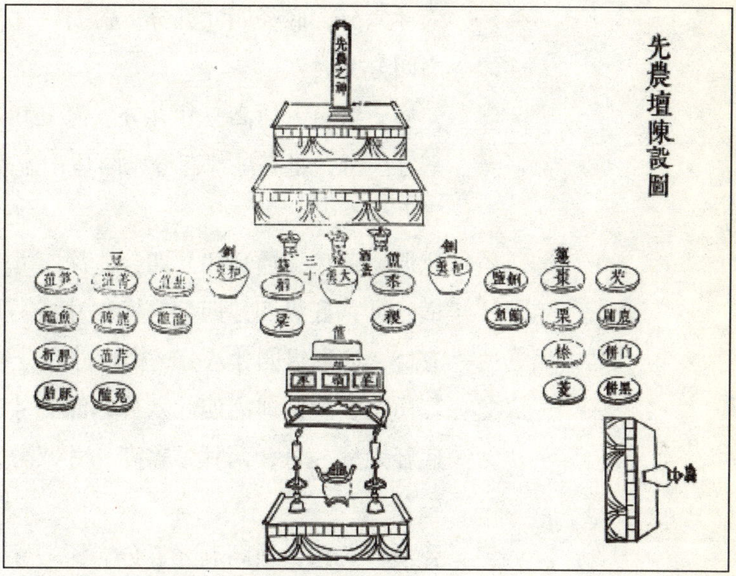

清雍正时的先农坛陈设图

簋：稻、粱，即稻米、高粱米

笾：形盐、咸鱼、大枣、栗子、榛仁、菱角、芡实、鹿脯、白饼、黑饼

豆：韭菹（zū）、芹菹、菁菹、荀菹、酖醢（dānhǎi）、鹿醢、兔醢、鱼醢、脾析、豚拍。韭菹、芹菹、菁菹、荀菹，即腌韭菜、腌芹菜、腌韭菜花、腌笋；酖醢、鹿醢、兔醢、鱼醢，即肉酱和切成小方块的鹿、兔、鱼肉块；脾析、豚拍，即用盐酒腌过的牛百叶丝、用小猪肩肉做的肉干

尊、爵：醴，即甜酒

篚：青色的礼神用丝帛

木香盒：礼神用香

祝版：用黑色楷书写在黄边白纸上的祝文

盘：盛递祭品

（二）先农之神的祭祀礼器（清制1尺合今市尺9寸6分，即32厘米）

登：瓷质，黄色，通高六寸一分，深二寸一分，口径五寸，校围

六寸六分，底径四寸五分；盖高一寸八分，径四寸五分；顶高四分

铏：瓷质，黄色，通高三寸九分，深三寸六分；口径五寸，底径三寸三分；足高一寸三分，两耳；盖高二寸五分，上有三峰，高九分

簠：瓷质，黄色，通高四寸四分，深二寸三分；口纵六寸五分，横八寸；底纵四寸四分，横六寸，两耳；盖高一寸六分，上有棱，四周纵四寸八分，横六寸四分，亦附以耳

簋：瓷质，黄色，通高四寸六分，深二寸三分，口径七寸二分，底径六寸一分，两耳，盖高一寸八分，上有棱，四出高一寸三分

豆：瓷质，黄色，通高五寸五分、深一寸七分；口径五寸、校围六寸六分；足径四寸五分；盖高二寸三分；顶陶钮，高六分

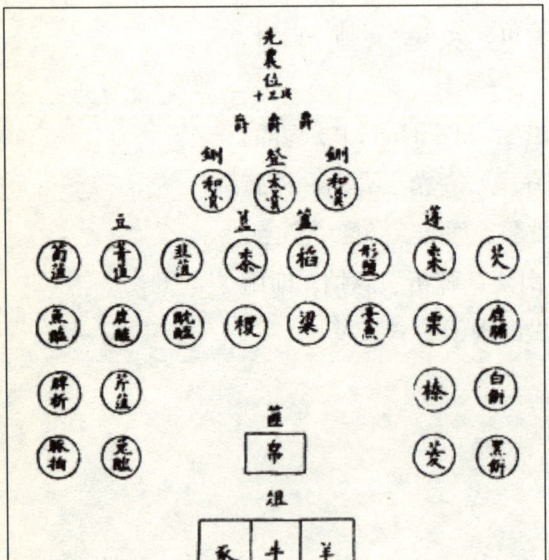

清光绪时的先农坛陈设图

尊：瓷质，黄色，高八寸四分；口径五寸一分；腹围二尺三寸七分；底径四寸三分；足高二分

爵：瓷质，黄色，通高四寸六分，深二寸四分；两柱高七分；三足相距各一寸八分，高二寸

琖：瓷质，白色，通高一寸九分，深一寸五分；口径三寸四分；足径一寸

笾：竹质，黄色，通高五寸八分，深九分；口径五寸；足径四寸五分；盖高二寸一分；顶正圆，高五分。以绢饰里，顶及缘皆髹以漆

篚：竹质，黄色，高三寸二分，纵四寸五分，横二寸一分；足高七分；盖高一寸一分

祭祀礼器又简称祭器。

在中国古代青铜器发展史中，特别是夏商周三代，礼器占据十分重要的位置，无论品种还是制作工艺都达到后人无可超越的顶峰。但这一时期有关器名的记载却极为稀少。唐代以后，青铜器的制作工艺失传。宋代兴起的金石考据之风，对以往传世或出土的青铜器大加考据，今天所知的青铜器器名，多是宋人考据结果。由于明代没有考据周代以至唐宋各类礼器质地形态，只因袭宋人对不同礼器的命名之法，因此终明一代的祭祀活动显得十分尴尬可笑，那些会典上标示得琳琅满目的各类祭器，在祭祀现场竟然用瓷盘瓷碗代替，如祭器登、铏用大瓷碗代替，而笾、豆、簠、簋都用大瓷盘代替。这种典章活动中让人脸红的现象一直持续到清乾隆时才得以彻底改观。因此清乾隆以前的祭祀陈设中祭器只徒有虚名。清乾隆帝时，在考据周代礼器制度及唐宋以来后人的发现基础上，明确了各式礼器祭祀用品的质地、形制，并将这一考据结果颁行在《皇朝礼器图式》中。

（三）先农之神的祭祀乐器

清代，先农之神祭祀用中和韶乐。中和，意即和谐，取自《礼记·中庸》："喜怒哀乐之未发，谓之中；发而皆中节（即适当或恰如其分），谓之和。"韶乐，即美好的音乐，相传舜制的音乐曰"韶"。中和韶乐是明清时期重要的礼仪用乐，明初制订宫廷雅乐时，定"中和韶乐"之名，至清代沿用。表示最和谐完美、最符合儒家伦理道德的音乐。

祭祀乐器

麾：音 huī。麾起乐奏，类似今天的军乐指挥旗，指挥演奏祭乐之用

节：与麾作用相同，指挥祭舞之用

特磬：磬，音 qìng。玉制，每组计 1 件磬，敲击乐器

编磬：石质，每组计 16 件磬，敲击乐器

镈钟：镈，音 bó。铜制，每组计 1 件钟，敲击乐器

编钟：铜制，每组计 16 件钟，敲击乐器

搏柎：柎，音 fū。横置于座的小鼓，木制、革制，击打乐器

建鼓：横置于高架之上的大鼓，木制、革制，击打乐器

柷：音 zhù。木制，形状类似衡器中的方斗，击打乐器

笙：音 shēng。木制，吹奏乐器

箫：竹制，吹奏乐器

排箫：竹制，吹奏乐器

笛：竹制，吹奏乐器

篪：音 chí。竹制，吹奏乐器

埙：壎，音 xūn。泥制，吹奏乐器

敔：音 yǔ。木制，形状如伏虎，背有24片竹片，演奏者用竹籈（音 zhēn）反复刮三遍，乐止

琴：木制，弹奏乐器

瑟：木制，弹奏乐器

笏：音 hù。又称拍板，竹制，确定分割乐章之用

乐舞位次

先农之祭时的中和韶乐现场乐舞位次为（从北向南依次）：

镈钟一，设于左；特磬一，设于右；编钟十六，设于镈钟之右；编磬十六，设于特磬之左；建鼓一，设于镈钟之左。其内，左、右埙各一，篪各三，排箫各一，并列为一行；又内，笛各五，并列为一行。又内，箫各五，并列为一行；又内，瑟各二，并列为一行；又内，琴各五，并列为一行。乐器的布置现场，简称乐悬。

清《雍正帝先农坛亲祭图》局部

司器乐生，每器各一人，皆内向立。左、右笙各五，竖列为一行。左，柷一，搏拊一；右，敔一，搏拊一。乐生，每器各一人，左、右相向立。笏各五，司章者执之，立于笙前，左、右向。左，麾一，掌麾一人，向右立。

乐舞生，左、右文舞各三十二人，武舞各

三十二人，分列于乐悬之前。左、右节各二，执节者四人，分立于舞前以引舞。

（四）先农之神的祭祀乐舞主要内容

祭乐

“中和韶乐”，“姑洗”角立宫，“黄钟”宫主调。

迎神《永丰》：先农播谷，克配彼天。粒我蒸民，于万斯年。农祥晨正，协风满旜。曰予小子，宜稼于田。

奠帛、初献《时丰》：厥初生民，万汇莫辨。神锡之庥，嘉种乃诞。斯德曷酬，何名可赞。我酒惟旨，是用初献。

亚献《成丰》：无物称德，惟诚有孚。载升玉瓒，神肯留虞。惟兹兆庶，岂异古初。神曾子之，今其食诸。

终献《大丰》：秬秠穈芑，皆神所贻。以之飨神，式食庶几。神其丕佑，佑我黔黎。万方大有，肇此三推。

彻馔《屡丰》：青祇司职，土膏脉起。日涓吉亥，举耕耤礼。神安留俞，不我遐弃。执事告彻，予将举趾。

送神《报丰》：匪且有且，匪今斯今。灵雨崇朝，田家万金。考钟伐鼓，戛瑟鸣琴。神归何所，大地秧针。

望瘗《庆丰》：肃肃灵坛，昭昭上天。神下神归，其风肃然。玉版苍币，瘗埋告虔。神之听之，锡大有年。

祭舞

祭舞用具为干、戚、羽、籥。

初献用《武舞》：左右两班，正面立，冬冠，服红色销金花服。皆左手执干居中当胸，右手执戚，平衡，戚左，柄右。工歌《时丰》之章，舞凡三十二式。

亚献用《文舞》：左右两班，正面立，皆左手执籥，居左；右手执羽，居右，羽、籥分植，下齐当腰际。工歌《咸丰》之章，舞凡三十二式。

终献《文舞》：左右两班，立如亚献。皆左手执籥，当胸平衡，右手执羽，当中，植立，高出于顶，羽、籥相交如十字。工歌《大丰》之章，舞凡三十二式。

【附二】清代耤田三十六禾辞、耤田禾辞乐器

耤田禾辞是明清皇帝亲耕时演唱的颂扬皇帝为民耕穑、体恤农桑，祈盼天下太平、风调雨顺、五谷丰登、皇朝永祚的田间小唱，也可以看成是皇帝的“耕耤之歌”。传世的只留有雍正帝御制耕耤三十六禾辞，其余均已失传。光绪《清会典事例》卷五三四载雍正二年（1724年）定耕耤三十六禾辞为：

光华日月开青阳，房星晨正呈农祥。
帝念民依重耕桑，肇新千耤考典章。
吉蠲元辰时日良，苍龙鸾辂临天阊。
青坛峙立西南方，牺牲簠簋升芬芳。
皇心祇敬天容庄，黄幕致礼虔诚将。
礼成移跸天田旁，土膏沃洽春洋洋。
黛犁行地牛服韁，司农穜稑盛青箱。
洪縻在手丝鞭扬，率先稼穑为民倡。
三推一墢制有常，五推九推数递详。
王公卿尹咸赞襄，甸人千耦列雁行。
耰锄既毕恩泽滂，自天集福多丰穰。
来牟荞蘥森紫芒，华芗赤甲秈稈秎。
秬秠三种黎白黄，稷粟坚好硕且香。
穈芑大穗盈尺长，五菽五豆充垅场。
穄粢穈糜九色粮，蜀秫玉黍兼东廧。
乌禾同收除童粱，双歧合颖徧理疆。
千箱万斛收神仓，四时顺序百谷昌。
八区九有富盖藏，欢腾亿兆感圣皇。

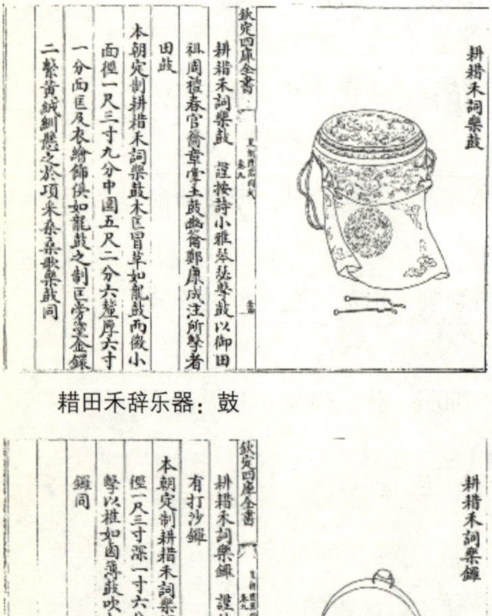

耤田禾辞乐器：鼓

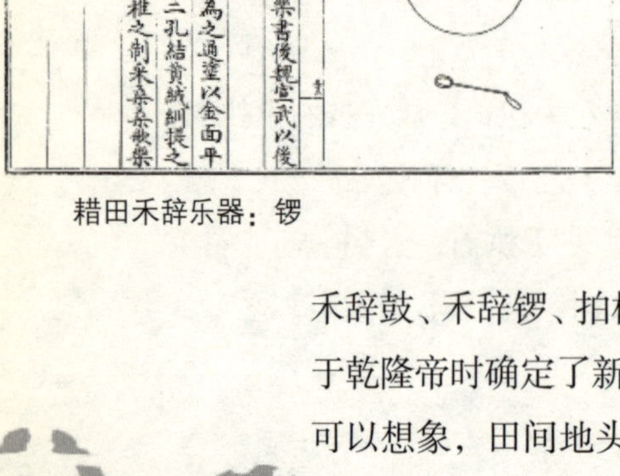

耤田禾辞乐器：锣

演唱耤田禾辞有专用的乐器，主要是禾辞鼓、禾辞锣、拍板。清代沿袭所谓周礼“祭田祖打田鼓”之制，于乾隆帝时确定了新的禾辞乐鼓，又尊古制确定了新的禾辞乐锣。可以想象，田间地头锣鼓伴奏下的悠扬轻唱，即便平时听起来也

会有想象不到的惬意，给皇帝们一年之中扮演一次农夫的亲耕耤田又多添了些戏剧性色彩。

明代至清雍正之前，耤田禾辞由礼部教坊司宫廷乐工演唱，雍正时由改称为和声署的乐工演唱。清乾隆二十年（1755 年），乾隆帝下令改由顺天府乐舞生演唱（《清会典事例·顺天府》）。

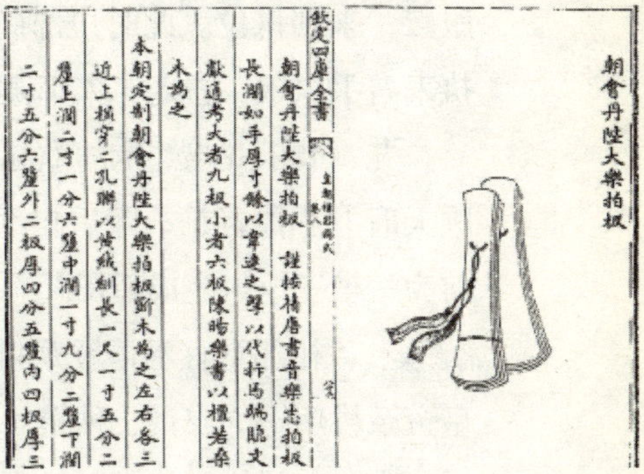
朝會丹陛大樂拍板
欽定四庫全書
朝會丹陛大樂拍板　謹按舊唐書音樂志拍板
長濶如手厚寸餘以韋連之擊以代抃馬端臨文
獻通考大者九板小者六板陳暘樂書以檀若桑
木為之
本朝定制朝會丹陛大樂拍板斲木為之左右各三
近上横穿二孔聯以黄絨紃長一尺一寸五分二
釐上濶二寸一分六釐中濶一寸九分二釐下濶
二寸五分六釐外二板厚四分五釐内四板厚三

耤田禾辞乐器：拍板（笏）

【附三】清代皇帝耤田典礼全程（依光绪《清会典》、《清会典事例》核定）

一、每年仲春或季春吉亥之日前一个月，由礼部报请耕耤日及从耕王公大臣官员名单。

二、鸿胪寺在先农坛耤田两侧立好典礼仪式及从耕官员的位置标识。

三、内务府奏请皇帝到西苑丰泽园演耕（始自雍正朝）。

四、耕耤前一日，礼部遣官到紫禁城奉先殿禀报。

五、同日，皇帝在紫禁城中和殿阅视耕耤谷种及农具等，之后将谷种、农具陈放在龙亭中，由顺天府尹在仪仗乐队的护卫下送至先农坛，按规定的位置在耤田旁摆放停当。

六、耕耤当天，辰初三刻（早七点四十五分）太常寺率钦天监官员在乾清门奏时请驾，皇帝身着祭祀礼服乘坐龙辇，由法驾卤簿前导出紫禁城（过午门时鸣钟）至先农坛东外坛门（先农门）入内，至先农神坛祭祀先农。

七、完成祭祀先农仪式后，皇帝至具服殿更换龙袍。亲耕用的农具、耕牛、谷种等在耤田正中位置摆放好。从耕官员、耆老农夫、教坊司禾辞乐工等相关人员各就各位。

八、礼部司官三麾红旗，礼部尚书报请行耤田礼，皇帝出具服殿，来到耕位。此时户部尚书跪进耒，顺天府尹跪进鞭，于是皇帝左手执耒右手执鞭，耆老二人牵黄牛，农夫二人扶着犁。

九、鼓乐齐鸣、禾辞歌起，在太常寺官员的恭引下皇帝开始行耤田礼。顺天府尹手捧青箱，随后户部侍郎播种。皇帝四推四返（始自雍正朝，之前为三推三返）完成耤田礼。耕毕、歌止。

十、礼部堂官奏请登观耕台，在太常寺堂官恭引下，皇帝由中阶上。皇帝亲耕用毕的农具、种箱等，陈放至耤田两侧的龙亭中。

十一、从耕王公大臣依次接受耒、鞭行五推五返、九推九返。

十二、顺天府尹带领大兴及宛平县令率耆老、农夫完成耤田全部耕作。

十三、礼部奏报耤田礼成，奏导迎乐《祐平之章》，皇帝起驾回宫。各官依次退还。赏赐耆老、农夫布匹。

十四、如皇帝首次亲行耤田礼：

1. 礼毕后礼部奏请至庆成宫行庆贺礼。

2. 皇帝由观耕台东阶下，乘辇出先农坛内坛东门，奏导迎乐《祐平之章》。至庆成宫门外，乐止。

3. 入庆成宫奏中和韶乐《显平之章》，皇帝后殿休息。

4. 顺天府两县官至庆成宫东门报终亩，礼部堂官请皇帝到庆成宫，奏导迎乐《隆平之章》。

5. 鸿胪寺跪奏亲耕礼成，行庆贺礼，奏丹陛大乐《庆平之章》，百官行三跪九叩之礼，按次就座。

6. 奏丹陛清乐《喜春之章》，皇帝赐茶，百官行叩头礼。茶毕乐止，百官出庆成宫门外立。

7. 礼部宣奏，庆贺礼成，奏导迎乐《显平之章》，皇帝起驾出坛。

8. 法驾卤簿前导，百官随从，奏导迎乐《祐平之章》。

十五、百官在紫禁城午门外跪迎，午门鸣钟，皇帝还宫。

十六、秋天耤田谷物成熟至收获前，由顺天府报至钦天监确定吉日，至日将稻、黍、谷、麦、豆收获后藏于神仓，以备粢盛。

（注：本“清代皇帝耤田典礼全程”由董纪平、潘奇燕初次作于2004年11月，由董绍鹏再次核定于2012年5月）

第三章

太岁

一　让黎民不敢轻易动土的太岁神

民间有句俗语：不敢在太岁头上动土。

太岁是何方神圣呢？民间的说法，太岁是凶神、煞神！

北京先农坛里最为高大壮观的建筑，就是太岁殿。是否说因为太岁神凶煞，所以祭祀它的建筑就最为宏伟呢？要说清这些问题，首先要搞清太岁神究竟是怎么回事。

说起太岁，其实它的缘起可以早到汉代以前。先秦时期，我国古人很早就依靠对各种天体的运行观测，建立起一整套天文历法体系。其中，古人对于木星有着特别的关注，又称其“岁星”，如：

> 武王伐纣，鱼辛谏曰：“岁（木星）在北方不北征。”武王不从。
>
> ——《尸子》
>
> 武王之诛纣也，行之日以兵忌，东面而迎太岁。
>
> ——《荀子·儒效篇》

古人为了制订天文历法及岁时管理的方便，确立了两种观测天体运动以制定历法的方法。一种是把天空按岁星的视运动径自北向西、向南、向东（即所谓右旋）划分为十二段，叫十二次（古人以为岁星十二年运行一周天）。岁星每运行一次，便代表一年。这种观测方法后来也用于二十四节气的划分和十二月的划分。另一种方法是把天空由北向东、向南、向西（即左旋）依次划分为子、丑、寅、卯、辰、巳、午、未、申、酉、戌、亥十二个区域，叫十二辰。这种方法后来主要用来记录一天之内的十二时辰和一年间恒星的方位变化，特别是北斗的回转。这两种观测方法各有其用途，而它们对天空的划分除了方向相反、名称不同，其实是一样的。战国以后，人们假想有一个和岁星运行速度相同（也是十二年一周天）、方向相反的太岁（也叫岁阴、太阴），按十二辰的方向运行，每年进入一辰。岁星是天上的木星，是可见的星体，它“右行于天”；而太岁是凭空想象之物，看不到摸不着，它“左行于地”，在地下与天上的岁星作相对运动，是木星在地上的镜像，因此《说文解字》说“太岁，木星也，一岁行一次，历十二辰而一周天”，把木星也称“太岁”。太岁的观念就这样产生了。不仅天上的木星作为值岁之星，而且地上的太岁还作为值岁之神，共同掌管着星辰运转、四季十二月的轮回。

说到这里，太岁之神的重要性已经凸显不同了吧。

就因为人们知道这个子虚乌有的太岁之神是“凭空想象之物，看不到摸不着”，因而就越发感到神秘可畏。按照中国传统的纪年方法——干支纪年法，天干地支两两相配六十个甲子一轮回，每个甲子各有相应的岁神轮值，作为值岁之神，掌握一年的祸福，因而被称为“值年太岁”。人们认为太岁每年所运行的方位是十分神圣的，逆太岁运行的方位动土、兴造、迁徙、嫁娶都有碍太岁，被视为禁忌。所以后来凡动土营造或出门等要牵涉到与时间相关的活动，都要审视是否“冲太岁”，也就是不管干啥，就是别侵犯到太岁的头上。《淮南子·天文训》说“岁星所居，五谷丰昌。其对为冲，岁乃有殃”，《月令广义》说“太岁者，主宰一岁之尊神。凡吉事勿冲之，凶事勿犯之，凡修造方向等事宜慎避。”就这样，人们自己吓唬自己，在不知不觉中创造出太岁这么一尊凶神来管住自己。

太岁神

文献表明，太岁之神在元代以前通常是以民

间祭祀的形式来维系，国家层面没有介入祭祀活动，有时官方还会反对太岁的崇拜，即便统治者因时因事对太岁之神有所顾忌，那也是以个人行为的方式进行：

（哀帝）元寿二年，单于来朝，上以太岁厌胜所在，舍之上林苑蒲陶宫。

——《汉书·匈奴传》

民间的信仰不仅通过建庙、禁忌来体现，甚至还突破太岁虚幻不可见的原始属性，赋予太岁拟物化的表现，将大自然中生活在地下的未知生物讹传为太岁，编造种种故事加以强化太岁的神秘性，比如说太岁是地下一团肉，常常有不注意的人挖到它，结果导致全家人口死光。唐代的笔记小说集《酉阳杂俎》就神乎其神地讲了这样一个故事：

莱州即墨县，有一户人家姓王名丰，他有兄弟三人。王丰不信太岁的方位禁忌，因此在太岁的方位上挖坑，结果挖到了一块肉球，像斗那样大，蠕蠕而动，王丰兄弟马上用土把它填了回去。但这肉球一边埋一边跑出来，王丰害怕，就把它丢到远远的地方去，但到了晚上，那团肉球竟塞满了王丰家的整个庭院里。因此，王丰兄弟和奴婢等一家数口，除了一个小女儿以外，其余全部死了。

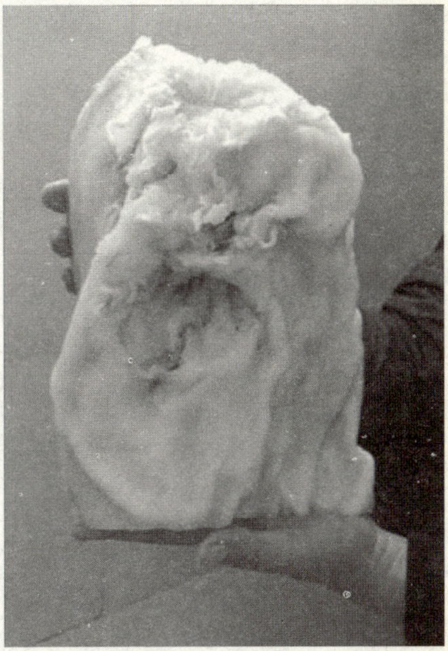
真实的太岁——复合粘菌

近些年常有新闻报道，说某某地某某人从地下挖出一团怪肉，只依靠水就能成长，怪肉无论怎样割取都会割之不完，吃了会感到神清气爽、精力充沛。于是有人说这就是太岁。其实，这不过是一种在大自然中属于低等生物的复合粘菌，通常情况下十分罕见。因其稀少又生长在地下，所以被附会成太岁。不过现在发现的所谓太岁不仅不害人，反而对人类益处多多，成为人们争先恐后要加以利用的纯天然绿色的大自然神赐物。

直到现在，民间的这种太岁信仰已经演化为社会生活习俗，在不少传统文化风俗相对浓厚的地区，太岁信仰还在发挥着它独特的作用，每时每刻影响着人们的生活，规范着人们的社会行为。在官方，只是在进入明代后，太岁信仰才真正参与到国家政治生活中来，正式成为国家典章制度的一部分。

二　明清是怎样祭拜太岁的

（一）太岁之神：祭祀礼仪、祭祀记载

根据文献记载，我们得知国家层面的太岁之神祭祀始于元代。《元史·成宗本纪》记载“至元三十一年夏四月，即皇帝位，五月壬子祭太阳、太岁、火土等星于司天台”，《续文献通考》也说“元每有大兴作，祭太岁、月将、值日于太史院”。就是说，1294 年元成宗铁穆耳于元上都即位，五月在司天台祭祀太阳、太岁及火星、土星等星辰。虽然不是专门祭祀太岁神，但却是太岁神在历史上第一次享有国家之祀。又如凡是进行大规模土木营造工程前，虽然也要在太史院祭祀太岁及十二月将，却“亦无常典”，没什么硬性祭祀规定。

太史院，元代官署名。至元十五年（1278 年）设置。掌管观测天象、编制历书等天文历数事务。有院使、同知、佥院、院判别等官职。

真正的太岁国家祀典规矩，是于明代才开始确立（古无太岁、月将坛宇之制，明始重其祭。——《明史·志第二十三》）。明太祖朱元璋建国伊始，为了凸显其汉家国体的正统性，大力恢复唐宋典章之制，太岁诸神一开始在天地坛为圜丘神从祀（明初，以太岁、风、雨、雷师从祀圜丘。——《续通志》卷一百十二）。洪武二年（1369 年），朱元璋下令另建山川坛、先

农坛，为此与众臣商议山川坛坛壝之制，有礼臣在大略考证历代太岁之祭、风云雷雨天神之祭后，进言说“然唐制各以时别祭，失享祀本意。宜以太岁、风云雷雨诸天神合为一坛，诸地祇为一坛，春秋专祀”（《明史·志第二十三》），于是朱元璋采纳了这一建议，在山川坛建诸神群祀露祭之制，将前述诸神分列于二坛祭祀；同时确定于惊蛰、秋分之日进祭。不久，又因“诸神阴阳一气，流行无间，乃合二坛为一，而增四季月将”（《明史·志第二十三》），将诸神合并为一处祭坛致祭，并改祭期为惊蛰、秋分后三日致祭。洪武九年（1376 年），朱元璋更定山川坛坛制，建山川坛正殿（即后世的太岁殿），太岁神与风云雷雨、岳、镇、海、渎、钟山七神分七处分祀坛共祀于内，把夏冬春秋四季神两两祭于正殿的东西庑殿。洪武二十一年（1388 年）“增修大祀殿诸神坛壝，乃勅十三坛诸神，并停春祭，每岁八月中旬择日祭之。命礼部更定祭仪，与社稷同”（《续通志》卷一百十二）。可以看出，明初洪武时期因之前历代没有可用的祭祀太岁典章之制，故而几十年的时间里对自立的太岁祭制反复更改。这一时期太岁之神处于与天神地祇合祀的地位。

明太祖朱元璋还是中国历史上唯一一位多次亲自祭祀太岁之神的统治者，《明实录》中关于明太祖亲自到南京山川坛祭祀太岁的记载多达 18 次，有时竟然先农之神遣官祭祀，而太岁之神亲自祭祀，对太岁之神如此的高度重视可谓前无古人、后无来者：

洪武三年二月甲子。享先农。合祀太岁、四季月将、风云雷雨、岳镇海渎、山川、城隍、旗纛诸神。

——《明实录·太祖实录》卷四十八

洪武七年二月己卯。祭太岁、四季月将、风云雷雨、岳镇海渎、山川、城隍、旗纛诸神。享先农。

——《明实录·太祖实录》卷八十七

洪武十五年二月丙寅。祭太岁、四季月将、风云雷雨、岳镇海渎、山川、城隍诸神。遣官祭先农及旗纛。

——《明实录·太祖实录》卷一百四十二

洪武二十一年二月乙未。祭太岁、四季月将、风云雷雨、岳镇海渎、山川、城隍诸神。遣官祭先农及旗纛。

——《明实录·太祖实录》卷一百八十八

明永乐帝时营造北京城，城中、城郊的宫殿、坛庙、衙署等官式建筑"悉仿南京旧制"，但"高敞壮丽过之"，也就是说除了尺寸上有些差别外，各类皇家建筑外观造型上与南京一样。

明嘉靖帝为达到自己政治目的，大行更改典章制度。嘉靖十一年（1532年），下令于山川坛内坛之南另行辟建天神坛、地祇坛，将永乐以来北京山川坛正殿内的风云雷雨神改制祭祀于天神坛，岳镇海渎神改制祭祀于地祇坛。至此，山川坛正殿内只剩下太岁之神，东西庑殿则只祭祀十二月将神（每屋各六尊月将神，东庑为元、二、三、七、八、九月，西庑为四、五、六、十、十一、十二月），还将祭祀日定为"每岁十二月太袷之日遣官祭之"（《国朝典汇》）。不仅如此，同年又将山川坛又更名为天神地祇坛，简称神祇坛。

明嘉靖帝的这一系列大举动，尤其是对山川坛正殿祭祀内容的大调整，自此以后没再做改动，一直延续到清代结束。

由此可见，明代祭祀太岁的沿革分为洪武、嘉靖两个时期，而后世的清代没有对太岁神的祭祀内容再作调整。

文献中对太岁神祭礼的明确记载出现在《大明集礼》、《明会典》、《清朝文献通考》等书中，其中《大明集礼》详细记载了洪武时"遣官祀太岁、风、云、雷、雨师仪注"（即山川坛正殿合祭礼）的仪程、仪礼。而《明会典》的记载又分为嘉靖帝之前的太岁神与诸神祇合祀于山川坛正殿的"山川坛正殿合祭礼"（洪武时定），及嘉靖帝将山川坛正殿内天神地祇分祀后的"太岁神祭礼"。以上文献成为后人管窥明清太岁祭祀礼仪的可靠依据。

清代《钦定四库全书·明集礼》卷十三中，明确记载明洪武帝时祭山川坛正殿诸神过程：春天在惊蛰后的三天，秋天在秋分后的三天为祭祀日；祭祀前三天皇帝及执事各官员都要斋戒；祀前一天，要进行降香（由主祭官员把皇帝请神之香送至山川坛）、省牲（查看牺牲祭品的制作）、陈设（布置祭祀现场）诸事宜；仪式当天的仪程由正祭、迎神、奠币、进俎、初献、亚献、终献、饮福受胙、彻豆、送神、望燎等组成。

因为明嘉靖帝之前太岁神与天神地祇合祀，所以嘉靖帝以前的文献少有对太岁神的专门祭祀记载，仅有的一则记载还是因营造之事将太岁与其他祭坛一并祭告：

正德九年十二月己丑朔，以营建乾清、坤宁宫，遣成国公朱辅、驸马都尉蔡震、定国公徐光祚、工部尚书李燧、礼部尚书李春祭告天地、宗庙、社稷及山川、城隍、太岁等神，魏国公徐浦祭告孝陵。其有事江淮等处，即命所遣官一体祭告。

——《明实录·武宗实录》卷一一九

嘉靖以后，对于太岁神的认识只是停留在除旱祈雨，因此关于祭祀太岁神的内容也仅与此有关，而太岁神的其他职能似乎已为人们遗忘：

万历四十三年六月壬寅，礼部以连旬弥旱，乞勅大臣分诣南郊、北郊、社稷、山川、风、云、雷、雨等坛，併护国济民神应龙王之神，再行虔祷；太岁之神及东岳庙，俱乞命大臣祭告行礼，仍行顺天府，照例率属于都城隍并应祀各神庙竭诚祈祷。大小臣工自本月二十八日为始，仍青衣角带，于本衙门斋戒办事，痛加修省。诸司照例停刑七日。除祭祀照常外，禁止屠宰并酒席宴会，以得雨之日为止。

——《明实录·神宗实录》卷五三三

清代对于太岁神的祭祀虽然内容上没做调整，但祭祀时间、祭祀仪程还是与明代有所区别。时间上往往是每年孟春和岁暮各专门遣官致祭一次，平时如果出现大的水旱灾害，也要派员致祭：

顺治元年，定每岁致祭太岁坛之礼。每年正月初旬诹吉，及十二月岁除前一日，遣官致祭。初春为迎岁暮为祖。自后岁遇水旱，则遣官祭告、祈祷。有应，报祀如仪。

——《清朝通志》卷三十六

迎岁、送岁则祭太岁。每岁孟春上旬吉日及岁除前一日，祭太岁坛。

——《清会典》卷三五

自乾隆时开始，也有太岁、天地神祇共同祈祷，多为久旱无雨等极端情况出现时的作法，并以制度的形式确定下来：

水旱则祈。孟夏常雩后不雨，致祭天神、地祇、太岁三坛。

祭告三坛后，如七日不雨，或雨未沾足，再祈祷三坛。屡祷不雨，乃请旨致祭社稷坛。

又雨潦祈晴，冬旱祈雪，均致告天神、地祇、太岁三坛。与祈雨同。

——《清会典》卷三五

（嘉庆二年闰六月）丙午。太上皇帝命皇帝诣天神坛。仪郡王永璇、成亲王永理，分诣地祇坛、太岁坛祈雨。

——《清实录·高宗实录》卷一四九六

（嘉庆十二年三月）命仪亲王永璇、成亲王永理、庆郡王永璘，分诣天神坛、地祇坛、太岁坛祈雨。

——《清实录·仁宗实录》卷一七六

（光绪四年二月下）甲辰，上以雨泽未沾，再诣大高殿祈祷行礼……遣惇亲王奕誴恭祀天神坛，恭亲王奕訢恭祀地祇坛，惠郡王奕详恭祀太岁坛。

——《清实录·德宗实录》卷六八

（光绪四年三月上）丙辰，上以京师及近畿等省雨泽未沾，诣大高殿祈祷行礼……遣恭亲王奕訢恭祀天神坛，惠郡王奕详恭祀地祇坛，礼亲王世铎恭祀太岁坛。

——《清实录·德宗实录》卷六九

文献中偶尔也有清帝到先农坛亲耕享先农后来到太岁神前上香的记载，本书第二章中已说到这个情况，乾隆朝虽有规定但实际上没能坚持下来，清代只历三次：

（雍正）七年二月，世宗宪皇帝亲祭先农坛，诣太岁殿上香。

——《清朝文献通考》

（乾隆三年二月）庚戌……上亲诣太岁坛行礼。

——《清实录十·高宗实录》

（道光五年三月）己亥，祭先农之神，上亲诣行礼。诣太岁坛行礼。

——《清实录三四·宣宗实录》

清代对于太岁神的认识较明代有所回归太岁神的正统内涵，除了通常久无雨雪导致天旱进行的祈告外，清代还规定：

凡举大礼，则告祭。亲征命将，均祗告天地、太庙、社稷，并致祭太岁、炮神、道路之神、旗纛神。凯旋如之。

——《清会典》卷三五

文献中，确有一则关于军队出征祈告太岁的记载，这则记载与其他太岁之神祭祀活动记载相比尤显珍贵，是官方文献中少见的有关太岁神多元职能祭祀的见证：

康熙三十五年二月，圣祖仁皇帝亲征噶尔丹，遣官致祭太岁之神。凯旋，祗告如之。

——《清朝通志》卷三十六

清乾隆帝时对太岁之神的祭祀诸事宜做了局部调整，主要表现在：

一、采纳礼臣的献言，于乾隆十六年（1751年）增定太岁坛上香之仪（如前述），将旧制中春秋两祭正殿、东西庑殿只祭不上香，改为都上香。

二、乾隆十八年（1753年）定太岁坛供奉神牌之礼。原来每逢祭祀太岁前，都要将安奉于先农坛神厨正殿（神版库）内的太岁神牌请至太岁坛。乾隆帝下旨改为将太岁神牌常奉于太岁坛神龛，并永为定制；同年，又采纳礼部奏言，下旨比对天神地祇坛乐章另行撰写太岁坛新春岁暮祭祀乐词，都用“丰”字，以此凸显合用太岁坛“祈祷雨泽之义”。

三、乾隆二十年（1755年），改旧制派遣太常寺堂官到太岁坛行礼为派遣亲王、郡王行礼，理由是“以昭诚敬”。

四、乾隆二十一年（1756年），因前一年已将亲王、郡王派遣到太岁坛正殿祭祀行礼，而东西两庑如果还让旧制中的太常寺厅员行礼就不合官员高低逐级相配的体制，于是改派旧制祭正殿的太常寺堂官分祭东西两庑。

乾隆皇帝的上述调整，其行为目的的核心就是加大国家对太岁之神祭祀的重视程度，这与康雍乾时清代统治者对农业的关注，以及对农业相关神祇国家祭祀的高度重视与推广密不可分。

（二）太岁之神的祭祀乐舞

明清两代对太岁之神的祭祀除了复杂的祭礼、祭祀仪程之外，还体现在祭祀乐舞、祭祀陈设上。

关于明代太岁之神的祭乐记载十分简单，仅见《明会典》、《明史》，祭舞未见有定制。而《明会典》、《明史》中太岁祭乐的记载相同，都是明嘉靖八年（1529年）所定“祀太岁月将乐章”：

迎神：

吉日良辰，祀典式陈。辅国佑民，太岁尊神。四时月将，功曹司辰。濯濯厥灵，昭鉴我心。以候以迎，来格来歆。

奠帛以后，具同神祇。

——《明史》卷六十二

文献的记载既然将从“奠帛”开始的其他太岁乐章都给省略掉，我们这里试图依据线索，大略恢复一下它的全貌：

《明史》卷六十二中说的“具同神祇”，应该指的是嘉靖时所定天神地祇坛乐章，查该书同一卷，有“嘉靖九年复分祀天神地祇乐章：迎天神，《保和》之曲：‘吉日良辰，祀典式陈。景云甘雨，风雷之神。赫赫之灵，功著生民。参赞玄化，宣布苍仁。爰兹报祀，鉴斯藻苹。’奠帛以后，俱如旧”的描述，就是说太岁乐章从奠帛开始和神祇坛从奠帛开始以后的乐章一样。那么。神祇坛乐章“奠帛以后，俱如旧”又与哪个乐章一样呢？继续查看文献，原来嘉靖帝更改之前的神祇坛乐章，沿用的是洪武二十六年（1393年）祭山川、天神、地祇的合祭初定仪乐章，《明会典》卷八五有详细记载：

奠帛：灵旗涖止，有赫其威。一念潜通，幽明弗违。有帛有篚，物薄而微。神兮安留，尚祈享之。

初献：神兮我留，有荐必受。享祀之初，奠兹醴酒。晨光初升，祥征应侯。何以侑觞，乐陈雅奏。

亚献：我祀维何？奉兹牺牲。爰酌醴齐，二觞再升。洋洋如在，式燕以宁。庶表微衷，交于神明。

终献：执事有严，品物斯祭。黍稷非馨，式将其意。荐兹酒醴，成我常祀。神其顾歆，永言乐只。

彻馔：春祈秋报，率为我民。我民之生，赖于尔神。维神佑之，康宁是臻。祭祀云毕，神其乐歆。

送神：三献礼终，九成乐作。神人以和，既燕且乐。云车风驭，灵光照灼。瞻望以思，邈彼寥廓。

望燎：俎豆既彻，礼乐已终。神之云旋，倏将焉从。以望以燎，庶几感通。时和岁丰，惟神之功。

这就是明嘉靖八年所定“祀太岁月将乐章”中“迎神”之后的部分。也就是说，明代唯一的一部专祀太岁之神的祭乐乐章除去乐章第一部分“迎神”外，其他都照搬自明代开国之初确定的山川合祀乐章。

较之明代，清代皇帝虽然也极少亲自致祭太岁神，但太岁神祭乐、祭舞的制定全面超越了明代。

祭乐方面，明确了太岁神常祀与祈雨报祀不同的乐章，其中太岁神常祀乐章于清顺治元年（1644 年）和清乾隆七年（1742 年）分别出现过两个版本，即顺治元年所定到乾隆七年时“以旧词重改”，都用“中和韶乐，《太簇》商立宫，倍《无时》变宫主调”，“平”字。太岁神祈雨报祀乐章制定于乾隆十八年（1753 年），“《中和韶乐》，《太簇》商立宫，倍《无射》变宫主调”，按照乾隆帝的要求，乐章用“丰”字。此外，还创制了太岁坛舞谱乐章。

祭舞方面，确定舞制，创制太岁坛舞谱。据《清会典图》卷五三记载，太岁坛祭舞分为常祀舞和祇报舞（祈雨报祀舞）。

常祀舞

初献武舞，左右两班，正面立；冬冠，服红色销金花服。皆左手执干，居中当胸，右手执戚，平衡，戚左，柄右。工歌《定平》之章，舞凡三十二式。

亚献文舞，左右两班，正面立；皆左手执籥，当胸，平衡；右手执羽，当中，植立，高出于顶；羽、籥相交如十字。工歌《嘏平》之章，舞凡三十二式。

终献文舞，左右两班，立如亚献；左、右手执籥、羽，亦如亚献仪。工歌《富平》之章，舞凡三十二式。

祇报舞

祇报初献武舞，左右两班，正面立；夏冠，服红色销金花服。左右手执籥、羽，亦如前太岁坛初献仪。工歌《宜丰》之章，舞凡二十七式。

祈报亚献文舞，左右两班，正面立；左、右手执籥、羽，亦如前太岁坛亚献仪，惟两手微栱。工歌《晋丰》之章，舞凡二十八式。

祈报终献文舞，两班立如亚献。左、右手执籥、羽，亦如前太岁坛终献仪，而两手微拱。工歌《协丰》之章，舞凡二十四式。

按明清规定，由大祀坛（即清代的天坛）神乐观（清乾隆时改为神乐署）负责太岁之神祭乐与祭舞的演奏和舞蹈。比如清代，“天、地、太庙、社稷、日、月、历代帝王、先农、天神、地祇、太岁、关帝庙，舞皆八佾，文舞生六十四人，武舞生六十四人”（《清会典事例》卷四一五），“历代帝王庙，武舞生服红色镶金花服，文舞生及乐生，焚香，乐舞生服红色补服；执事，乐舞生服青绢服。太岁坛，乐舞生服色亦与历代帝王庙同。其带均用绿色，紬为之。其顶，文舞生用裹金铜顶，武舞生用裹金三叉铜顶。俱由太常寺行文，工部给领”（《清会典事例》卷五二八）。

（三）太岁之神的祭祀陈设

2012年元月复原的清末光绪年间先农坛太岁殿常祀陈设

自明初在南京创建山川坛祭祀太岁之神始，到1911年清代结束，明清两代的太岁之祭都是典章制度祭祀等级的中祀。

明代的陈设形式，同样分为嘉靖前后两个不同阶段。嘉靖之前太岁之神与山川诸神合祀，陈设简单，《明会典》卷八五记载“太岁：犊一、羊一、豕一；登一、铏二、笾豆各十、簠簋各二；帛一（白色，礼神制帛）；酒盏三十”。嘉靖改制后太岁神正殿及两庑陈设较之前祭器的数量、品种都有较大幅度增加：

太岁神位：犊一、羊一、豕一；登一、铏二、簠簋各二、笾豆各十、爵三、酒盏三十、尊三；帛一、篚一。

两庑月将共四坛，每坛：犊一、羊一、豕一；登一、铏一、簠簋各二、笾豆各十、爵三、酒盏三十、尊三；帛三、篚一。

——《明会典》卷八五

清代乾隆帝时，在考据周代礼器制度及唐宋以来后人的发现基础上，明确了各式礼器祭祀用品的质地、形制，并将这一考据结果颁行在《皇朝礼器图式》中。太岁之神的祭器因此得以全新制作。

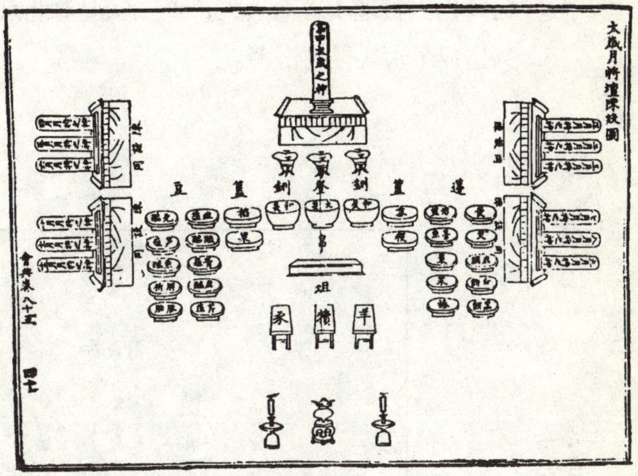

太岁月将坛陈设图（《明会典》）

我们以光绪《清会典》、《清会典图》作为太岁坛祭器品种的依据，以《皇朝礼器图式》作为太岁坛祭器样式的依据（因乾隆颁布《皇朝礼器图式》后至清末，祭器的样式未再做改动。也就是说，《皇朝礼器图式》中的祭器样式是乾隆之后各朝祭器的样板），来大略看一下清代太岁坛祭器的情况和祭祀陈设的情况。

《清会典》卷七二中，对于太岁坛的祭器品种记载，除与先农坛祭器颜色不同、个别品种不同、规格稍有区别外，样式都是一样，综合起来计瓷质八种，含簠、簋、登、铏、豆、爵、琖、尊，都用白色，总计五十三件；竹木器计六种，含笾、篚、盒（都用黑色），俎、爵垫、盘（用红色），总计十五件；金属器计香炉、烛台、花瓶、酒勺四种，质地分别是铜与锡，总计六件；另还有酒尊布幂三件。这其中，与先农坛祭器最主要的区别，就是瓷质祭器均是白色，而先农坛用的是黄色。

关于祭祀陈设，光绪《清会典图》中有平面布局图“太岁殿陈设图报祀陈设同”，可见其陈设与明嘉靖时的区别只体现在明代是三供（一香炉两烛台），而清代是五供（在明制上另加两只铜花瓶，内插木灵芝），其他祭器总数及祭器品种无差别。

同样令人惋惜的是，如今清代太岁坛的所有祭祀用品与先农坛和天神地祇坛的情况一样，在上个世纪五十年代初，原民国坛庙事务管理所撤销后将所有保管之物并归到天坛公园以后的一段时间内因管理不善而丢失，这一状况对北京先农坛历史文化内涵的全面复兴造成了永久性的伤害。

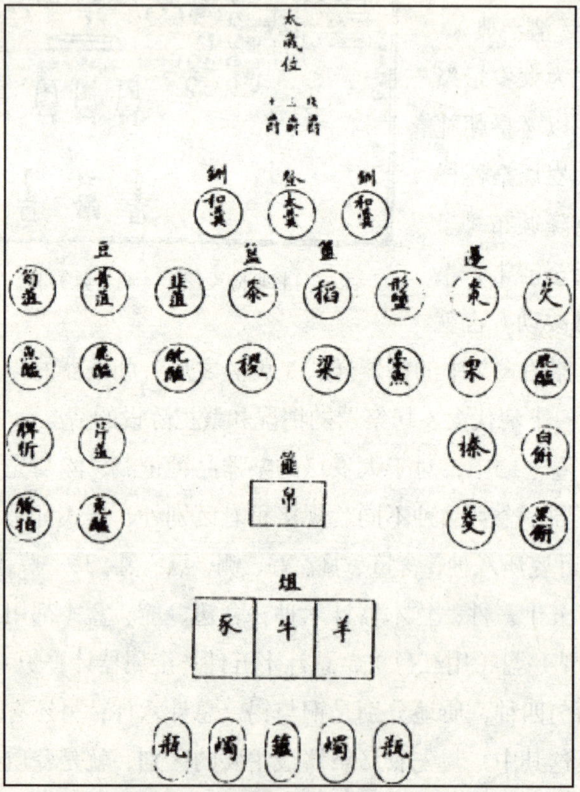

太岁殿陈设图（光绪《清会典图》）

三　先农坛最雄伟的建筑——太岁殿

说起北京先农坛里的古建筑，恐怕来过的朋友没有一个不说太岁殿的壮观，你看这座坐落在近一米之高的基座之上、建筑面积一千三百多平方米、正向朝南面阔七开间 51.35 米、进深九檩 25.7 米，总高近 20 米的单檐歇山顶大殿，红色的墙身加上黑色绿剪边琉璃瓦顶屋面，无论是在雪景中还是在熠熠的阳光下，其威严之感不逊覆着黄色琉璃瓦座落三层汉白玉基座之上的太和殿、太庙或是十三陵的长陵祾恩殿。这巍耸的身形，如果让人闭目想象在百年前几近一马平川的西南城区，就可明白其平地拔起的“突兀”夺目是无争的事实。就算今日，如果没有构成古都保护不和谐因素的高楼群立，也是相当地引人注目。

为此不少朋友疑问，北京先农坛明明是以祭祀先农之神为主的坛庙，怎么太岁殿反倒如此宏伟高大，这不是本末倒置了么？如果要明白个中缘由，还要从历史说起。

首先要点明的是，现今太岁殿的前身，是明代的山川坛正殿。前面提到，明太祖当年在南京于洪武二年（1369 年）下令建山川坛，祀太岁、风云雷雨、岳镇海渎、城隍、五山之天神地祇，当时为诸神露天合祀，也就是说于规定的惊蛰、秋分两天在太阳普照的天空下祭祀。这时的太岁神混同在一群神祇当中，并不是十分抢眼。洪武九年（1376 年）时朱元璋更定山川坛坛制，又建成山川坛正殿及东西配殿、倒座的拜殿，太岁神与风云雷雨、岳、镇、海、渎、钟山七神共祀于山川坛正殿，把京畿山川、京都城隍及夏冬春秋四季神祭于东西配殿。据文献记载，当时的山川坛“正殿、

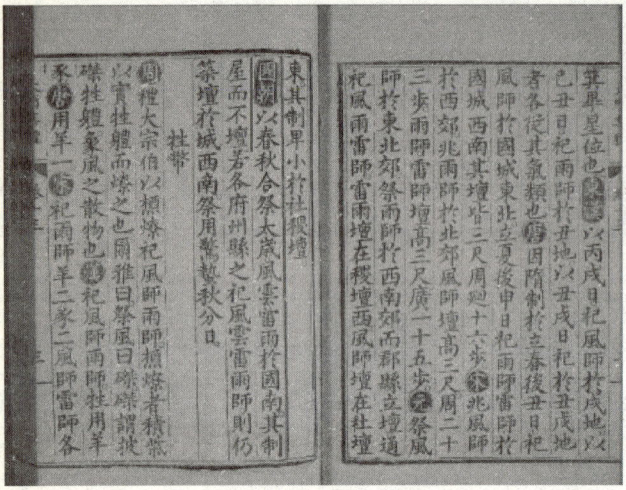

《大明集礼》中明代太岁坛坛制的记载

拜殿各八楹，东、西庑二十四楹”（《明史》卷四十七）。《说文解字》说“楹”即柱，这里应指房屋墙体上用以间隔空间的立柱，两楹之间为一开间，八楹也就是七开间，二十四楹就是二十三开间。可见洪武九年的山川坛祭祀建筑已据后世的布局雏形，从《洪武京城图志》中的山川坛图也反映出这个情况，即：四围院落中有正殿、拜殿、东西配殿，正殿、拜殿各七开间，东西配殿各二十三开间，“太岁之祀，始自国朝……国朝以春、秋合祭太岁、风、云、雷、雨于国南，其制屋而不坛”（《钦定四库全书·明集礼》卷十五）。随后永乐帝的迁都应该是照搬照抄这个布局规模没有改变。

但文献对于山川坛正殿的记载又使问题复杂化，说正殿建于嘉靖帝时期。如《日下旧闻》卷十六引《嘉靖祀典》说：

礼臣上言：太岁之神，自唐宋以来祀典不载。惟元有大兴作，祭于太史院，亦无常祭。国朝始有定祀，是以坛宇之制，于古无稽。按说文：太岁，木星也，一岁行一次，应十二辰而一周天。其为天神，明矣，亦宜设坛露祭。但坛制无考，应照社稷坛筑造，高广尺寸差为减杀，庶于礼适宜。诏可。

这是唯一的一处具体谈到明嘉靖帝时所谓建造太岁坛的文献记载，其他如“太岁坛建太岁殿，每岁十二月太袷之日遣官祭之……”（《国朝典汇》卷一一七）、“嘉靖十年，命礼部考太岁坛制。遂建太岁坛于正阳门外之西，与天坛对”（《明史》卷四九）不过是简而化之的表述。奇怪的是，明代的官方典籍《明会典》（万历版）却对此事只字未提！前面章节已说过，嘉靖帝时因妄图加强皇权之故大加厘正祀典，于山川坛内坛南门外又创建了西侧的地祇坛和东侧的天神坛，把山川坛正殿内的除太岁神之外的神祇（不包括城隍之神，该神另请他处）都请到新建的天神地祇坛祭祀。于是太岁殿内仅剩下孤零零的太岁神。七开间大殿由祭祀七尊神祇变为仅祭祀一尊，还嫌空间不够吗？看来问题关键不在这里。现在的太岁殿内北墙下，有一座高 1.24 米、进深 1.6 米、面阔 3.18 米的汉白玉须弥座，联想到嘉靖前这里供奉七尊神祇，合一间一尊，但又是“屋而不坛”，也就是说七尊神祇应为一神一案设案祭祀，那这座汉白玉须弥座就只能是殿内仅祭祀太岁神时的添建之物。可以不可以说它就是嘉靖时建的“太岁坛”呢？

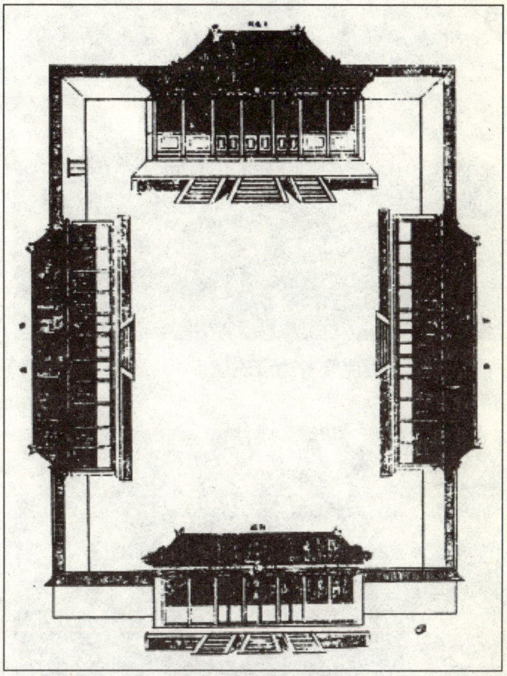

太岁殿图（光绪《清会典图》）

明嘉靖帝和清乾隆帝时期是先农坛的建筑改建、大修时期，目前东西配殿各十一间的布局形成及太岁殿改建未见清乾隆时期文献记载，只有明嘉靖帝建太岁坛及清乾隆帝下谕修葺先农坛的记载，但现存太岁殿及其附属建筑结构及斗栱作法尚留有明式大木作风格，根据近些年先农坛修缮中观察的情况，表明嘉靖帝时将东西配殿二十三间改建为十一间的可能性最大，清乾隆帝时则挑顶落架更换部分糟朽件、将明代瓦件更换为“清乾隆年制”瓦件及重绘彩画。近来经石刻文物专家辨认，太岁殿内的汉白玉须弥座具有显著的明代特征，因此我们可以放心地说，太岁殿内的汉白玉须弥座是明嘉靖时期添建的太岁坛龛座。目前除了这座石龛座外别无他物，但经参照北京孔庙大成殿、历代帝王庙景德崇圣殿内的情况比对，推测石龛座上原应有红色髹漆木龛，龛内供奉太岁之神木主神牌。

太岁殿西庑绿剪边黑琉璃瓦

太岁殿东侧山花

太岁殿东庑北侧垂脊仙人和走兽

太岁殿东庑北侧吻兽

太岁殿内檐溜金斗栱

太岁殿戗脊仙人及脊兽

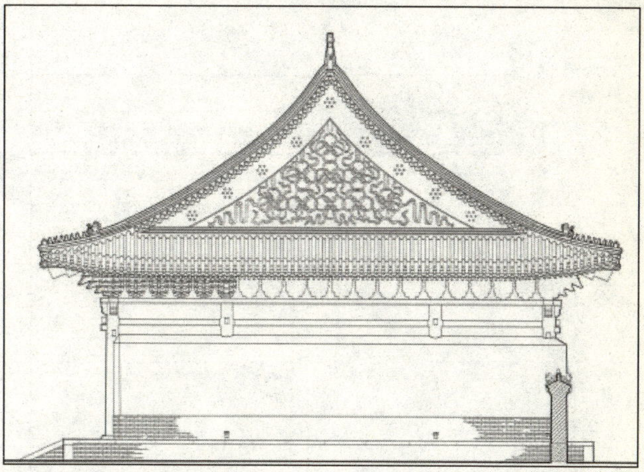
太岁殿山花图案纹样

太岁殿剖面图

从文献记载中可知，山川坛正殿并未因嘉靖帝时期的厘正祀典以及万历帝时神祇坛(嘉靖九年至万历四年期间，山川坛因添建的天神地祇坛之故，因而更名“神祇坛”，此称呼沿用计46年，第五章有述)更名先农坛而改换它名，山川坛正殿之名应沿用到明亡。清代，从《五朝会典》中的记载看，清康熙帝时山川坛正殿已改称太岁坛，雍正帝沿袭之，而乾隆帝时改称太岁殿。可见，太岁殿之名应始自清乾隆帝时期。

围绕着太岁殿的身世展开的话题可能不止于此。我们再来看看太岁殿的建筑特色。

如果仅从太岁殿外观上说，不过是一座正规的清式单檐歇山顶官式建筑。可以品头论足的，一为殿内高大的空间，二为殿内的溜金斗栱，三为黑色的琉璃覆瓦，四为殿内绘于清乾隆时期的精美彩画。

前面讲过，太岁殿是一座清式单檐歇山顶大殿，建筑面积1319.7平方米，正向朝南，面阔七开间51.35米、进深九檩25.7米，台基高度0.96米，室内高度达15.97米，总高近20米(含台基)，室内12根立柱。而在中国古建中富有代表性的单体建筑北京故宫太和殿、北京太庙正殿有多大呢？太和殿不算台基，建筑高约为26.92米，建筑面积约为2377平方米，面阔十一间63.96米，

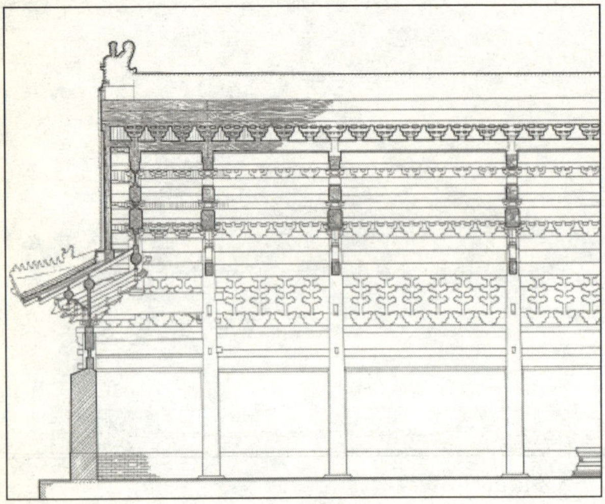

太岁殿剖面图

进深37.17米；北京太庙正殿（太庙享殿），面阔十一间68.2米，进深30.2米。这两座建筑的等级是现存中国古建中等级最高的代表。通过对比不难看出，先农坛太岁殿作为明清时期中祀规格坛庙的正殿，仅仅为祭祀当初的七尊天神地祇而建造得体量规模如此庞大，这在现存古建中也可说是令人惊叹了。

太岁殿内的梁架结构类似太和殿内的上层梁架，用古建术语讲为彻上明造（指建筑物室内的顶部做法，如天花不做装饰，更不用藻井，而让屋顶梁架结构完全暴露，使人在室内抬头即能清楚地看见屋顶的梁架结构，宋代称为“彻上明造”，也称“彻上露明造”），檐柱高6.2米，金柱高10.35米，室外采用单翘重昂七踩斗栱，有隔架斗栱（用于承重梁架及随梁之间，以增强承重梁架的抗弯能力），明间及次间平身科斗栱六攒，稍间及尽间为

太岁殿正脊吻兽

四攒，一共使用平身科斗栱96攒、柱头科斗栱22攒。其中以明间的“单翘重昂七踩溜金斗栱”富有代表性，不少古建专业人士或是爱好者来到太岁殿专门观看，甚至有的学校来此教学以其作为活教材。

什么是单翘重昂七踩溜金斗栱呢？实际上它分成室外的“单翘重昂七踩斗栱”和室内的“溜金斗栱”两部分组合而成。单翘重昂七踩斗栱是明清时期的斗栱种类之一，含义为大斗之上进深方向构件依次为头翘、头昂、二昂，从正心向内外各出三踩，共七踩。这是一种高规格的斗栱，仅次于单翘三昂九踩斗栱（如太和殿双檐屋顶的第一层檐下使用单翘重昂七踩斗栱，第二层檐下使用单翘三昂九踩斗栱），明清时期用在皇家建筑及高规格的经皇家特许的非皇家专用建筑上。溜金斗栱的意思是斗栱的屋内部分有个假的斜昂，尾部接到金檩位置，它在结构上并不发挥承重受力作用。太岁殿的单翘重昂七踩溜金斗栱多属于古建中的平身

太岁殿雪景（摄影：刘文丰）

科斗栱（不在柱头也不在转角，而是在两柱间额枋上的斗栱就是平身科）。

太岁殿的彩画为外施金龙和玺彩画，内施墨线大点金旋子彩画。所谓金龙和玺彩画，指的就是清代一种最高等级的全绘金龙（贴制金箔而成）的和玺彩画。墨线大点金旋子彩画，是指清代旋子彩画的一种，图案均以墨线为轮廓，图案局部贴金，其等级仅次于金线大点金。就是说，太岁殿外部所绘制彩画是清代最高等级，而内部所绘也是三甲之内。这样看来太岁殿整体的装饰规格还是十分高的。目前保留的室内彩画是清乾隆十八年至十九年（1753–1754 年）大修先农坛时的原状，可谓极富文物价值和观赏价值，同时富有一定研究参考价值（关于彩画的详细描述见第五章）。

太岁殿屋顶覆盖黑色绿剪边琉璃瓦。不仅太岁殿的瓦色是黑的，就是整组太岁殿院的建筑瓦色都是黑色（先农坛神仓的圆廪和仓房屋面覆瓦也是黑色）。很多来到这里的朋友都对这个现象琢磨不透。其实说起来原因并不复杂，因为明清所祭祀太岁神及十二月将神，定位上属于天神，天神用色应为蓝，但这两种神与天坛所祭的皇天上帝不是一回事，皇天上帝代表的是统治人间万物的、决定人间福祉及政权更替，体现天道的最高道统与精神为一体的主神，是实实在在的人眼所见天之蓝为其归处。而太岁神及十二月将神在明清尤其是清代所发挥的功能，是主持旱涝之类的下雨下雪，也就是说与水有关。传统文化的阴阳五行中水归玄武，位于北方，主寒冷，色黑。因此附会成分管水资源问题的太岁神及十二月将神所在的太岁殿院的整组建筑就一律采用

拜殿

太岁殿稍间菱花窗

黑色琉璃瓦，以配合其属性。清代给予太岁之神的定位可说是内涵狭之又狭，在此可见一斑。

太岁殿院落还包括倒座的拜殿及东西配殿（又称东西庑殿）。拜殿是一座穿殿，南北大门对开，是明清时祭拜太岁神的祭拜处，推测原应为明初山川诸神露祭时在此祭拜，后诸神虽然进殿，但在此祭拜的规矩没改，一直沿用。拜殿为单檐歇山顶，建筑面积约为860平方米，面阔七间50.96米，进深九檩16.88米，殿前有332.5平方米的宽大月台，结构上采用减柱作法，室内仅有八根立柱，减去北侧明间、稍间的四根。彩画与太岁殿相同。东西配殿为祭祀十二月将神（详见本章第一节）之处，悬山顶，建筑面积各755平方米，面阔十一间各55.56米，进深各七檩13.58米，室内为雅伍墨旋子彩画，室外为墨线大点金旋子彩画。

如果站在拜殿的南门，深深地向院内凝视这组占地约为8989平方米的巨大院落，会令人顿时产生一种难以名状的感觉，带给人们的是久久的敬畏与沉思。朋友们不妨可以感受一下这种精神力量的冲击，只能在古建筑中才能有的敬畏与沉思。

1914年，时为中华民国大总统的袁世凯（1859—1916年），取消国务院改设政事堂，下设礼制馆，由徐世昌（1855—1939年）统领，按照袁世凯命令，选定先农坛太岁殿为“中华民国忠烈祠”，祭奠黄花岗七十二烈士，后又增祭“自民国成立以来之革命烈士”，以为复辟帝制掩人耳目。礼制馆制订了忠烈祠祭礼，每年十月十日中华民国国庆日，大总统遣特任官一人追祭，在京文武官、各机关各派荐任官一人参与祭祀。追祭祭辞曰：惟某年十月十日，大总统遣某官，追祭于文武忠烈之灵日，大同运启，诞创共和。玄黄龙战，论功孰多。嗟兹忠烈，秉节不磨。见危授命，气作山河。碧血丹心，流传万世。身为国殇，名垂永久，报以馨香，陈此醴酒，昭示来兹，千秋不朽，尚飨。

北京先农坛太岁殿作为中华民国忠烈祠，这一制度沿袭到七七事变。抗战胜利后，忠烈祠移至八宝山祭奠。这是先农坛在共和时代唯一一次重具祭祀功能。

第四章

天神地祇

北京先农坛内虽然神灵众多，但在明清的祭祀活动中一直以先农神为主，太岁神和岳镇海渎、风云雷雨之神有祭礼定制但无常行祭祀之活动，特别是岳镇海渎、风云雷雨之天神地祇更是如此。前述两章已分别介绍了先农炎帝神农氏和太岁神的相关情况，本章再介绍一下天神地祇在明清先农坛历史文化内涵中所处的地位。通过本章，读者就能够对明清北京先农坛的历史文化内涵在中国古代文明中发挥的作用，尤其是在中国古代祭农文化这个大体系中所发挥的作用会有个较为清晰明了的全面认识。

一 天神地祇与中国古代自然崇拜

人类历史上早期出现的崇拜对象，并不是至高无上、绝对唯一的上帝、天帝……而是自然和自然力，自然崇拜是世界各民族大多经历过的一个早期或称原始宗教阶段。恩格斯指出："一切宗教都不过是支配着人们日常生活的外部力量在人们头脑中的幻想的反映，在这种反映中，人间的力量采取了超人间的力量的形式。在历史的初期，首先是自然力量获得了这样的反映，而在进一步的发展中，在不同的民族那里又经历了极为不同和极为复杂的人格化"（《反杜林论》，《马克思恩格斯选集》第三卷）。

原始人类在适应自然、征服自然、在自然界谋求生存繁衍的过程中，由于生产力十分低下、智慧未开等原因，认识世界的能力十分有限，不能理解、解释影响人类生活的自然界许多现象变化，在强大的自然界面前显得软弱无力，因而对自然物和自然力产生了畏惧、惊慌和神秘的感觉。当早期人类产生灵魂的观念之后，便将这个观念扩展到与自己生产生活相关的万物之中，将人类的思想感情赋予了世间万物。他们认为日月星辰、江河湖海、风云雷雨、动物植物等一切自然事物都具有生命、意志、灵性和神奇的能力，是有灵魂的，伟大的自然力冥冥之中主宰和影响着他们的意志。人类在认识自然能力低下的时代，出于对自然力的依赖和敬畏，人们开始崇拜自然中的一切，把种种与人类生活密切相关的自然物、自然力和动植物等演变成具有某种超自然力的神灵，并对这些神灵举行各种形式的祈求仪式，通过各种形式的音乐、舞蹈、祭祀等行为，对这些神灵施以影响，希望这些超自

雷神(《三教源流搜神大全》)

电、雨、风之神（《三教源流搜神大全》）

然力的神灵能够满足人类风调雨顺、五谷丰登、生活幸福、子孙兴旺等美好的愿望，得到他们的庇护和福祉，自然崇拜由此产生。万物有灵是自然崇拜产生的根源和生存发展的基础。自然崇拜的对象是神灵化的自然现象和自然力，如天、地、日、月、风、云、雷、雨、山、岳、海、渎等等。

人类原始部落因其生活环境不同而具有不同的自然崇拜对象和崇拜内容。一般情况下，他们都会崇拜对本部落生产、生活影响最大的自然物和自然力。如居住在山区的人类普遍崇拜山神，远离山区的人们则不会有山神崇拜；在海、河岸畔居住的人们崇拜海神、河神，无海、河的地方，则不会有海神、湖神的崇拜；以稷为主要农作物的地方有稷神（如中国古代北方的黄土高原地区），没有稷的地方则不会出现稷神崇拜。

各种自然崇拜形式不是同时产生的，与人类生活方式密切相关，在人类长期发展过程中逐渐出现、形成、发展、成熟。人类社会早期主要从事采集和渔猎生活，当时人类更多思考的是人与动物及植物的关系。随着农业的产生和发展，农业成为人类生产和生活中的重要内容，是人类生活和发展的重要基础。此时，人类对自然的崇拜被赋予了新的内容和意义。随着人类对自然界认识的不断加深，除了植物本身，他们还要思考影响农作物生长的各种因素，如环境、气候、土壤等自然现象变化与农业生产的关系。自然崇拜的范围不断扩大，形成了无所不包、无所不容的自然崇拜体系。可以说，几乎所有主要自然物和自然现象都曾经在不同时期、不同情况下被当做一种人格化的超自然存在而受到崇拜。

中国是一个以农耕农业为主的农业国家。当农业生产处在依赖大自然恩赐的时代，农作物的丰收、歉收、

东岳之神（《三教源流搜神大全》）

西岳之神（《三教源流搜神大全》）

北岳之神（《三教源流搜神大全》）

南岳之神（《三教源流搜神大全》）

中岳之神（《三教源流搜神大全》）

四渎之神（《三教源流搜神大全》）

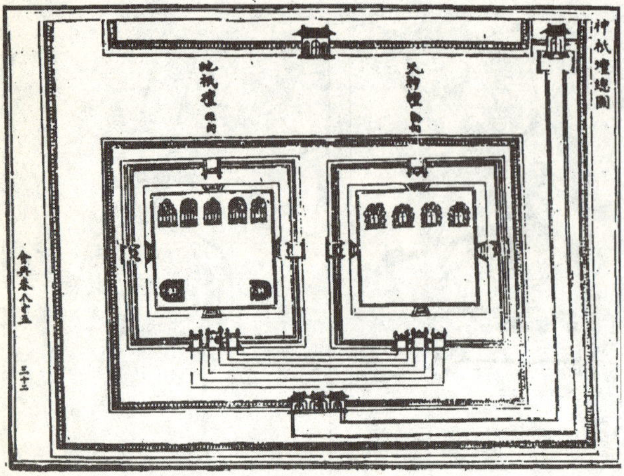

神祇坛总图（《明会典》）

绝收，牲畜的生长或死亡，都直接取决于大自然的风调雨顺还是旱涝不均。因此凡是影响农业收成和牲畜生长的自然物都成为人们崇拜祭祀的对象，天、地、日、月、风、云、雷、雨、山川、树木等都是主宰农业收成和牲畜生长的神灵，对这些神灵的崇拜是自然崇拜中的高级形态，它与中国农耕自然经济的生产方式有着密切的关系，并对中国古代社会生活产生了重要的影响。

作为一个富有悠久历史的文明古国，自然崇拜发生在远古蒙昧时期，历经数千年延续至今。在新石器时代的考古遗存中，就有疑似自然崇拜的痕迹。如在大汶口遗址出土的一个陶器上装饰有“太阳纹”符号。在黄河上游马家窑文化遗址中出土的大量彩陶器上，绘制有如“+”字纹、“×”字纹等纹饰。其中“+”字纹与印第安人和欧洲青铜时代象征太阳的符号相同。太阳，作为与人类生活密切相关的一个自然存在，它的光芒能够使农作物茁壮生长，没有阳光，农作物则不能生长；阳光过强，农作物则会被晒枯干。因此，太阳在人们心目中占有十分重要的地位，可以说太阳神崇拜是最早产生的自然崇拜之一。在殷墟卜辞中有许多关于祭祀天、地、日、月、风、云、雨、雪、山、川的记载。秦汉以降，对自然神的崇拜并没有因为生产力水平提高而有所减弱，不论是统治阶级还是广大百姓都十分热衷于对自然神的崇拜。直至今天，在我国一些偏远地区或少数民族聚居区还能看到自然神崇拜的活动，一些地区甚至发展为将自然崇拜与佛教、道教、天主教相掺合而形成新的崇拜形式。

中国的不少自然神不是专职的，往往是身兼数职，不能以他的名字直接来确定其掌管的事务内容。如土地神是古人崇拜的最普遍的自然神之一。他有很多称谓，包括伯公、大伯公、福德正神、土地公公、社神等等。土地，是万物生长的本源，是人类生存的根本，赋予人们生产生活需要的一切。《释名·释地》说“地，底也，言其底下载万物也”，“土，吐也，吐生万物也”。当原始人类过着狩猎和采集的生活的时候，土地并没有和他们发生直接的关系。农耕农业产生之后，土地的肥沃还是贫瘠对农作物生长产生重要的影响。农作物在肥沃的土地上生长，会有良好的长势，结出丰硕的果实，人们可以得到好的收成，能吃饱；农作物在贫瘠的土地上生长，就不会很好地生长，结不出丰硕的果实，人们就没有好收成甚至是颗粒无收，就不能吃饱。当时的人们认为土地是有灵魂的，它控制着农作物长势的好坏。当它高兴的时候，农作物就能丰收，当它不高兴的时候，农作物就不会生长。土地神最早的职能之一就是让农作物丰产。后来人们不断给土地神增加职能，演变成了多职能的保护神，人们通过祭拜土地神，除了希望农业丰收之外，还有祈福、求财、保平安之意。

中国的自然神在不同时期、不同地域、不同民族的形象各不相同。如太阳神，最早的太阳神形象就是太阳（如前面提到的在新石器时代以彩陶上“+”字纹、“×”字纹等纹饰代表太阳），乌鸦也为太阳的象征之一。云南的景颇族还以竹筒作为太阳神的象征。又如月亮神的形象往往以嫦娥、玉兔和蟾蜍为代表。

自然神的崇拜仪式在不同时期、不同地域、不同民族也各不相同。先民们祭祀自然神的仪式大体分为国家祭祀和民间祭祀。

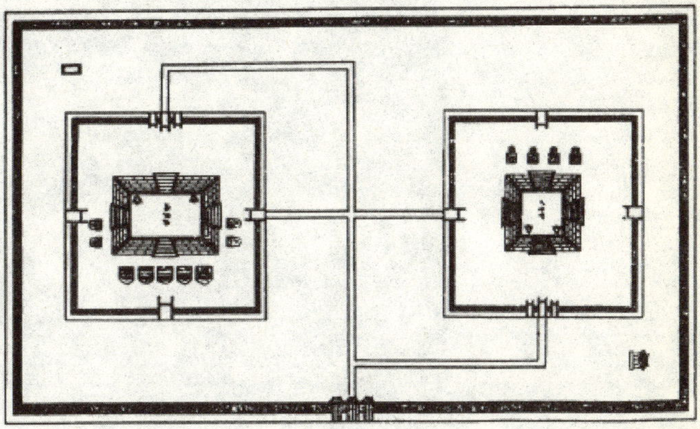

天神坛、地祇坛图（光绪《清会典图》）

南岳庙平面图

北岳庙德宁殿

西岳庙灏灵殿

中岳庙峻极殿

南岳庙圣帝殿

东岳庙天贶殿

复建后的东镇庙

北镇庙

自然神的国家祭拜典仪随着中国政治制度的不断发展，到明清时期特别是清代完成了自我演进的过程。民间祭祀则根据不同地区、不同民族，形成了具有本地区、本民族特色的丰富多彩的形式。水是农作物生长的重要条件，在生产力不发达的时代里，先民们更多的是依靠雨水的灌溉，雨水还要恰到好处，过多过少都不行。雨水过多，农作物就会涝死；反之，则会被旱死。所以，各种形式的祈雨仪式在中国历史上曾普遍存在。中国古代宫廷因水旱灾害严重而举行的祭雨仪式叫做雩祀。目前北京天坛就是明清两代封建统治者祭天祈雨的场所。民间的祈雨仪式更是五花八门，有祭拜龙王的，有曝晒龙王的，还有给河伯娶妻的等等。

古代崇拜自然神的场所众多，不同时期、不同地域、不同民族也呈现出不同面貌。先民们祭拜自然神有在高山上、水边、树下、灶台上，有筑高台、祭坛，甚至筑庙宇制神龛。如土地作为人类生存发展的基础，最早先民祭拜土地神多在露天场所，很可能就是他们耕种的田地，后来开始建造土地庙。土地庙是中国分布最广的祭祀建筑，几乎各地乡村均有分布。各地的土地庙也因各地的文化、经济等原因呈现出不同形式，或简或繁、或大或小。到大一统皇权专制社会晚期，则出现了等级规制高企的皇家专用祭坛，合祀各类与土地相关的神祇（如北京明清地坛）。

济渎北海庙中的“北海”

自然崇拜在历代王朝的统治中发挥了重要作用。天在国人的心目中是无上崇高的神灵，统治者为了巩固自己的地位和政权，都宣称自己是天子，是天帝的儿子，其权力是神授予的。作为人间的最高统治者，秉承天意治理天下，他的命令就是天的旨意，所有的人都要服从，若不服从就是对天的不敬。尤其是进入阶级社会后，对自然神的崇拜已经成为统治阶级一项重要活动。祭祀自然神的活动成为政治生活的重要内容，正所谓“国之大事，在祀与戎”。统治者花费了大量人力物力建造祭祀天、地、日、月、风、云、雨、雪、山、川等自然神的建筑，制订并完善了严格的祭祀礼仪。明清时期，祭祀自然神的建筑最为宏大，礼仪最为隆重、规范。

自然崇拜还渗透在古人经济、社会生活的方方面面。我国古代自然灾害十分严重，面对频繁的自然灾害和变幻无常的气候环境，先民们束手无策，只有通过祭拜各种自然神以祈求得到神的庇佑，获得好收成。祭拜自然神的仪式伴随着中国农业文明的不断发展一直延续下来，逐渐融入到人们的生产生活中去，有的崇拜活动就演变成我们现在的传统民俗节日：

中秋节来源于周代中秋祭月的习俗，北宋时始定为农历八月十五日。祭祀灶神活动来源于对火神的崇拜，祭灶习俗首见《后汉书·樊宏阴识列传》，谓“宣帝时，阴子方者，至孝有仁恩。

腊日晨炊，而灶神形见。子方再拜受庆，家有黄羊因以祀之，自是已后，暴至巨富。”现在虽然没有祭灶的仪式，但是在腊月二十三吃糖瓜的习俗则是由此而来。

自然崇拜还激发了古人自然神神话传说的创作，各种自然神成为很多文学艺术的创作题材，如在屈原《楚辞》中就有不少描绘自然神的篇章。这类事例数不胜数。

总之，自然崇拜在中国农业文化中占有十分重要的地位，更是中国传统文化中极为重要的文化现象，渗透到传统文化的方方面面。作为一种文化现象，在中国农耕文明的影响下，经过长期的发展融合，已经同中国社会的政治、经济、文化紧密地结合在一起，成为中国农耕文明不可分割的一部分。

二　历史上的天神地祇崇拜

（一）天神崇拜

水是生命存在的前提之一，而对水的崇拜是产生最早并延续最久远的自然崇拜之一。古人认为水兼有养育与毁灭的能力：水中孕育着无以计数的动物、植物，为人类生存提供了取之不尽、用之不竭的生存资料。人们很早又注意到了水与植物生长之间的关系，在水源充足的地方可以生长出饱满的果实，供人们采集。进入农耕社会之后，农业收成的好坏很大程度上取决于水资源的丰富与否，因此人们热切地希望能够有丰沛的水源、充足适量的降水以保证农作物长势良好，获得农业丰收。水也能给人们带来灾祸，大雨滂沱、洪水泛滥、淹没庄稼、吞没房屋，给人类生活造成极大的破坏和财产损失。为此人们对于水抱着又爱又怕的感情，认为水有灵魂且性情捉摸不透。人们设想有水之神在管理着水的一切，因此希望通过对水神的崇祀，达到保佑农业丰收、生活安宁的目的。

因为岁时变换、四季冷暖、水旱灾害等等自然现象的发生都关系到人们的生活稳妥与康宁，所以古人把天看做是至高无上的神灵。而风、云、雷、雨等自然现象都发生自天，所以古人把它们都看成天神。同时，又因为风、云、雷、雨等自然神都与农业生产所需水源的主要提供方式——降水有关，因此这些自然神理所当然地都成为中国先民崇拜祭祀的对象。俗语说的“靠天吃饭”其实主要指的就是降水对人们生存的重要性。百姓祭拜天神为的是求得好收成以免饥馑，统治者崇祀天神则为了维护、巩固统治的政治之需。从殷商时代开始，祈雨（止雨）的相关祭祀活动就成为统治阶级政治生活中的一件大事。

风是由于空气流动引发的自然现象。远古时代风就成为先人的崇拜对象。中原地区多把风的出现归于星辰。《尚书·洪范》说“星有好风。”唐代孔颖达认为，这里的“星”指“箕星”，又称为“箕斗”、“斗宿”，为二十八星宿之一，共有四颗。古人认为箕星形如簸箕，能“主簸扬，能致风气”（《风俗通义·嗣祀典篇》）。东汉蔡邕《独断》也认为“风伯神，箕星也。其象在天，能兴风。”秦汉时，祭祀风伯就已被纳入国家祀典。

云是指停留在大气层上的水滴或冰晶胶体的集合体。小水滴在云中互相碰撞，合并成大水滴，当水滴的重量超过空气承受能力的时候，就从云中滴落下来，形成了雨，所以说云是雨的载体。有云未必有雨，有雨必定有云。在殷墟的卜辞中有不少关于祭祀云神的记载，如“尞于帝云”（《续》2，4，11），“尞于云”（《珠》451），“尞于二云”（《林》1，14，18）等等。

雷是天空中带有不同电荷的云相互接近时产生的一种大规模的放电现象。农作物生长过程中，雨水通常是在一阵阵雷鸣电闪之后才出现的，古人据此认为是雷电带来了滋润农作物的雨水，把他作为司雨之神。

大自然中的雨不是悄无声息说来就来的，风、云、雷都可以看作是它的伴随产物。人们为了求得风调雨顺，于是把风云雷放在与雨同等的地位共同祭祀，对这些自然神灵崇拜的最终目的是为了获得充沛适量的雨水供农作物生长。

有关历代王朝统治者对风、云、雷、雨神的祭祀，《五礼通考》中有较为详尽记载：

《周礼》以槱燎祀风师雨师，风师者箕星也，箕主簸杨，能致风气易巽为长女也。长者伯故曰风伯，鼓之以雷霆，润之以风雨，养成万物有功于人。王者祀以报功也。戌之神为风伯，故以丙戌日祀于西北，火胜金，为木相也……丑之神为雨师，故以己丑日祀雨师于东北，土胜水位，火相也。《史记·封禅书》：及秦并天下而雍，有风伯雨师庙，各以岁时奉祠……平帝元始五年，王莽奏分雷公风伯庙于东郊，兆雨师庙于北郊。《后汉书·祭祀志》：县邑，常以丙戌日祠风伯于戌地，以己丑日祠雨师于丑地，用羊豕。《隋书·礼仪志》：晋元帝建武元年，每以仲春、仲秋并令郡国、县兼祀风伯雨师……隋制于国城东北七里，通化门外为风师坛。祀以立夏后，申坛皆三尺，牲以少牢。高祖受命欲新制度，乃命国子祭酒辛彦之议，定祀典风师雨师为小祀，养牲在滌一旬。《唐书·礼乐志》：有司岁所常祀者，立春后丑日祀风师，立夏后申日祀雨师，皆一献祝，称天子谨遣。《旧唐书·礼仪志》：武德贞观之制，立春后丑祀风师于国城东北，立夏后申祀雨师于国城西南。各用羊一、笾豆各二、簠簋各一。《宋史·礼志》：凡祀典皆领于太常，岁之中祀，立春后丑日祀风师，立夏后申日祀雨，师并如小祀。真宗咸平二年旱，诏有司祠雷师雨师。政和中定五礼新仪，以雷神为中祀，州县祀风伯雨师雷神为小祀。《元史·祭祀志》：至元七年十二月，大司农请与立春后丑日祭风师于东北郊，立夏后申日祭雷雨师于西南郊。

风云雷雨作为郊祀对象，历代都有相应完整的祭祀礼仪，体现出统治者对天神祭祀的虔诚。以唐代开元年间风师雨师的祭祀仪程为例：

立春后丑日祀风师，前祀三日，诸应祀之官散斋二日致斋一日，并如别仪，前祀一日，晡后一刻，诸卫令其属各以其方器服守壝门，俱清斋一宿，卫蔚设祀官次于东壝之外道南北向，以西为上，设陈馔幔于内壝东门之外道南北向，郊社令积柴于燎。坛方五尺，高五尺，开上南出户。祀日未明三刻，奉礼郎设祀官位于内壝东门之内道北。执事位于道南，每等异位俱重行西向，皆以北为上设望燎位。当柴坛之北南向，设御史位于坛上西南隅东向。令史陪其后于坛下，设奉礼位于祀官西南。赞者二人在南，差退俱西向。又设奉礼赞者位于燎坛东北西向，北上设祀官门外位于东壝之外道南，每等异位重行北向，以西为上。郊社令帅齐郎，设酒樽于坛上东南隅，象罇二實于坫北向。西上设幣篚于罇于之所，设洗于坛南陛东南北向，罍水在洗东，篚在洗西南肆。祀时未明三刻太史令郊社令升社风师神座于坛上，诸祀官各服其服。赞引引御史太祝及令史与执罇罍篚幂者，入当坛南重行北面，以西为上。立定奉礼曰再拜，赞者承传，御史以下皆再拜。

——《五礼通考》

祭祀天神的坛制历代也有相应规制，还是以唐代为例：风师坛，坛制为圆坛，高三尺，周回二十三步。立春后丑日行事。长安城风师坛初在通化门外道北二里近苑墙处，贞元三年（787年）挪至通化门外十三里浐水东道南。洛阳城风师坛在建春门外六里道北一里。雨师坛。坛制为圆坛，高三尺，周回六十步。坛上设雨师座、雷神座。立夏后申日行事。长安城雨师坛在金光门外一里半道南，洛阳城云师坛在丽景门内。

唐太宗李世民把自己的双步，也就是左右脚各走一步，定为长度单位“步”；还规定步的五分之一为1尺，280步为1里。据研究，唐代的一步为1.514米，1唐里折合454.2米。

明初风云雷雨作为天神，没有专祀的场所，与太岁及岳镇海渎等诸神合祀于山川坛正殿。《明会典》记载：

国初，建山川坛于天地坛之西，正殿七间，祭太岁、风云雷雨、五岳、五镇、四海、四渎、钟山之神……合祀太岁、风云雷雨、岳、镇、海、渎、山川、城隍、旗纛诸神。又令每岁用惊蛰、秋分各后三日，遣官祭山川坛诸神。嘉靖八年令每岁孟春及岁暮特祀，九年，更风、云、雷、雨之序，曰云、雨、风、雷，又分云师、雨师、风伯、雷师以为天神。岳、镇、海、渎、钟山、天寿山、京畿并天下名山大川之神以为地祇，每岁仲秋中旬，择吉行报祀礼……

直至明嘉靖九年（1530年）明世宗于山川坛内坛南墙外另行建造天神地祇坛并将风云雷雨请到这里祭祀后，这些天神们才有了自己的专属祭奠场所。

明嘉靖帝于嘉靖九年十一月（1530年），将山川坛更名神祇坛，以彰显他对天神地祇的尊重（这也似乎更显示出他在出生地——荆楚大地深受当地的神鬼文化影响之深）。

嘉靖十一年八月。乙未。祭风云雷雨并岳镇海渎于神祇坛，遣成国公朱凤代。

——《明实录·世宗实录》卷一百四十一

嘉靖二十年十二月。癸亥。以冬深无雪祷于神祇坛，命成国公朱希忠行礼，百官青衣斋宿、停刑禁屠如例。

——《明实录·世宗实录》卷二百五十六

虽然尊重，祭坛建好了，礼仪定好了，但这也就成了他的目的，除了区区几次遣官祭拜之外，再无其他。

（二）地祇崇拜

地祇就是属于地面上所有自然物的神灵，包括土地神、社稷神、山川神等等。今天，在先农坛太岁殿建筑群的拜殿之南，矗立着明清地祇坛遗留下来的九座雕刻精美的石龛，分别供奉着五岳、五镇、五山、四海、四渎、京畿大山及大川、天下大山及大川等山川神之牌位。它们原位于内坛南墙外的地祇坛遗址，2002年10月易地保护于北京古代建筑博物馆露天展区内，使这些隔绝于世人六十余年的珍贵文物得以重现天日。

所谓岳、镇等神灵是中国山岳神的代表，海、渎等神灵是中国川泽神灵的代表，都属于地神范畴。历史上，由于历代统治疆域各异，所以其岳镇海渎神具体所指也略有不同。前面第一章已说过，以清代为例，五岳分别是：东岳泰山（位于今山东省泰安市）、西岳华山（位于今陕西省华阴市境内）、南岳衡山（位于今湖南省衡阳市）、北岳恒山（位于今山西省浑源县城南）、中岳嵩山（位于今河南省登封市西北）。“镇”，古称一方的主山为镇，郑玄说镇为“山之重大者”。五镇实指五座山，即东镇沂山（位于今山东省临朐县）、西镇吴山（位于今陕西省宝鸡县）、南镇会稽山（位于今浙江省绍兴市）、北镇医巫闾山（位于今辽宁省北宁市）、中镇霍山（位于今山西省霍州市）。四海，是我国古时所指东海、南海、北海、西海，泛指海内之地，也泛指全国各地。四渎，即黄河、长江、淮河、济水四条大河（四渎之说最早见于《尔雅》）。中国是一个多山川的国家，古人对岳镇海渎等山川神灵的崇拜观念和祭祀行为由来已久，经历了漫长的发展演变过程。历代在继承前代的基础上，在祭祀对象、祭祀仪程等方面都不尽相同。

山岳海渎作为特定的自然景观，在自然崇拜的影响下，成为人类崇祀的对象。古人认为山岳海渎能够“出云雨，润泽群物”，严重影响着庄稼的生长。此外，由于当时人类认识自然能力有限，巍巍山岳高耸入云，浩浩海渎消长无时，这些都给人们带来神秘感，认为山岳海渎都是有灵的，“山林川谷丘陵，能出云为风雨，见怪物，皆曰神”；认为他们在山川中获得生产、生活资料的多寡、农作物生长环境的好坏、农业丰歉等等都是一位或几位山川神灵的旨意。随着历史的发展进入到国家阶段，这种自然崇拜演变为国家的祭祀礼仪，统治者通过对岳镇海渎的祭祀来巩固自己的统治，增加了强烈的政治色彩，正如明代邱浚所说：“自古所以祀五岳四渎山川者，皆以其能出敛云雨也。出云雨则便不至于旱暵，敛云雨便不至于淫潦，非欲其生五谷，五谷熟而民人育，则君位安矣。”在统治者看来，祭祀山岳海渎之神是关系到定国安邦的重要行为。秦汉以降，山川又成为国土的象征，是历代王朝体国经野的象征符号，受到统治者的高度重视。

蒙昧时代，古人对于岳镇海渎的崇拜和祭祀属于自然崇拜的原始内涵。

进入国家阶段，岳镇海渎的崇祀成为一种重要的国家行为，《尚书·舜典》说舜帝即位后“岁二月，东巡狩，至于岱宗，柴。望秩于山川”。柴，即燎祀（以燃烧木柴来祭天，燃烧时的柴烟升上天空，表示为天帝所接受）；望，即望祀（因天子拥有天下的山川，天下之大，天子不可能处处临幸山岳海渎，故遥望而祭）。舜划定十二州的疆界，在十二州的名山上封土为坛举行祭祀。根据《尚书》记载，在尧舜时期，只有东、西、南、北，四岳，并没有我们后来常说的“五岳”，而且此四岳除东岳泰山外，其余三岳具体所指无可考。“五岳”一词最早出现在《周礼·大宗伯·大司乐》中，但仍未言明具体所指。《周礼·春官·大宗伯》说“国有大故，则旅四望。”邱浚说“所谓四望者，盖以五岳四镇四渎，乃天下山川之大者，天子兼有，天下之大不能亲临其地，故遥望而祭之也。”“四望”作为一种政治行为，带有明显的等级特征，《礼记·王制》说“天子祭天下名山大川，五岳视三公，四渎视诸侯，诸侯祭名山大川之在其地者。”除此之外，祭祀五岳等山川神的具体内容和形式也不一样。《周礼·春官·大宗伯》说“以埋沉祭山林川泽。”“埋”祭祀山林之神，即把牺牲埋入地中；“沉”为祭祀川泽之神，即把牺牲沉入江河湖泊之中，祭祀五岳、四镇、四渎皆如此。在祭祀五岳、四镇、四渎仪礼中，还有专门的规定，我们可以从现存的典籍中寻找到只言片语。《通典》说“其祭之岳、镇则升血为始，四渎则沉血为始。”《仪礼·观礼》说“礼四渎于北门外，礼山川于西门外”；《通典·礼六》说“周制，四坎坛祭四方；以血祭祭五岳……乐奏姑洗，歌南吕，舞大罄以祀四望”；《考工记》说“两圭五寸，有邸以旅四望”；《地官牧人》说“望祀，各以其方之色牲毛之”……总之，周代祭祀岳镇海渎之神的礼仪已经具有一定规模，从祭祀建筑选址、祭祀用品、祭祀音乐等各方面都已成系，为后世祭祀奠定了基础。周王朝通过对山岳海渎神灵的祭祀行为，来表达对风调雨顺、国泰民安、福佑百姓的愿望。对于那些不重视山川祭祀的官员，也有惩罚，《礼记·王制》中就记载“山川神祇有不举者，为不敬，不敬者，君削以地。”以夺封地为惩罚，不可谓不重。

此外，除了常规的祭祀之外，天子还通过巡狩等方式，亲临山岳川泽崇祀山川之神。

虽然周代规定天子祭天下名山大川，各诸侯祭其境内的名山大川，但“自五帝以至秦，迭兴迭衰，名山大川，或在诸侯，或在天子，其礼损益世殊，不可胜记”（《史记·封禅书》）。

前221年，秦始皇（嬴政，前259—前210年）统一了六国，建立了中国历史上第一个中央集权的皇权专制王朝。秦始皇命祀官将经常奉祀的名山大川之神按照次序记录下来。按司马迁《史记》的记载，秦代确定了以嵩山、恒山、泰山、会稽山、湘山（位于今湖南长沙）为代表的若干座名山；两条大川，即淮水、济水。通常情况下，一年要举行三次对山川神的祭祀活动，“春以脯酒为岁祠，因泮冻”，“秋涸冻”，“冬塞祷祠”，统治者春天祈求神灵降幅，秋天祷告神灵保佑年成，冬天收获后酬报神恩，他们希望通过对山川神的崇祀活动得到神灵的庇佑，以维护自己的统治。此外，每逢国家遭遇大事，统治者也要通过祭祀山川来祈求平安。

汉承秦制，对山川神的祭祀也十分重视。汉高祖初年，“悉召故秦祀官，复置太祝、太宰，如其故仪礼”（《汉书·郊祀志》）；“令祠官祀天地四方上帝山川，以时祀之”（《汉书·高帝纪》）。文帝时，令凡属于诸侯国内的名山大川由诸侯国祭祀。武帝时用十余年时间周游五岳四渎，一一亲临拜祭。汉宣帝神爵元年（前61年）制诏太常：“夫江海，百川之大者也，今阙焉无祠。其令祠官以礼为岁事，每岁常祀之，以四时祠江、海、雒水，为天下祈丰年焉。”最终确立了岳渎祭祀的常祀制度。这一时期，统治者崇拜的山川神灵主要是五岳、四渎。除了在都城附近遥望山川之外，统治者还在山川所在地建庙祭祀。汉代的皇帝把秦代巡狩之制发挥到极致，借巡狩历及四方，拜谒山川，形象地说更像是四处标示“到此一游”，圈地做记号。

魏晋时期岳镇海渎的祭祀时兴时废。南北朝时期，山岳海渎各在一方，各割据政权祭祀其境内名山大川。

隋代时进一步规范了之前历代的岳渎祭祀礼仪，并将镇山的祭祀纳入其中。《隋书·礼仪志》载：

开皇十四年闰十月，诏东镇沂山、南镇会稽山、北镇医巫闾山、冀州镇霍山，并就山立祠。东海于会稽县界，南海于南海镇南，并于近海处立祠。及四渎、吴山，并取侧近巫一人，主知洒扫，并命多莳松柏。其霍山，雩祀日遣使就焉。

十六年正月，又诏北镇于营州龙山立祠，东镇晋州霍山镇，若修造，并准西镇吴山造神庙。

隋代还规定，以五郊迎气日行岳渎礼仪，以太牢祀岳渎。

唐继隋制，五岳、四镇（当时不祭中镇霍山）、四渎、四海，每年一祭，各自于五郊迎气之日祭祀，属于中祀，祀官由当地所在州的行政长官负责，或遣官分往致祭。关于祭祀规制，文献记载：

唐制，岳镇海渎祭于其庙，无庙则为之坛于坎，广一丈，四向为陛者，海渎之坛也。岳镇海渎以山尊实醍齐，山林川泽以蜃尊实沉齐……祭五岳四镇四海四渎为笾豆十，簠二，簋二，俎三，牲皆少牢。

——《新唐书·礼乐志》

唐代开始，统治者不断给岳镇海渎之神赐加封号，等级不断提高，一度超过了“视三公”的礼制等级。至宋代更为五岳加上了帝号。岳镇海渎在国家政治生活中的重要性进一步加强。

宋代继承唐制：立春日祀东岳岱山于兖州，东镇沂山于沂州，东海于莱州，淮渎于唐州。立夏日祀南岳衡山于衡州，南镇会稽山于越州，南海于广州，江渎于成都府。立秋日祀西岳华山于华州，西镇吴山于陇州，西海、河渎并于河中府，西海就河渎庙望祭。立冬祀北岳恒山、北镇医巫闾山并于定州，北镇就北岳庙望祭，北海、济渎并于孟州，北海就济渎庙望祭。土王日祀中岳嵩山于河南府，中镇霍山于晋州。

辽、金、元作为中国历史上三个少数民族建立的政权，山川崇拜具有鲜明的民族特性，不同民族有属于自己本民族的山川神灵，虽然内容不尽相同，但是山川祭祀作为国家祀典的重要组成部分却始终没有改变。随着统治区域不断向南扩大、文化上的不断汉化，少数民族统治者不断吸收汉族的祭祀文化。辽代除了祭祀木叶山、黑山、辽河等神灵之外，也要崇祀汉族的山川神，如“会同二年十月，晋遣使请亲祀南岳，从之”（《续文献通考》）。

金作为辽之后我国北方地区一个强大的政权，对山岳海渎的崇祀礼仪十分重视。《金史·世宗本纪》载：

大定四年六月甲子，以雨足，命有司谢岳镇海渎于北郊，定祭五岳四渎礼。

此外，《金史·礼志》载：

大定四年礼官言：岳镇海渎当以五郊迎气日祭之。诏依典礼，以四立，土旺日就本庙致祭；其在他界者遥祀。立春，祭东岳于泰安州，东镇于益都府，东海于莱州，东渎大淮于唐州。立夏，祭南岳衡山、南镇会稽山于河南府，南海、南渎大江于莱州。季夏土王日，祭中岳于河南府、中镇霍山于平阳府。立秋，祭西岳华山于华州、西镇吴山于陇州，望祭西海、西渎于河中府。立冬，祭北岳恒山于定州、北镇医巫闾山于广宁府，望祭北海、北渎大济于孟州。其封爵并仍唐、宋之旧。

除了中原地区的岳镇海渎之神以外，金代的国家仪礼中祭祀的山川神还有长白山、大房山、混同江等。

元代继承了前代祭祀岳镇海渎之神的传统。自元世祖之后，遣官代祭岳镇海渎：

岳镇海渎代祀，自中统二年始。凡十有九处，分五道。后乃以东岳、东海、东镇、北镇为东道，中岳、淮渎、济渎、北海、南岳、南海、南镇为南道，北岳、西岳、后土、河渎、中镇、西海、西镇、江渎为西道。既而又以驿骑迂远，复为五道，道遣使二人，集贤院奏遣汉官，翰林院奏遣蒙古官，出玺书给驿以行。中统初，遣道士，或副以汉官。至元二十八年正月，帝谓中书省臣言曰："五岳四渎祠事，朕宜亲往，道远不可。大臣如卿等又有国务，宜遣重臣代朕祠之，汉人选名儒及道士习祀事者。"

其礼物，则每处岁祀银香合一重二十五两，五岳组金幡二、钞五百贯，四渎织金幡二、钞二百五十贯，四海、五镇销金幡二、钞二百五十贯，至则守臣奉诏使行礼。皇帝登宝位，遣官致祭，降香幡合如前礼，惟各加银五十两，五岳各中统钞五百贯，四渎、四海、五镇各中统钞二百五十贯。或他有祷，礼亦如之。

其封号，至元二十八年春二月，加上东岳为天齐大生仁圣帝，南岳司天大化昭圣帝，西岳金天大利顺圣帝，北岳安天大贞玄圣帝，中岳中天大宁崇圣帝。加封江渎为广源顺济王，河渎灵源弘济王，淮渎长源溥济王，济渎清源善济王，东海广德灵会王，南海广利灵孚王，西海广润灵通王，北海广泽灵佑王。成宗大德二年二月，加封东镇沂山为元德东安王，南镇会稽山为昭德顺应王，西镇吴山为成德永靖王，北镇医巫闾山为贞德广宁王，中镇霍山为崇德应灵王，敕有司岁时与岳渎同祀。

——《元史·志第二十七》

明清之际，统治者为了极度加强中央集权、维护自己的专制统治，在帝都北京建造了许多坛庙建筑，除了建于明嘉靖时期的天神坛、地祇坛之外，建于同期的方泽坛、崇雩坛，以及建于清雍正时期的风云雷雨庙，都承担着崇祀风、云、雷、雨及岳镇、海渎等自然神的功能。

风、云、雷、雨、山川、岳、镇，这种典型多神崇拜的观念根植于古人的意识及对世界的认知方式之中，造成许多看来十分有趣的现象。譬如前述各天神之间、各地祇之间，神灵们虽各司其职，但"负责"的范围却或多或少有不同程度的交叉。民间戏说的敬神"礼多不怪"，不过是人们对职能神缺乏必要敬畏与专注的一种嘲解。神的杂乱、职能的严重交叉“多头管理”，既是宗教生活原始性的一个重要表现，又是古人因对大自然的过度敬畏而导致严重依赖的体现，可说是中华民族宗教生活中的“斯德哥尔摩综合症”。

河北保定明代山川坛遗址

三 天神坛与崇雩坛、风云雷雨庙

（一）明嘉靖帝成功的政绩工程——天神坛

天神坛、地祇坛位于先农坛内坛之南，始建于明嘉靖十年（1531年），合称神祇坛。明嘉靖帝出于巩固政治之需“厘祀典”创建的这一新祭坛，一直沿用到清亡，可说是一个成功的政绩工程。

关于天神坛的规制，在《清会典图》中有详细的记载：

天神坛在东，南向，一成，方五丈，高四尺五寸五分，四出陛，各九级。坛北青白石龛四座，奉云师、雨师、风师、雷师之神，均南向。高九尺二寸五分，皆镂以云纹。南阶上左、右鼎炉各一。壝方二十四丈，高五尺五寸，壝正南三门，石柱六；东、西、北各一门，石柱二。楔阈皆石。朱扉有棂；东南燎炉一。

明清两代祭祀风云雷雨之神，通常出现在发生自然灾害之时，如久旱不雨、久雨妨农、冬不下雪、雪灾等，封建统治者会遣官至神祇坛告祭，一般情况下，皇帝不亲祭。但是根据史料，也有皇帝亲自至天神坛祭拜的记载，《清实录》中的记载相对较多：

嘉庆十六年四月辛未，上诣天神坛。

——《清实录·仁宗实录》卷二四二

嘉庆二十二年五月。以祈雨三坛，斋戒一日。辛酉。上诣天

民国时期的天神坛

神坛。

——《清实录·仁宗实录》卷三三〇

嘉庆二十三年四月甲午。上诣天神坛。

——《清实录·仁宗实录》卷三四一

道光十二年五月戊辰。上诣天神坛。

——《清实录·宣宗实录》卷二一二

道光十六年五月辛亥。上诣天神坛祈雨。

——《清实录·宣宗实录》卷二八三

道光二十八年十二月辛酉。以京畿雪泽尚未优沾，上诣天神坛。

——《清实录·宣宗实录》卷四六二

咸丰六年十一月丁酉。以祈雪三坛，上诣天神坛行礼。

——《清实录·文宗实录》卷二一五

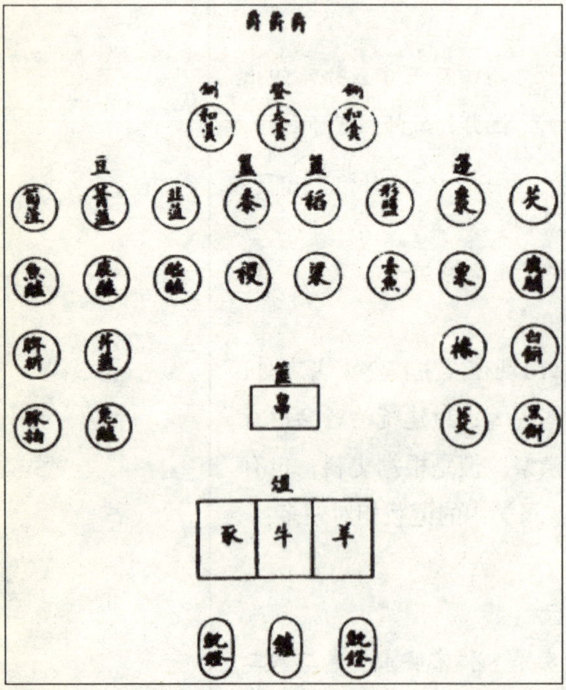

天神坛报祀陈设图（清光绪朝）

天神坛的祭祀礼仪，明清两代各自形成了一套完备仪程，以清代祭祀风云雷雨师的仪程为例：

祭告天神坛，有司豫日诹吉，遣官一人将事，文武应陪祀者，咸与祈祷。前期各于府邸致斋一日，太常寺具祝文，翰林院随时撰拟，备脯醢果实，洁坛壝内外如仪。

祀日五鼓，太常寺卿率属入坛，设云师、雨师、风伯、雷师凡四案于坛正中南向，每案陈鹿脯、鹿醢、兔醢、枣、榛、葡萄、桃实、莲实，其前各设香案，皆炉一、镫二。设洗于阶下之东，设燎炉于内壝南左门外。乐部率太常协律郎入，设乐悬于阶下之南，陈乐舞于乐悬之次，均北面。承祭官位南阶下，陪祀官位内壝南门外东西各五班。太常寺司祀一人立祝案西，司香、司帛、司爵各四人立尊案东，典仪一人立东阶下，司乐协律郎、乐工、歌工、舞佾依悬序立。纠仪御史二人、礼部祠祭司官二人、分立阶下左右。掌燎官率燎人立燎炉至东南隅。

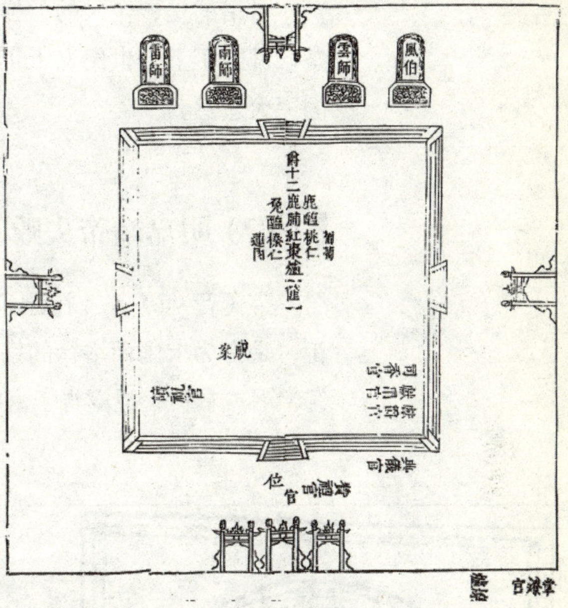

天神坛告祭图南向（清雍正朝）

承祭官暨陪祀、执事官咸素服诣坛祇，太常寺卿诣神库上香行礼。太常寺官属诣各神位前跪，三叩，兴，奉请入坛，恭设石座内。云师左，雨师右，风伯次左，雷师次右。安讫，跪叩如初。赞礼郎引承祭官自外壝南左门入内壝南左门。赞：盥洗，承祭官盥，典仪赞：迎神，司香奉香进，司乐赞：奏《祈丰之章》，承祭官升东阶，诣云师香案前立，跪，上香。行初献礼，司乐赞：奏《华丰之章》，有司揭尊幂，司乐举节，舞干戚之舞，司祝诣祝案前，承祭陪祭官皆跪，读祝。三叩，兴。武功之舞退，文舞执羽籥进。典仪赞：行亚献礼，司乐赞：奏《兴丰之章》，如初献仪。典仪赞：行终献礼，司乐赞：奏《仪丰之章》，如亚献仪。典仪赞：彻馔，司乐赞：奏《和丰之章》，乐止，有司彻。典仪赞：送神，司乐赞：奏《锡丰之章》，乐作，赞礼郎赞：跪、叩、兴。均行三跪九叩礼，乐止，送燎，望燎。赞礼郎引承祭官出壝南左门望瘗，礼毕，由坛南门左出，太常寺卿恭请神位还御。

——《清朝文献通考》

可惜的是，今天的天神坛只遗存棂星门及燎炉，四尊石龛及祭坛都毁于上个世纪七十年代，成为北京先农坛历史文化展示中的一大遗憾。

（二）明嘉靖帝失败的政绩工程——崇雩坛

雩（音 yú），《礼记》中解释为："吁嗟求雨之祀也"。雩祀，是专为求雨而举行的祭礼，凡遇到水旱灾伤或是非常变异，统治者或恭祷，或露告于宫中，或遣官祭告郊、庙、陵寝、社稷、山川等。

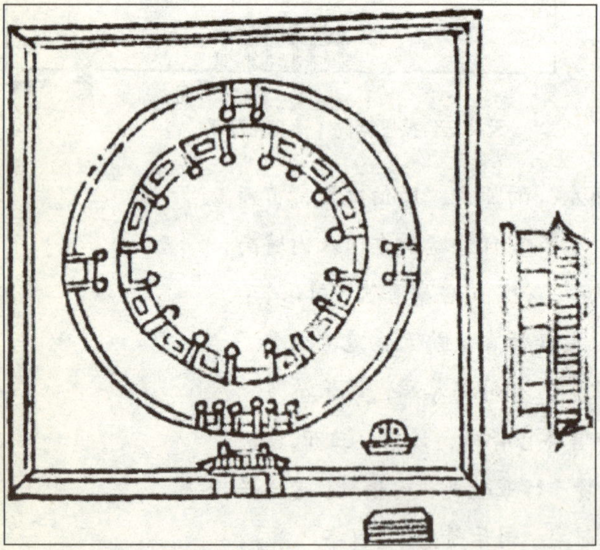
崇雩坛

明代初年的雩祀没有定制也无常仪，统治者会在宫殿中的露天空地或者是在大殿的台座上向上天祈祷求雨。嘉靖十一年（1532年）开始修建雩坛，三月建成，名"崇雩坛"。嘉靖十七年（1538年）因干旱世宗"青服，用一牛以熟荐，设礼乐，不设配位"，躬祷郊雩。

崇雩坛原位于圜丘坛外的泰元门之东，关于崇雩坛的规制在《明会典》中有详细的记载，今天看来像是简化版的圜丘坛：

崇雩坛制圆，座北朝南，坛为一层，圆广五丈，高七尺五寸，四出陛，各为九级，设两层围墙，外方内圆，内壝直径为二十七丈，高四尺五寸九分，厚二尺五寸。正南设棂星门三座，东、西、北棂星门各一座，外壝长宽皆四十五丈，高八尺一寸，厚二尺七寸。正南也设三门，曰崇雩门，共为一区。

明雩祀“岁旱则祷，奉太祖配”。明嘉靖十一年定雩祀仪：岁旱，则于季春之末举行雩祀，由礼部奏请行礼。举行祀典的前四日，由太常寺奏请祭祀，谕百官致斋三日。祀典的前两日，太常卿同光禄卿奏省牲，次日向皇帝复命。祀典的前一日，皇帝在文华殿亲自填写祝版，然后告于太庙，如祈谷之仪。祭祀陈设也与祈谷之仪相同。祀典当天，皇帝乘舆至昭亨门西，降舆，过门东，乘舆至崇雩门西，降舆。导引官引导皇帝至帷幕内，更换祭祀服装后出。导引官再引导皇帝至崇雩坛门内。内赞对引官引导皇帝至拜位行礼，其礼仪与祈谷之仪相同。祭拜礼成后，皇帝至帷幕内更衣，乘舆还，至太庙参拜后，回宫。

由于明嘉靖之后至清初的雩祀都在圜丘举行，事实上导致崇雩坛废弃。清乾隆十二年（1747 年）十二月，乾隆帝下令由工部拆除崇雩坛，所有砖石全部移用于天坛坛墙的修建。明嘉靖帝的这一政绩工程随之成为历史，很快为人遗忘。

（三）略说风云雷雨庙

风云雷雨庙分别是宣仁庙、凝和庙、昭显庙和时应宫。清雍正帝时采纳礼官的建议，提高了风、云、雷、雨等自然神的地位，在紫禁城的两侧分别兴建或改建了单独祭祀风、雨、云、雷四神的专祀神庙，也就是我们这里说的风云雷雨庙。

宣仁庙，亦称风神庙，位于紫禁城外东侧北池子大街最北端路东。凝和庙，亦

宣仁庙

称云神庙，与宣仁庙并排，位于其南。昭显庙，亦称雷神庙，位于紫禁城外西侧北长街路西。时应宫，亦称龙王庙，原址位于今中南海西北角。四座庙宇中时应宫于上个世纪五十年代初期拆除，其余三座还留有遗迹：宣仁庙建筑格局基本保存完好，凝和庙尚存山门、二门、前殿及后殿，昭显庙仅存前殿。

《清史稿》对于风云雷雨庙有较为详细的记叙：

顺治初，定云、雨、风、雷……雍正六年，谕建风神庙。礼臣言：“周礼槱燎祀飌师，郑康成注风师为箕星，即虞书六宗之一。马端临谓，周制立春丑日，祭风师国城东北，盖东北箕星之次，丑亦应箕位。汉刘歆等议立风伯庙于东郊。东汉县邑，常以丙戌日祀之戌地。唐制就箕星位为坛，宋仍之。今卜地景山东，适当箕位，建庙为宜。岁以立春后丑日祭。”允行。规制仿时应宫，锡号“应时显佑”，庙曰宣仁。前殿祀风伯，后殿祀八风神。明年，复

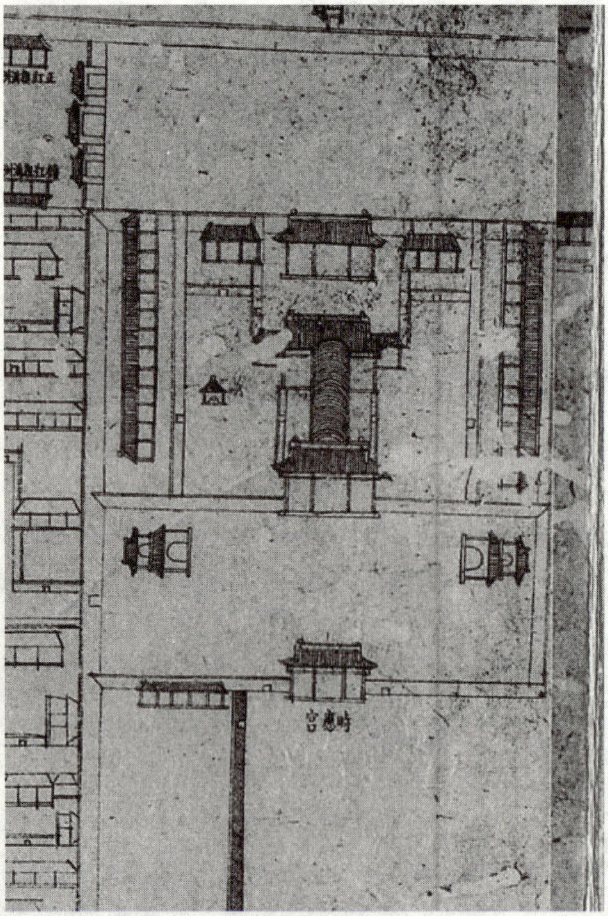

清《乾隆京城全图》中的时应宫

以云师、雷师尚阙专祀，谕言：“虞书六宗，汉儒释为乾坤六子，震雷、巽风，并列禋祀。易言雷动风散，功实相等。记曰：‘天降时雨，山川出云。’周礼以云物辨年岁，是云与雷皆运行造化者也。并官建庙奉祀。”於是下所司议，寻奏：“唐天宝五载，增祀雷师，位雨师次，岁以立夏后申日致祭，宋、元因之。明集礼，次风师以云师，郡、县建雷雨、风云二坛，秋分后三日合祭。今拟西方建雷师庙，祭以立夏后申日。东方建云师庙，祭以秋分后三日。”从之。乃锡号云师曰“顺时普应”，庙曰凝和；雷师曰“资生发育”，庙曰昭显；并以时应宫龙神为雨师，合祀之。

风云雷雨庙中，首先敕建的是时应宫，祀雨神。雍正皇帝认为“龙神专司雨泽，散布霖雨，福国佑民，功用显著”，于雍正元年（1722 年）降谕旨：“以西苑紫光阁北前后殿改建为时应宫”，利用原明代先蚕坛旧址改建而成，前殿祀四海、四渎诸龙王神像，后殿正中供奉“顺天佑畿时应龙神”，两旁左右供奉全国十七省龙神，外悬雍正帝御笔“瑞泽沾和”匾额。时应宫内设有住持道士，以供香火。每年六月十三日、农历新年正月前后九日、万寿圣节前后三日皆为道场。

宣仁庙，雍正六年（1728 年）敕建，祀风神。雍正帝谕内阁：

朕惟风雨时若，百物繁昌，皆由诚敬感格天心，用能福佑下民，时和岁稔，而司天号令，长养阜成，风神之贶，厥功允懋。频年以来，朕虔祀龙神，福庇苍生，历有明验。因思古称雨暘燠寒、以风为本。亦宜特隆祀典，以答洪庥。考之《周礼·大宗伯》，以槱燎祀风师。《虞》书禋于六宗，刘歆、郑康成之说，咸谓六宗之内、风其一也。历代各置坛兆，至宋祥符间，曾立风伯庙。近代及本朝，俱列南郊四配之中，典礼具备。今欲于都城和会之地，特建庙宇，因时祷祀，以展朕为民祈福之诚。

——《清实录·雍正朝实录》

于是，礼、工二部会同内务府议定，根据古籍考证，择宫城东北官房

凝和庙

一所仿时应宫式样建立庙宇，内亦设住持道士。同年，钦定风神封号为“应时显佑风伯之神”，钦定庙名为“宣仁庙”。庙内有雍正帝御书“协和昭泰”匾额，前殿祀风伯，后殿祀八风神。每年以万寿圣节并立春后丑日致祭，同时以农历每月初一、十五摆祭器。住持道士则从在京城的道士内遴选。每遭遇旱、涝天象时，皇帝都要派亲近大臣前往拈香祈雨或祈晴，待祈祷验应后，再派亲近大臣去报谢。

凝和庙，雍正八年（1730年）敕建，祀云神。昭显庙，建于清雍正十年（1732年），祀雷神。雍正七年（1729年），雍正帝谕内阁：

朕惟云雨风雷之神，代天司令，俾百昌万宝，普含膏泽，以锡福于烝民，厥功并懋。朕恭承天眷。恪修祀典。为四海苍黎仰祈嘉佑。已经特建庙宇，崇祀龙神风伯，而云师、雷师、尚阙专祠。尝考《虞》书禋于六宗之文。汉人以乾坤六子释六宗。震雷巽风，均列禋祀。而《易》曰雷以动之，风以散之。则风雷之发生万物，功实相等。《礼记》曰：天降时雨，山川出云。《周礼》亦以五云辨年岁。是云与雨，皆运行造化。同昭天贶者也。前代、及本朝、南郊大祀，云雨风雷，俱列从坛之次，式隆配享，典礼亦既备矣。迩年以来，云物兆祥，雷行应候，茂育庶汇，宣布阳和，庇国佑民之德，灵应显然。今欲特建庙宇，虔奉云师、雷师之神。因时祷祀，敬迓洪庥，以展朕为民祈福之意。

两座庙宇“悉仿宣仁庙式建造”。钦定云师封号为“顺时普荫云师之神”，庙名为“凝和庙”，取云雾可凝结为水之意，于秋分后三日致祭；钦定雷师封号为“资生发育雷师之神”，庙名为“昭显庙”，于立夏后申日致祭。

雍正年间制订风云雷雨庙举行崇祀活动的时间后，延续了几十年，至嘉庆朝重新制订了祭祀时间，“昭显庙雷神每岁立夏后申日及六月二十四日致祭；凝和庙云神每岁秋分后三日致祭；宣仁庙风神每岁立春后丑日致祭；时应宫龙神每岁元旦及六月十三日，并万寿圣节致祭。四庙均奏遣大臣行礼”（光绪《清会典事例》）。自此以后没有再进行更改。

昭显庙

（四）几处天神祭祀坛庙的主要区别

天神坛、祟雩坛、风云雷雨庙都是明清统治者祈求风、云、雷、雨等天神保佑风调雨顺、消除自然灾害的场所，是中国皇权专制时代自然神崇拜的重要物质体现。

虽然三者同为统治者崇祀风、云、雷、雨等天神的场所，但是其内涵还是存在着一定的不同：统治者在天神坛崇祀，更多的是属于自然崇拜的范畴，强调了风、云、雷、雨等天神的自然属性，自然神的形象更为浓重，与农业生产的关系更为密切。明代的崇雩祀常与修省祈雨结合，带有宗教祷祀的意味。而风云雷雨庙则更具有道教的特征，内设住持道士。在道教的建筑中，“宫”比“庙”大，供奉在宫中的神明等级要比供奉在庙中神明高，比如时应宫中供奉是“顺天佑畿时应龙神”，地位要比其他三神的地位显贵，故名时应宫。

四　地祇坛的岳镇海渎与方泽坛

（一）地祇坛的岳镇海渎之祀

1368年，洪武帝朱元璋建立了明王朝，定都应天（南京）；至明成祖朱棣永乐十八年（1420年）完成新都北京的营建，于永乐十九年（1421年）迁都北京。作为中国历史上最后一个由汉族建立的中央集权专制王朝，岳镇海渎祭祀作为国家重要的典章活动内容得以空前发展。明代，南京、北京皆建有山川坛，以供奉、祭祀岳镇海渎之神：

国初，建山川坛于天地坛之西，正殿七间，祭太岁、风云雷雨、五岳五镇四海四渎钟山之神。东西庑各十五间，祭京畿山川。

——《明会典》

其中，钟山为明孝陵的所在地，嘉靖十年（1531年）时改为神烈山。

洪武三年（1370年），太祖“依古定制”，废去前代对岳镇海渎神的诸多封号，重新确定岳镇海渎各神的名号，即五岳为东岳泰山之神，南岳衡山之神，中岳嵩山之神，西岳华山之神，北岳恒山之神；五镇为东镇沂山之神，南镇会稽山之神，中镇霍山之神，西镇吴山之神，北镇医巫闾山之神；四海称东海之神，南海之神，西海之神，北海之神；四渎称东渎大淮之神，南渎大江之神，西渎大河之神，北渎大济之神。永乐帝迁都北京后，在北

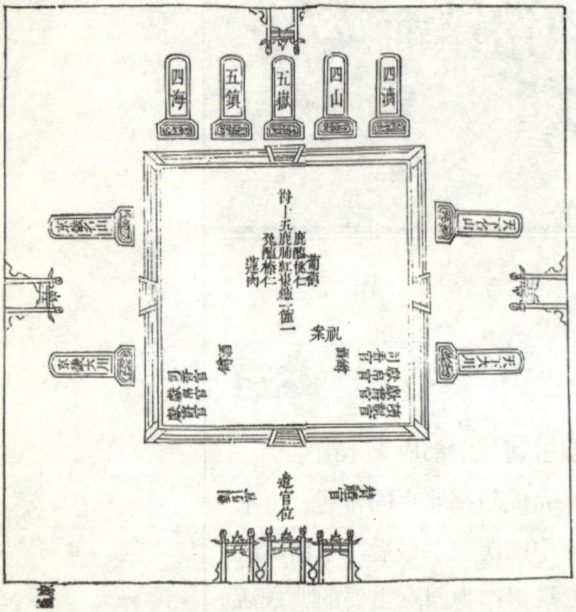

地祇坛告祭图北向（清雍正朝）

京建山川坛，“位置陈设悉如南京旧制，唯正殿钟山之右增祀天寿山神”（《明会典》。天寿山位于北京昌平北，是明十三陵的所在地）。嘉靖十年（1531年），在先农坛内坛南坛墙外建造天神地祇坛，增加祖陵基运山，皇陵翊圣山，显陵纯德山神于地祇坛。至此，五岳、五镇、五陵山、四海、四渎、京畿名山大川以及天下名山大川皆供祀于此。

地祇坛的规制在《清会典图》卷一二中有详细的记载：

天神坛、地祇坛，合建于先农坛南门外，正门三间，南向，缭以周垣。东为天神坛，南向，一成，方五丈，高四尺五寸五分，四出陛，各九级。坛北青白石龛四座，奉云师、雨师、风师、雷师之神，均南向，高九尺二寸五分，皆镂以云纹。南阶上左、右鼎鑪各一。壝方二十四丈，高五尺五寸。壝正南三门，石柱六；东、西、北各一门，石柱二。楔阈皆石，朱扉有棂；东南燎炉一。西为地祇坛，北向，一成，广十丈，纵六丈，高四尺，四出陛，各六级。坛南设青白石龛五座，奉五岳、五镇、五陵山、四海、四渎之祇，均北向，高八尺二寸，镂山纹者三，水纹者二；东设青白石龛二座，奉京畿名山、京畿大川之祇，西向；西设青白石龛二座，奉天下名山、天下大川之祇，东向，均高七尺六寸。各镂山纹者一，水纹者一，镂水纹龛，均因以池，贮水以祭。北阶上左、右鼎鑪各一。壝方二十四丈，高五尺五寸；壝正北三门，石柱六；东、西、南各一门，石柱二，楔阈皆石，朱扉有棂。西北瘗坎一。

前述文献记载可看出，明初时岳镇海渎及天下山川、城隍诸地祇合祀在一坛，当时规定每年清明和霜降二日祭祀地祇，尔后又改为惊蛰、秋分后三日遣官致祭。根据礼制规定，在祭祀前一天，皇帝要亲自视察祭祀用牺牲。祭祀当天，皇帝头戴通天冠身穿绛纱袍，来到岳镇海渎前，行三献礼。初献时，执事官斟第一层酒，执帛、爵献于神位前，读祝官跪于皇帝左侧读祝文。读毕，将祝文置于案上。百官与读祝官一同拜祭神灵。亚献时，执事官来到神位前斟第二层酒。终献时，执事官来到神位前斟第三层酒。后光禄寺官捧福胙至皇帝面前。光禄寺官先以福酒进献神灵，后以胙进献。后，执事官来到神位前彻馔。乐止。最后，读祝官捧祝，掌祭官捧帛、馔来到燎位。内赞奏：礼毕。《明会典》载，“嘉靖八年令，凡亲祀山川等神，皆用皮弁服行礼，以别于郊庙。先是改山川为中祀。嘉靖中，凡山川皆天子亲祀，国有大事则遣官祭告”，“岳镇海渎祭毕，其祝币牲馔。岳镇，则瘗之于坎。海渎则沉之于水”。嘉靖时还进一步规定，以仲秋中旬致祭，每三年一亲祭。皇帝由先农坛东门入，至斋宫（即今庆成宫），更换皮弁服后先祭拜天神，后崇祀地祇。皇帝在五岳香案前亲自上香，五镇以下，由大臣上香。

隆庆元年（1567 年）礼臣进谏穆宗，说天神、地祇已从祀南北郊（天坛、地坛），先农坛每年仲秋的神祇之祭应该取消。隆庆帝采纳了谏言。于是，明代在地祇坛祭祀山岳海渎的仪礼就此终止，也就是说明代北京先农坛里的天神、地祇之祀自永乐十九年至隆庆元年延续了 146 年。

地祇坛

清代继承了明代的礼乐制度，完善了岳镇海渎的祭祀礼仪，仍将祭祀地祇列为中祀，规定“凡岁旱祈雨，遣官祇告天神、地祇、太岁”（《清会典事例》），在“岁旱祈雨”、“雨潦祈晴”、“冬旱祈雪”时均要致祭三坛。祭告后如果七日没有改变灾情，还要再次祭告三坛。若仍未改变，官员则请旨，致祭社稷坛。

因为改朝换代，所以清代将祀于地祇坛的五陵山改为：启运山、昌瑞山、天柱山、隆业山、永宁山（详见第一章）。

清代遣官祭祀岳镇海渎的仪程大致是：祭祀的前一日，被派遣之官需要在府邸斋戒一日。祭祀当天，天未亮，祭祀官以及相关官员就已经来到地祇坛前等待祭祀典礼的举行。天刚亮，太常寺卿到要神版库上香行礼请出神位。三跪九叩礼后，岳镇海渎诸神位请入地祇坛。五岳居中，五镇在右，五陵山在左，四海次右，四渎次左；京畿名山居东，大川次东，均西向；天下名山居西，大川次西，均东向。后，又三叩首，退。赞礼郎引导承祭官入地祇坛。承祭官盥洗后，来到地祇坛台阶下。鸿胪寺序班引导陪礼官至地祇坛内坛墙北门外。典仪：“乐舞生登歌。”各官员各就其位，武舞执干戚进，司香奉香进。典仪赞：“迎神。”奏《祈丰之章》，承祭官登上地祇坛，至各神位香案前上香，行三跪九叩礼。随后，典仪赞：“奠帛、爵，行初献礼。”奏《华丰之章》，舞干戚之舞，奉帛、爵于各神案前，分别行三叩礼。司祝官读祝文。乐止。典仪赞：“行亚献礼。”奏《兴丰之章》，舞羽籥之舞，司爵献爵各奠于左，行三叩礼。乐止。典仪赞：“行终献礼。”奏《仪丰之章》，司爵献爵各奠于右，行三叩礼。献毕，乐止。典仪赞：“彻馔。”奏《和丰之章》，有司彻，毕，乐止。典仪赞：“送神。”奏《锡丰之章》，百官行三跪九叩礼送神。最后，由官员将祭祀的祝文、帛送至瘗所。承祭官望瘗。

清代官祭地祇坛的记录寥寥，比较重要的有：清高宗曾遣仪郡王永璇、成亲王永瑆分别祭祀地祇坛、太岁坛祈雨；光绪年间，恭亲王奕訢也曾多次来到先农坛恭祀岳镇海渎之神。

（二）方泽坛都祭祀什么

方泽坛始建于明嘉靖九年（1530 年），嘉靖十三年（1534 年）改称地坛，是明清两代封建统治者祭祀皇地祇神的场所。

明代建国之初，朱元璋建圜丘于钟山之阳，方丘于钟山之阴，实行天地分祀，后改为天地合祀。永乐营建北京城时“悉仿南京旧制”，在正阳门外建天地坛，合祀天地之神。嘉靖九年（1530 年）时，以天地合祀不合古制为由，将天地坛改为圜丘专用于祭天，在北郊择地另建方丘专门祭地，实行天地分祀。

明清两代的地坛祭祀主要分为三种：

一为夏至大祀。周代就已经有了夏至日祭地的记载，《周礼》说“冬日至，礼天神，夏日至，礼地祇”。明代统治者遵循旧制，每年夏至日这天皇帝要亲临地坛祭祀皇地祇神，以求风调雨顺、五谷丰登、国泰民安。不能亲临时会派遣太子或亲王代祭。

一为因事告祭。凡国有大事，如天子登基、大婚、寿庆、祈雨、葬陵配享、皇帝外出巡幸打猎、宫殿坛庙修缮工程开工前、竣工后均要行告知天地宗庙社稷之礼。

一为溯望上香。即每月初一、十五由太常寺官到皇祇室上香行礼。前一日则令守坛各官员启殿拂拭神幄。

西周初期，祭祀地祇神就是国家大型祭祀典礼之一。周代在祭祀地祇的同时，还要祭祀许多大大小小与地祇有关的神祇作为陪祀。这

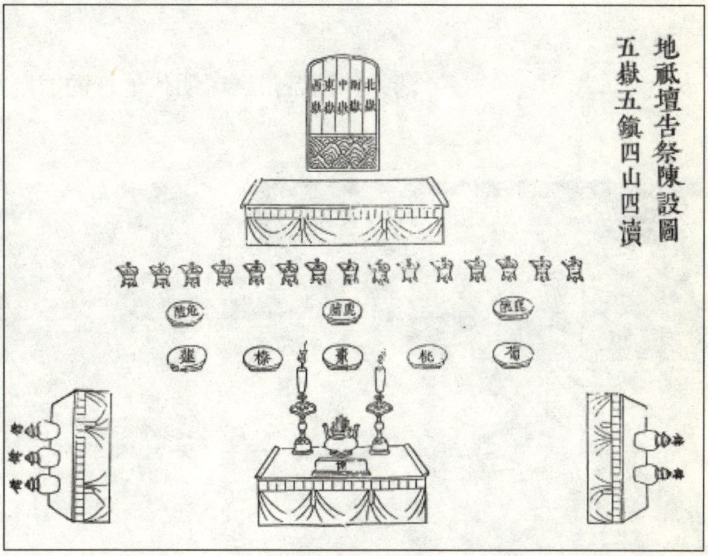

五岳五镇四山四渎地祇坛告祭陈设图（清雍正朝）

种祭祀地祇神的礼仪一直延续下来。明清时，地坛具体的祭祀对象有：

正位：皇地祇神。

配位：祭列圣（即本朝先帝之神位）。明朝只配享太祖朱元璋的牌位。清初期配享太祖努尔哈赤和太宗皇太极的牌位，后来每驾崩一帝即增加一牌位，至道光皇帝共八个牌位。咸丰帝时确定配享八列圣成为定制，以后不再增加。

从位：祭五岳、五镇、五陵山、四海、四渎诸神。

以上神位只在祭祀的时候才会移至方泽坛上，平时供奉于皇祇室中。

《明会典》中方泽坛的规制有这样描述：

> 方泽二成坛，一成面方六丈，高六尺；二成面方十丈六寸，高六尺。各成面砖用六八阴数，皆黄色琉璃，青白石包砌。周围水渠一道，长四十九丈四尺四寸，深八尺六寸，阔六尺。内壝方墙二十七丈一尺，高六尺，厚二尺。灵星门六，正北三，东西南各一。外壝方墙四十二丈，高八尺，厚二尺四寸。灵星门如前……

清初，清帝沿袭了明代地坛的旧制。乾隆年间，地坛因年久

地祇坛石龛

民国时期的地坛地祇石龛

地坛山形纹石龛：下层祭台南半部东西两侧各有一座山形纹石雕座，上面共设山形纹石神座十五尊，供祭祀时奉安五岳、五镇、五陵之山神牌位。

地坛水形纹石龛：下层祭台北半部东西两侧各有一座水形纹石雕座，上面共设山形纹石神座八尊，供祭祀时奉安四海、四渎之神牌位。

损毁严重，乾隆帝下令对地坛进行了大规模的修缮和改建，他认为方泽坛的黄琉璃面砖与皇祇室的绿琉璃瓦顶“于义无取”，于是下令将方泽坛面照圜丘坛制铺设艾叶青石，将皇祇室瓦顶由绿琉璃改为黄色琉璃，以符“坤德黄中之义”。

五岳、五镇、五陵山、四海、四渎诸神在方泽坛中只是作为从位列于祭地大典之中，关于诸神神位的摆放在《日下旧闻考》中是这样记载的：皇祇室正位，北向；太祖配，西向。东一坛：中岳、东岳、南岳、西岳、北岳、基运山、翊圣山、神烈山之神，西向；西一坛：中镇、东镇、南镇、西镇、北镇、天寿山、纯德山之神，东向。东二坛，东海、西海、南海、北海之神，西向；西二坛，大江、大淮、大河、大汉之神，东向。

虽然方泽坛的从位石座和地祇坛的石龛中供奉的都是五岳、五镇、五陵山、四海、四渎诸神，但是他们的形制却并不相同。相比之下，方泽坛的从位诸神石座要简单得多，体量上也要小很多。尤其是五陵山分别和五岳、五镇的石座结合在一起，并没有专祀的石座。在地祇坛中，供奉五岳、五镇、五陵山等山神的石龛都为山形纹饰，供奉四海、四渎之神等水神的石龛都为水形纹饰。而在方泽坛中，供奉五岳、五镇、五陵山的石座中，基座与上面的神座都雕饰着山形纹饰；供奉四海、四渎之神的石座中，基座雕刻水型纹而神座则为山形纹。且方泽坛从位诸神的牌位并不像地祇坛那样全部供奉在石龛之中，而是露天摆放在神座之上。这是由五岳、五镇、五陵山、四海、四渎诸神在方泽坛属于从位性质决定的。

（三）地祇坛与方泽坛祭祀文化内涵的差异

无论地祇坛还是方泽坛，都是大一统中央集权统治者祭祀地神的场所，其最终目的是祈求河湖顺畅、五谷丰登、国泰民安，这是源于农耕农业对土地崇拜的延伸，是中国古代土地崇拜的重要表现。

我国在远古时就已产生对土地的崇拜。土地滋生万物，古人认为，山、岳、海、渎是从大地之中生长出来，是土地的神力所致。山岳海渎之神属于众多与地祇有关的地神。土壤的肥沃与否决定着农作物生长的好坏，影响一年的收成。人们希望通过对土地的崇拜，满足他们风调雨顺、五谷丰登的愿望。

当祭祀地神的礼仪同国家政权发生关系时，统治者所祭的“地”是载万物的大地，是相对于“天”而言的。祭地的权力归天子独有，统治者以国家祀典的形式强调了土地对于农业生产的重要性，是统治者传统重农思想的一种表现形式，同时又是对辛苦耕作农民的一种精神补偿——尽管更多情况下这种精神补偿带有麻痹性和虚伪性，在一定程度上维护了中国这个以农耕文化为代表的中央集权专制国家的繁荣和稳定。

同天神坛一样，地祇坛中的岳镇海渎之神更多的是强调他们在农业社会中自然神的属性，体现了以农为本的精神。方泽坛中作为皇地祇从位的岳镇海渎之神，则有标示领土范围的含义。尤其是皇帝登极之后，祭祀方泽坛更有向境内山川河流诸神宣告其统治地位的正统性的作用，其自然神的属性减弱很多，更多的是职能保护神的属性。

第五章

奇妙的建筑布局与精美的建筑艺术

一　奇妙的布局

在中国古代的传统文化观念里，自然与人是相互感应并相通的，天、地、人这三大系统叫做“三才”共同组成一个统一的机体。都城和国家都是这个机体的反映，所以强调城市规划布局与天文、气象的相互联系，组成一个有机的建筑景观生态系统，这也就是我国古代文化的最高原则。北京城，堪称世界城建史上的典范，以一条纵贯南北的中轴线为依托进行布设，南端的永定门是这条中轴线的起点，依次串联着外城、内城、皇城、紫禁城，北端的钟楼是这条中轴线的终点，全长 7.8 公里。全城最宏大的建筑和场景都安排在了这条中轴线上，在其两侧呈有机地布置和组合，全城的规划形成了一个“天人合一”、完整和谐的布局。

从北京城平面图上我们可以看到，在中轴线南端左右各有一组回字形建筑群，东为天坛，西边就是先农坛（山川坛），他们同时建于永乐十八年（1420 年）。天坛始建时为合祀天地，称为天地坛，垣墙周回十里，根据天圆地方之说把北墙的两个转角，即四维中的“乾、艮”两方位做成圆弧形，南墙两端的“坤、巽”方位为直角，这种形制不仅体现了天人合一的

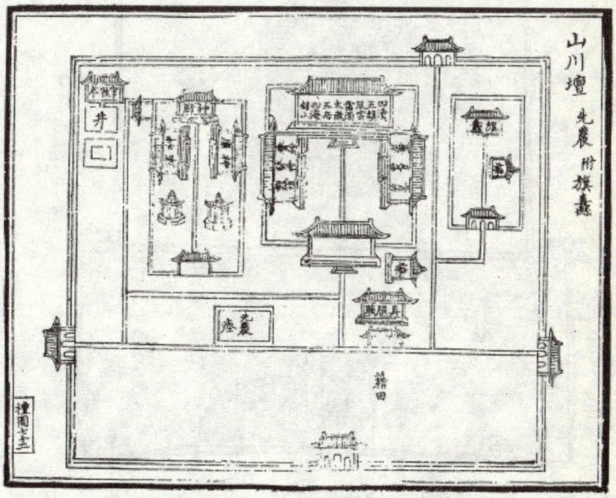

洪武二十六年时的南京山川坛（《诸司职掌》）

明成祖朱棣

建筑理念，同时也使北京城规划更具艺术气息。由于两坛位于天街旁，为了街景对称，把垣墙周回六里的先农坛规划为长方形，使两坛的东西两墙长度略似，因此先农坛北边的“乾、艮”两方位也做成圆弧形，“坤、巽”方位为直角，构成与天坛遥遥相对的相似形，天坛、先农坛夹天街对峙，承托北面的故宫，使得整个北京城蔚为壮观，更加和谐。

天坛、先农坛是明永乐帝建北京城时与故宫同步兴建起来的仅有的两大祭祀郊坛。我们知道在中国古代社会中，“天”被人们视作至高无上、具有无上权威的万物主宰。皇帝称自己为“天子”，授“天命”，因此建造都城时，都不忘在南郊设坛祭天，祈求上天保佑。那么先农坛为何也会受到如此厚重的礼遇、同时建在了南郊呢？有人说北京的郊坛建制是按照《周易》先天八卦方位建造起来的，《周易·说卦》说：“天地定位，山泽通气，雷风相薄，水火不相射，八卦相错”，“乾，阳物也，坤，阴物也”。古人依据这一段话，提出先天八卦论，按照先天八卦方位，乾南、坤北、离东、坎西、兑东南、艮西北、震东北、巽西南……这就是说乾为天在正南，坤为地在正北，离为日在正东方，坎为月在正西方。古人认为，先天八卦方位才是天、地、日、月

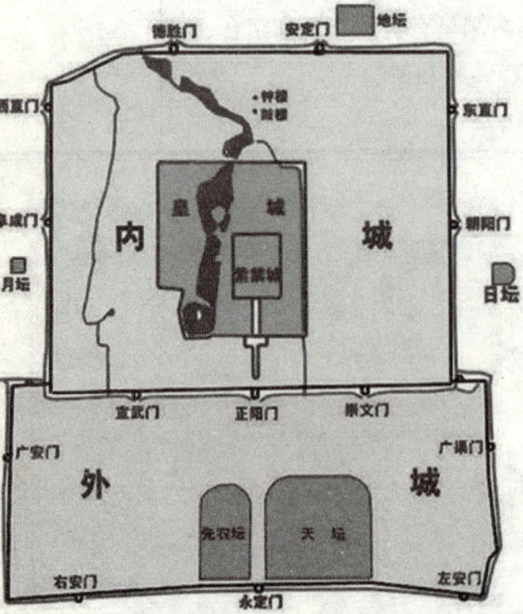

先农坛在清代北京城的位置

的本来方位。古人为了将天坛、地坛、日坛、月坛与先天八卦方位对应起来，于是就按照先天八卦方位将天坛建在北京的南方，将地坛建在北方，将日坛建在东方，将月坛建在西方，这种分析有一定的道理，只能说明嘉靖改制后依据先天八卦来确定其他三坛的位置。然而，永乐建天坛和先农坛时，没有同时建造其他三坛，那又是为什么将先农坛也建在了南面呢？

中国自古以农立国，正所谓“国以农为本，民以食为天”，农业的丰歉直接影响民生安定，关乎国家命脉，祈盼五谷丰登，生活安康的潜意识已沉淀于炎黄子孙的血缘里。天下仓禀殷实，百姓生活安宁，祖宗基业传承，江山社稷稳固，应该说是历代统治者的初衷。先农坛作为祈求风调雨顺、五谷丰登的场所，历代帝王在典章上给予了相当大的重视。可以说，巍峨壮观的天坛，只是皇帝祭天祈谷的一个感性载体，而先农坛作为皇帝亲自率领众大臣到此耕种和祭拜的场所，体现的是国家的祈愿，祈求风调雨顺，五谷丰登、天下太平，并将此愿昭告天下；且通过以身作则来提醒大家要不误农时，抓紧时间春耕播种，促进全国的农业生产。特别是这里的一亩三分地，有着极其重要的象征色彩，皇帝通过躬

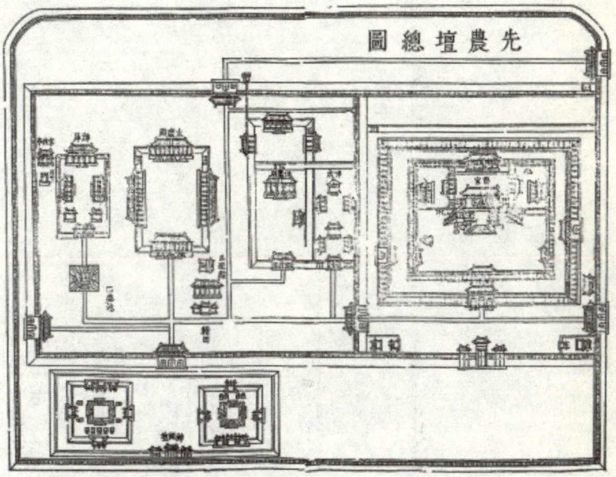

清雍正帝时的先农坛平面图

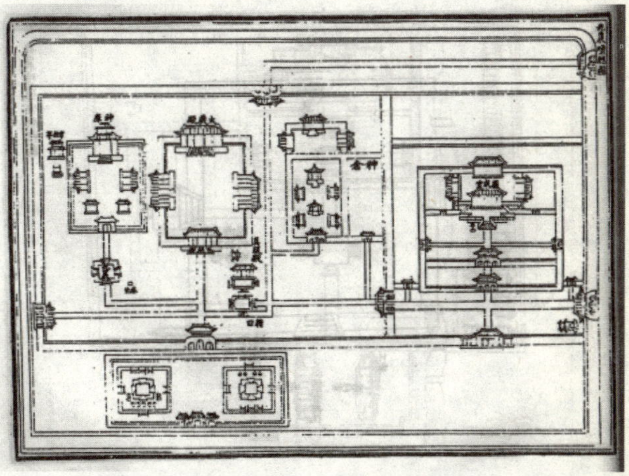
清乾隆二十九年（1764 年）的先农坛平面图

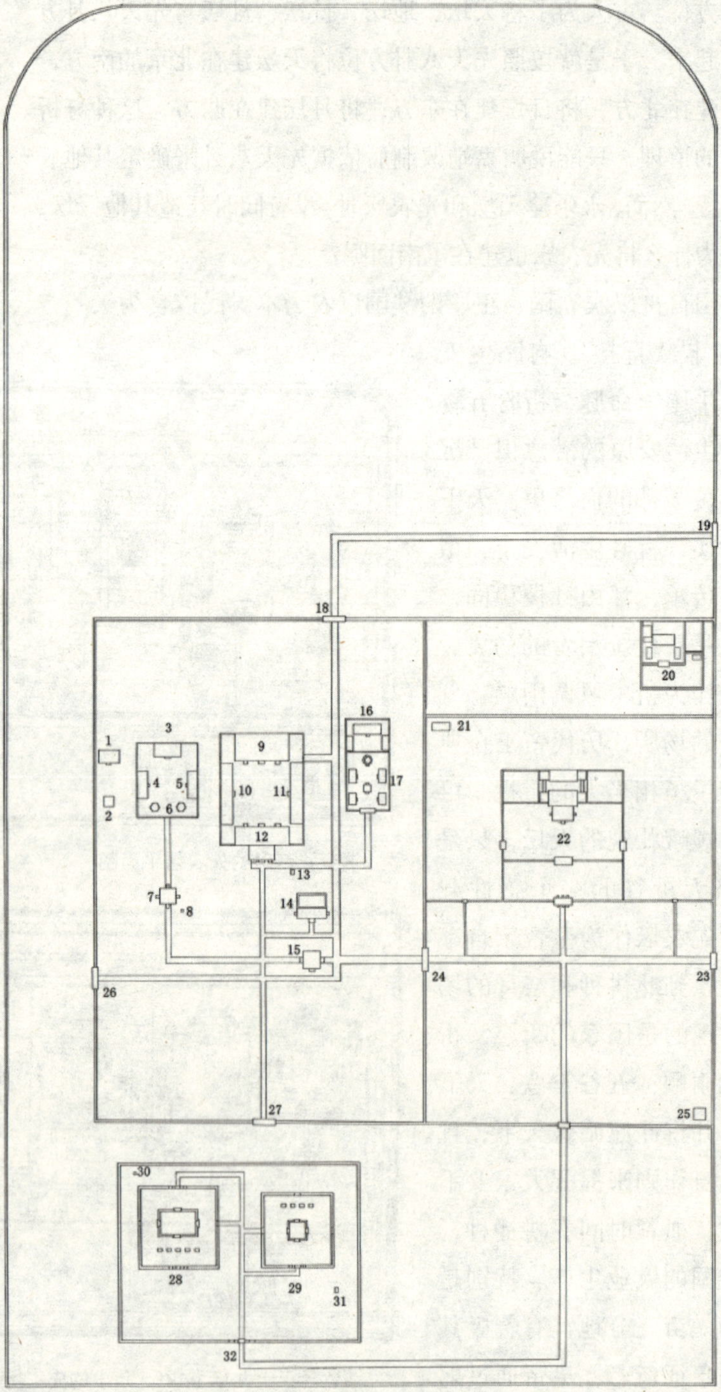
1
2
3
4
5
6
7
8
9
10
11
12
13
14
15
16
17
18
19
20
21
22
23
24
25
26
27
28
29
30
31
32

北京先农坛极盛时的平面示意图（清乾隆二十五年，1760年）

1. 宰牲亭 2. 山川井 3. 神版库 4. 神厨 5. 神库 6. 井亭 7. 先农神坛 8. 先农神坛瘗坎 9. 太岁殿 10. 西庑 11. 东庑 12. 拜殿 13. 燎炉（焚帛炉）14. 具服殿 15. 观耕台 16. 祭器库 17. 神仓（含：圆廪、仓房、碾房、收谷亭）18. 内坛北门 19. 太岁门 20. 先农坛祠祭署 21. 犨房 22. 庆成宫（含：前殿、后殿、左右掖门、前后宫门、时辰牌亭、日晷）23. 先农门 24. 内坛东门 25. 钟楼 26. 内坛西门 27. 内坛南门 28. 地祇坛 29. 天神坛 30. 神祇坛瘗坎 31. 神祇坛燎炉（焚帛炉）32. 神祇门

耕耤田来表示对土地的拥有与依赖，也象征社稷的繁荣昌盛。作为农耕农业国家，土地孕育生命、长养万物特别是生存必须的衣食之需，因此是中国人的安身立命之本。

本着这个理念，我们理解先农坛应该是依据后天八卦的方位，离南、坎北、震东、兑西、乾西北、坤西南、巽东南、艮东北来确立的。后天八卦图是从四时的推移，万物的生长收藏得出的规律。先农坛建在西南方，位于坤位。坤卦明柔，地道贤生，厚载万物。坤位在五行中属土，土的特性：肥沃，古人称"土爰稼穑"，是指土有种植和收获农作物的作用。因而引伸为具有生化、承载、受纳作用的事物，均归属于土。故有"土载四行"和"土为万物之母"之说。坤所对应的季节是秋季，秋天是收获的季节，因此与先农坛祇祀的目的相对应。

先农坛由内外两重坛墙环绕，外坛墙北圆南方，东西宽700米，推测外坛墙全长约4377.6米；外坛墙南、北、西无门，只在东墙开两个门，北为太岁门，南为先农门，皆三座门，朱扉金钉，覆以黑色绿剪边琉璃瓦。昔日皇帝到先农坛祭祀先农神行耕耤礼，从紫禁城出来经正阳门一直到来到先农门，从先农门径直向西进入先农坛内，依次进行祭拜先农之神、行耕耤礼。

太岁门是祭祀太岁神及天神地祇所走的门，开在东北方位，根据后天八卦衍生的八门，东北门为生门，生门属土，居东北方艮宫，正当立春之后，万物复苏，阳气回转，土生万物，所以古人命名为生门，大吉大利之门，生门对应的颜色为黄色。先农门开在东南方，为杜门，杜门属木，旺于春季，所对应的颜色是绿色。

先农门

先农坛内坛北门

先农坛外坛东墙

由此可以理解为什么东南门称为先农门、皇帝祭祀亲耕走先农门的原因了。

内坛墙为长方形，南北长484米，东西宽326米。现保留完整的内坛墙为乾隆年间砌筑砖墙，墙体内层为明代夯筑土墙，墙宽2.2米，高4.1米，顶部放置木椽望板，覆以筒瓦。内坛墙东、西、南、北各设有拱券门，三开间的门楼均为砖石结构，黑色绿剪边琉璃瓦歇山顶。四个内坛门不相对称，东坛门与外坛的先农门在一条轴线上，南坛门与太岁殿和神祇坛中轴线相对应。从先农坛的平面图上我们可以看出，内坛的位置并不在外坛的南北中轴线上，而是位于外坛内偏西，距外坛西坛墙仅90米，我们试想，当年皇帝祭祀从东侧的先农门进来后，经过内坛的东天门后，沿御路向北，再向西来到先农神坛，这样设计无疑会增强一种深远的感觉，给进入者提供一

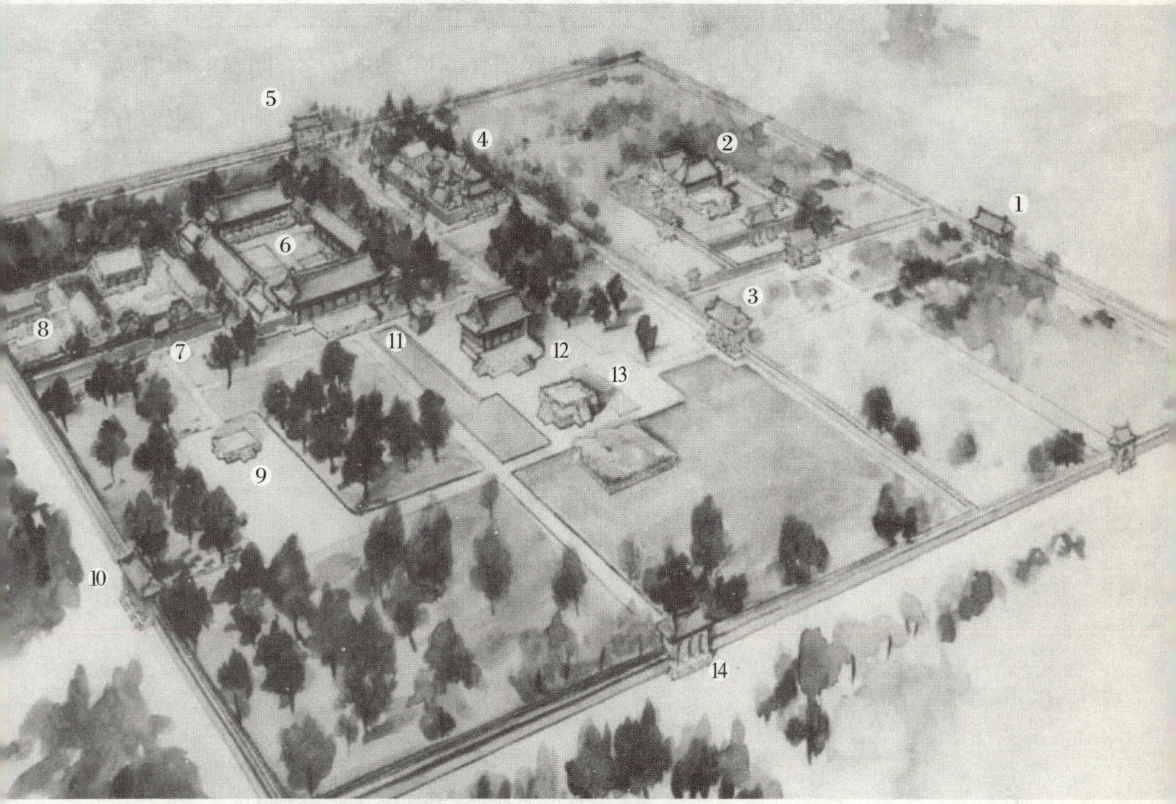

先农坛内坛现状复原鸟瞰

①先农门②庆成宫③内坛东门④神仓⑤内坛北门⑥太岁殿⑦神厨⑧宰牲亭⑨先农坛⑩内坛西门⑪焚帛炉⑫具服殿⑬观耕台⑭内坛南门

种坛内面积更加宏伟广大的视觉感，这与天坛建筑格局有异曲同工之处。

中国传统建筑在古老而悠远的东方大地上，都是以其规划严整的伦理秩序、天人合一的时空观念、重生知礼的现世精神规划和营建的。中国建筑对群体组合可谓情有独钟。在设计布局上特别重视群体组合的有机构成和端正方直，着意于构筑群体组织有序的建筑之美。从群体到单体，从整体到局部，都十分注重尺度、体量的合理搭配，讲究空间秩序的巧妙组合，营构出一种和谐圆融之美，使组群既能在远观时给人以整体性的恢宏气势和魄力，又能在近观时予人以局部的审美情趣与亲和感。

先农坛内祭祀建筑设置别具一格，坛内没有明显的中轴线，建筑规划及营造则是根据当年皇帝的祭祀活动实施的。主要有太岁殿建筑群、先农神坛、具服殿、观耕台、神厨建筑群、神仓建筑群、庆成宫、神祇坛。这些建筑既分散、又集中；既高大雄伟，又精巧别致；既协调统一，又各具特色。每组建筑群体都设有院墙，这些院墙不仅划分了建筑功能归属，而且避免了由于建筑体量、造型差异带来的视觉冲突。注重体量尺度的和谐统一，讲究空间形式的巧妙安排，不同的建筑组合、院落组群，张弛有序、疏密得当，既体现帝王祭祀的庄严神秘，又蕴含着农家庄园的自然韵味，形成了先农坛独有的群体布局特色。

仪门（《雍正帝先农坛亲耕图》）

二 沧海桑田一瞬间

我们知道，北京先农坛（山川坛）始建于明永乐十八年（1420年）。这六百年的改朝换代中，先农坛发生过变化吗？通过翻阅史料我们发现，变化不仅发生过，而且前后还有明显差别。总的来说，先农坛的营建历史经历了三个比较重要的阶段。

（一）永乐承制

1368年，布衣出身的朱元璋经过16年的打拼，终于定鼎天下，成为了大明王朝的开国皇帝，定都南京。明朝建立伊始，中华大地经过近二十年战乱的破坏，一片凋敝。对此情形，朱元璋实行了发展生产，与民休憩的政策。朱元璋还接受大臣建议，鼓励开垦荒地，并下令：北方郡县荒芜田地，不限亩数，全部免三年租税。他还采取强制手段，把人多地少地区的农民迁往地广人稀的地区。对于垦荒者，由政府供给耕牛、农具和种子，并规定免税三年，所垦之地归垦荒者所有。朱元璋虽然“以游丐起事，目不知书”，但在参加起义军并独树一帜以后，曾认真总结元朝政权倾覆的原因，其中一条就是元的统治者缺少严格的礼仪制度，致使“主荒臣专，威福下移，由是法度不行，人心涣散，遂使天下骚动”。就连郭子兴等各股军事力量的先后失败，朱元璋也认为是由于“皆无礼法，恣情任私，纵为暴乱，尤不知驭下之道，是以卒至于亡”。这些今天看来只重其表不重要害的理由却是朱元璋借以树立汉家正统皇权的巧妙的政治借口。顺着这条思路，在初登王位之时便立即告谕群臣："礼法，国之纪纲。礼法立则民志定、上下安"，开始了大规模的考礼、议礼，制定了大祀、中祀、群祀等典章制度。登极一年之内，曾数次诏令朝臣议定各项礼仪。仅见于《明太祖实录》的记载，洪武元年（1368 年）闰七月，诏定军礼，"命中书省会诸儒臣议古者天子亲征、遣将、出师告庙、奏凯献俘，及论功行赏诸礼仪。历考旧章，定为成法以进"；九月，定正旦朝贺之仪，又定中宫朝贺之仪；十一月二十六日，议耕耤礼。

朱元璋在登基的第二年（洪武二年，1369 年）便在都城应天（南京）的正阳门外建山川坛，列为大祀，其中先农坛设后稷配位。后改中祀，不设配位。朱元璋在先农坛建成初始就亲行祭享大礼，祭祀的器物、仪式与社稷坛相同。以仲春择日祭祀，祀毕，行耕耤礼。皇帝亲耕用的农具在手柄上套以青绢包裹，御耕的牛身上被以青衣，礼毕，还大次，应天府尹及上元、江宁两县令率庶人终亩。当天还要宴劳百官和耆老农夫。从一介草民到贵为天子，在朱元璋看来是天意使然，因此他不仅大兴土木，修建天地、社稷、先农等坛庙建筑，还亲自修订礼乐，制定祭祀冕服，对神灵笃信不移，对祭祀典礼从无懈怠。

明成祖朱棣是朱元璋第四个儿子。洪武三年（1370 年），受封燕王，到洪武十三年就藩北平（北京），多次受命参与北方军事活动，两次率师北征，加强了在北方军队中的影响。1398 年朱元璋死后，皇太孙朱允炆即位，是为建文帝。建文帝面对叔叔辈的诸多藩王感到威胁到自己的皇位，心存恐惧，他听取谋臣之谏采取了削藩的措施。对这个毫无建树的侄子皇帝，朱棣本有不臣之心，随着削藩的深入，他就成为削藩的核心目标。面对自己苦心营造的功业，朱棣不愿意功亏一篑，于是毅然决然起兵"靖难"，也就是历史上的"靖难之役"（朱元璋当朝时，唯恐权臣篡权，规定藩王有移文中央索取奸臣和举兵清君侧的权利，他在《皇明祖训》中说："朝无正臣，内有奸逆，必举兵诛讨，以清君侧"。朱棣以此为理由起兵"靖难"）。建文四年（1402 年）朱棣大军攻入应天，次年（1403 年）改元永乐。随着元朝残余势力退至漠北，长江岸边的应天就显得离重要的北部边陲过于遥远。为此，永乐元年（1403 年），礼部尚书建议，把北平改为北京，迁都北京。朱棣认为，北平是兴王之地，在此经营30多年，统治比较稳定；另外北平处于北方农耕区与游牧区接壤处，交通便利，形势险要，是汉蒙各族贸易的中心以及北方政治与军事要地，“天子戍边”，正是居重御轻，可以加强北部边防，就采纳了这个建议。于是，永乐四年（1406年），朱棣便分遣大臣赴各地督民采木，烧造砖瓦，并征发各地工匠、军士、民工，开始了营造北京的筹备工程。永乐十五年（1417年），大规模营建北京的工程正式开始，至永乐十八年（1420年）方告完工，永乐十九年（1421年），朱棣颁诏正式迁都北京。

朱棣建北京时，仿南京旧制将山川坛（先农坛）建在了正阳门外的西南侧。《明实录·太宗实录》卷二三二记载：

凡庙社、郊祀、坛场、宫殿、门阙，规制悉如南京，而高敞壮丽过之。

就是说北京最初的山川坛，就是依照南京山川坛规制而建，但史料中也传达了这样一个信息“高敞壮丽过之”，从洪武时的南京山川坛图与《明会典》中北京山川坛图对比可以印证这一说法，从古人的描述中我们也可以知晓其建筑原貌：山川坛，缭以垣，周回六里，中为殿宇，正殿七间，主祭太岁、风云雷雨、五岳、五镇、四海、四渎、钟山、天寿山之神。东西两庑各十一间，左京畿山川，夏、冬月将。右都城隍，春、秋月将。南为拜殿，殿之东南砌燎炉。殿之西为神厨、神库，宰牲亭，南为川井。西南为先农坛。东为旗纛庙。东南具服殿，殿前为耤田。东门外为斋宫，銮驾库，外为东天门。

从永乐十八年（1420年）到嘉靖九年（1530年），其间的一百一十余年间，全坛格局基本保持未变，只是在天顺二年（1458年）八月在山川坛内坛东门与先农门之间的空地增建一所斋宫。

（二）嘉靖改制

正德十六年（1521年）武宗皇帝逝世时年仅三十一岁，因武宗死后无嗣，由其堂弟朱厚熜继承大统。朱厚熜时年十五岁，是兴献王朱祐杬之子，封地在湖北安陆。当朝廷决定让他做皇帝后，就派大臣去迎接他。朱厚熜从湖北进北京时，已与朝臣们就欢迎仪式的规格发生了争执。传统上，皇帝家族的传承脉络必须特别清晰，按照封建宗法制度，皇嫡长子为大宗，为帝统，是皇位的继承者，其他皇子为小宗，为旁支，分封为王。朱厚熜并不属于大宗宪宗——孝宗——武宗宗系，而属于小宗兴献王宗系，并不是以皇太子而是以外藩亲王入继帝位，嘉靖皇帝既然做了皇帝，就得要求他和前面的皇帝具有直系亲人关系。这样便在封建礼仪上产生了一系列严重问题。于是以首辅杨廷和、礼部尚书毛澄为首的群臣认为朱厚熜应该首先过继给已故的明孝宗做儿子，然后再继承皇位。因此他们便要在北京城外搞一个“皇子过继和太子受封”的仪式，然后让朱厚熜以太子身份入宫。但朱厚熜认为诏书上写的是让自己来当皇帝，不是来当太子的，而且朱厚熜为人特别孝顺且认死理，本来他亲生老爹已经死了，自己过继给叔叔也没啥，不过他认为自己就是兴献王的儿子，不是孝宗皇帝的儿子，怎么也不肯变通。在朱厚熜的坚决反对下，张太后和大臣们让步了，先继位再说。于是，朱厚熜从大明门入宫，随即登基做了皇帝，改明年为嘉靖元年。从嘉靖皇帝主观来讲，他从外藩即皇帝位，对朝廷的旧臣并不十分信任，而且他不希望以过继给孝宗皇帝当养子的身份来入继大统，因此他要求追封自己的亲生父亲为皇帝，母亲为皇后，并立庙京师。杨廷和等认为，嘉靖既已过继给弘治，就该称弘治为“皇考”，兴献王只能称为“皇叔父”，不可加尊号。其后双方争执不下，于是朱厚熜下令让礼部商议。其中还包括要对祀典进行全面更定，朱厚熜想借此实行天地分祀。对奉行了一百多年天地合祀礼法的修订，在臣子们看来简直是背叛。分郊是紊朝纲、乱祖制。没有人敢妄言，虽然大家沉默，但朱厚熜心意已决，我已贵为天子，我想做的事没人能拦得住，于是在嘉靖皇帝的亲自发动下，举朝上下围绕这些问题展开了规模巨大、旷日持久的争论。这便是明朝历史上有名的“大礼议”。

经过礼制大辩论，最后以山呼万岁取得全面胜利。嘉靖九年（1530年），诏令修建郊祀坛，将明初天地合祀改为天地分祀，于是建圜丘祭天于南郊，建方丘祭地于北郊，建朝日坛祭日于东郊，建夕月坛祭月于西郊。辩论后山川坛也发生了变化。

嘉靖元年（1522年）三月，嘉靖帝亲自到山川坛行先农祭礼，此次之行让他感触颇多，认可耕耤的作用一是收获的谷种可以供天地宗庙粢盛，二来可知稼穑艰难，三可慎锡财用，四让百官皆重农，示范天下使之务本。嘉靖九年（1530年）他再次来到山川坛，看着眼前的一切，总感觉太岁坛神祇有些庞杂，不利于崇祀。

永乐时，山川坛正殿主祭太岁、风云雷雨、五岳、五镇、四海、四渎、钟山、天寿山之神。东西两庑左祭祀京畿山川，夏、冬月将。右祭祀都城隍，春、秋月将。而嘉靖皇帝认为：风、云、雷、雨神属于天神。岳、镇、海、渎属于地祇，城隍人鬼也，城隍神应该移至城隍庙。于是嘉靖十年（1531年），将风云雷雨及岳镇海渎诸神迁出内坛，在内坛南门外增设天神、地祇二坛，天神坛在东，南向；地祇坛在西，北向。四周有红墙围绕，南面设三开间大门称神祇门。天神、地祇坛的规制据《明会典》卷一八七记载：神坛，方广五丈，高四尺五寸五分，四出陛，各九级，壝墙方二十四丈，高五尺五寸，厚二尺五寸。棂星门六，正南三，东、西、北各一，内设云形青白石龛于坛北，各高九尺二寸五分。祇坛，面阔十丈，进深六丈，高四尺，四出陛，各六级。壝墙方二十四丈，高五尺五寸，厚二尺四寸。棂星门亦如神坛，内设青白石龛，山形者三，水形者二于坛北。先拟设于坛南，北

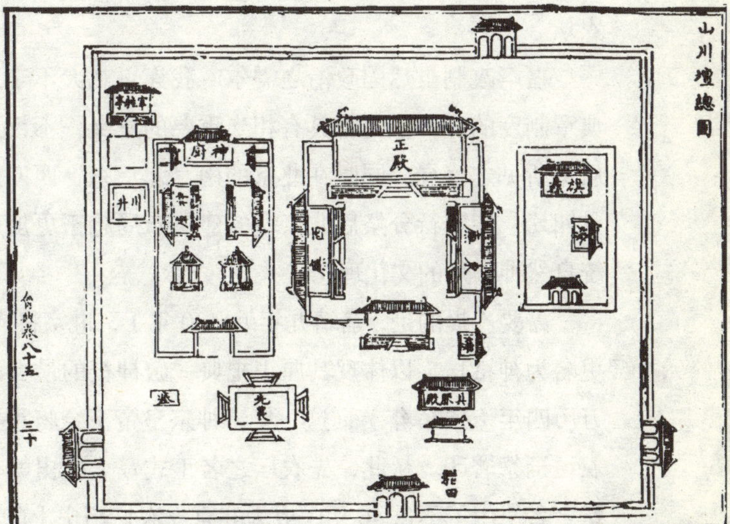

山川坛总图（《明会典》）

向，后改。各高八尺二寸，右从位山、水形各一于坛东，右从位山、水形各一于坛西，各高七尺六寸。改山川坛为神祇坛。以仲秋中旬致祭，定辰、戌、丑、未年皇帝亲祭，余年遣大臣摄祭。

嘉靖帝在位期间，给当时的山川坛除了添建神祇坛外，还添建了两处建筑，一个是观耕台，另一处是神仓建筑群。前面的第一章已说过建观耕台的缘由，那就是皇帝不能“御门观耕，地位卑下”，于是自嘉靖十年（1531年）开始，凡临亲耕，就在耤田的北面临时搭建一个木质观耕台，规制：方五丈，高五尺，南、东、西三出陛。

耤田收获的供各处坛庙粢盛用的谷物又收在哪里呢？于是嘉靖十一年（1532年），嘉靖帝下令建神仓以贮粢盛。至此，嘉靖帝更定明初以来的礼制，先农、太岁、神祇明确了各自专祀场所，并将其以不同规制、特点的建筑形式将辩论结果肯定下来，为这一仪礼之争画上句号。

隆庆元年（1567年）以“天神、地祇已从祀南、北郊，山川坛神祇不易复祭”为理由，结束了明代的山川坛内天神地祇祭祀。

山川坛此时只祭祀先农、太岁、四季月将之神，以及与军事有关的旗纛神。由于与祭祀先农的相关建筑体系完整、礼仪完善，先农坛在全坛的中心地位得以确立，于是万历四年（1576年）正式改称神祇坛为先农坛。

嘉靖改制虽然因政治之需尔虞我诈、鸡犬不宁，但对于皇权专制国家典章制度的进一步完善具有相当重要的意义，不仅形成了天坛、先农坛的后世所见之格局，同时在北京的南、北、东、西四郊修建的天、地、日、月四坛，使实行分祭后北京城的建筑布局趋于更加严谨合理、更加体现传统自然神崇拜的文化理念。

需要一提的是，嘉靖九年（1530年），世宗将成祖建成以来的山川坛，更名为神祇坛，以体现其厘正祀典、敬神祇的最大诚意。这一名称使用到万历四年（1576年），这一年，神宗皇帝下令将神祇坛祠祭署印更换为先农坛祠祭署印。从此，先农坛之名正式登上历史舞台，沿用到清亡。神祇坛之名使用了不过46年，成为北京先农坛历史上的昙花一现。

（三）乾隆改建

清代是中国大一统皇权专制社会的最后一个朝代。1616年，努尔哈赤建立后金；1636年，皇太极改国号为清；1644年，李自成农民军推翻明朝，明崇祯帝自裁，清军乘机入关打败农民军；同年，多尔衮迎顺治帝入关，定都北京。

清代的礼仪制度，草创于关外，在入关前带有纯粹的民族特色。入关后积极吸收传统的中原汉家礼法，在以往朝代经验的基础上，经过吸收、继承、不断地完善及统治者的充实锤炼，使清代典章制度达到前所未有的高度。

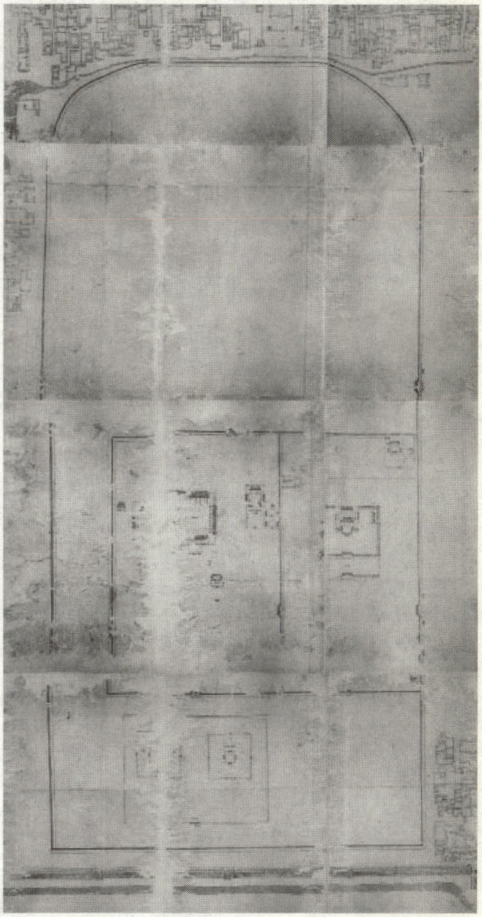

《乾隆京城全图》中的先农坛平面图

由于明末以来的长期战乱，大量荒芜的土地无人耕种。于是清廷从顺治年间开始鼓励垦荒耕种，而康雍乾时期则把垦荒政策做到了极致，使耕地面积有了较大幅度增加。与此同时还兴修水利、推广精耕细作，使单位面积产量有了明显地提高。这期间进行赋役改革，稳定国家财政收入。一系列恢复和发展农业生产措施的推行，提高了农民从事生产的积极性，使清代的社会经济出现腾飞。到乾隆年间，国力鼎盛，社会财富大大充裕，于乾隆十八年（1753年）至二十年（1755年）对北京先农坛进行了较大规模地改建与修缮，成为继嘉靖改制后影响北京先农坛沿革变迁的又一重要历史时期。

乾隆十八年（1753年）冬，乾隆帝降谕旨，正式启动先农坛的大规模改建：

朕每岁亲耕耤田，而先农坛年久未加

崇饰，不足称朕祇肃明禋之意。今两郊大功告竣，应将先农坛修缮鼎新。即令原督工大臣敬谨将事。其外壖隙地，老圃于彼灌园，殊为亵渎，应多植松、柏、榆、槐，俾成阴郁翠，庶足以昭虔妥灵。该部会同查明具奏。总理工程王大臣遵旨详议。次第修缮，并太岁殿、天神、地祇坛具崇饰鼎新。惟旗纛殿以前明旧制，本朝不于此致祭，毋庸修葺。壖外隙地计一千七百亩，乘时种树，交太常寺饬坛户敬谨守护。

——《清朝文献通考》卷一一〇

于是在几年内，不仅坛墙、殿宇修饰一新，为增加幽静、肃穆的气氛，还在坛内移植、栽种大量松柏树木，使先农坛面貌大为改观。

首先，将每年临时搭建的木质观耕台改建为砖石砌筑、台面绕以汉白玉围栏的观耕台，在明清两代中，清乾隆帝是亲耕次数比较多的一个皇帝，由于清袭明制，每年都是临时搭建木质观耕台，如此反复浪费大量财力，乾隆十九年（1754 年）颁旨将木质观耕台改为砖石结构，“观耕台……面砌金砖，四周黄绿琉璃，南、东、西三出陛，各八级，绕以白石栏柱”。

接着，拆除太岁殿建筑群东侧的旗纛庙前院，将神仓移建于此。有意思的是，神仓移建后的相当一段时期，原来神仓的院墙和大门没有拆掉而继续保留，不仅乾隆二十九年（1764 年）乾隆《清会典》中的先农坛图中可以看到，嘉庆《清会典》中的先农坛图中也可以看到，直至光绪《清会典图》中的先农坛总图上神仓东面的院墙向东扩

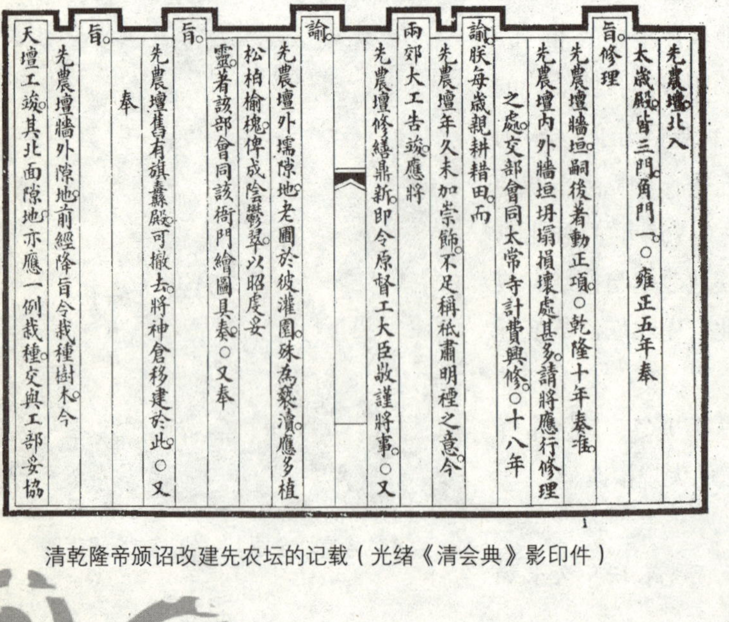
先農壇。北入
太歲殿。皆三門。角門一。○雍正五年奉
旨。修理
先農壇牆垣。嗣後著動正項。○乾隆十年奏准。
先農壇內外牆垣坍塌損壞處甚多。請將應行修理
之處。交部會同太常寺計費興修。○十八年
諭。朕每歲親耕耤田。而
先農壇年久未加崇飾。不足稱祇肅明禋之意。今
兩郊大工告竣。應將
先農壇修繕鼎新。即令原督工大臣敬謹將事。○又
諭。
先農壇外壖隙地。老圃於彼灌園。殊為褻瀆。應多植
松柏榆槐。俾成陰鬱翠。以昭虔妥
靈。著該部會同該衙門繪圖具奏。○又奏
旨。
先農壇舊有旗纛殿。可撤去。將神倉移建於此。○又
奏
旨。
先農壇牆外隙地。前經降旨令栽種樹木。今
天壇工竣。其北面隙地。亦應一例栽種。交與工部妥協

清乾隆帝颁诏改建先农坛的记载（光绪《清会典》影印件）

展，才和今天人们看到的格局相符。

第三，将具服殿与耤田之间的仪门拆掉。如前所述，明嘉靖十年（1531 年）之前皇帝亲耕完毕观看三公九卿从耕，是在仪门的位置坐在龙椅上观耕，就是所谓"御门观耕"。《明会典》说：

祭先农毕，驾至耤田所，户部尚书捧鞭跪进，教坊司官率其属作乐导驾。行三推礼毕，驾至仪门，升座。乐作，观三公九卿耕讫……

清《工部则例》也有记载：

……具服殿，五间，南向，殿台三出陛，南九级，东西各七级，仪门一间。

从《明会典》山川坛总图、清初《郊庙图》先农坛总图中，在具服殿的南面都能看到仪门的位置。特别是在清朝宫廷画师绘制的《雍正帝先农坛亲耕图》中，更是清晰地绘制出仪门的具体形态，然而在乾隆《清会典》先农坛图中就没了仪门的踪迹。这表明，仪门的拆除约应在乾隆十九年（1754 年）颁旨改建观耕台之时。

第四，乾隆二十年（1755 年）将建于明代的斋宫更名庆成宫；将斋宫始建时的回廊式宫墙改建为实体围墙，形成三进院落，围合成七个空间的宫殿式建筑。

至此，由太岁殿建筑群、神仓建筑群、神厨建筑群、庆成宫建筑群、先农坛、具服殿、观耕台、天神坛、地祇坛组成的一处规模宏大、功能齐全、建筑风格独树一帜的皇家坛庙臻于完善。自乾隆十九年（1754 年）改建后，北京先农坛格局一直延续到清亡。

1900 年在先农坛拜殿前训练的美军

八国联军的美军军官在先农坛神仓

1901 年的庆成宫

民国初年的拜殿

民国初年的先农坛鹿囿

民国初年在先农坛进行体育比赛的旧照

（四）民国时期的先农坛

在先农神坛上举办活动（民国初年）

辛亥革命胜利以后，皇朝礼制随之崩溃，皇家禁地逐渐对外开放。民国元年（1912 年）皇家坛庙统归民国政府管理，内务部把京城坛庙旧时祭祀器物统一移存于先农坛太岁殿及东西庑中，并成立古物保存所。

民国二年（1913 年）1 月 1 日，为纪念共和周年，先农坛对外开放十天任人观览，这是历史上先农坛首次成为普通民众的观赏之地。首创皇家坛庙对百姓开放之举，当局在永定门内大街建松柏牌坊示贺。

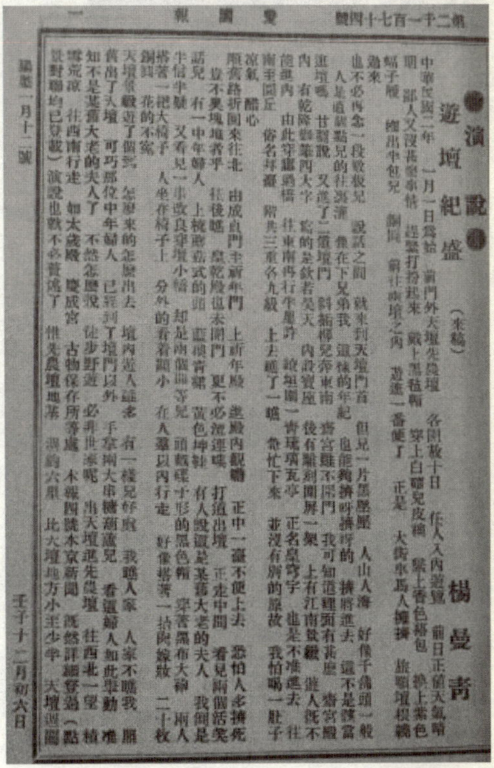

第二千一百七十四號　愛國報　一

演說　遊壇紀盛（來稿）　楊曼青

民國二年一月十二號　壬子十二月初六日

民国报章对先农坛开放的记载（书影）

民国三年（1914 年），民国政府制订忠烈祠祭礼，设忠烈祠于太岁殿，祭祀黄花岗烈士。太岁殿两庑改为礼器陈列所，集中展陈坛庙祭祀礼器。

民国四年（1915 年），在经过一年多的筹备之后，先农坛正式辟为先农坛公园。在太岁殿西北的空地设鹿园，放养从避暑山庄运来的一百四十多只鹿，并在观耕台附近设置花圃，广植花木。这一年内务部礼俗司在神仓院落成立管理坛庙事务所。因外坛北部的坛地由商人承租，故而开辟了城南游艺园。

民国八年（1919 年）为便于管理，遂将先农坛公园与城南游艺园正式合并，定名为“城南公园”。这是京城仅次于中央公园的第二大公园，为南城最大的游览胜地。园内有鹿园、花圃、书画社、球场、茶社、秋千圃、书报社，还不时施放烟火、放映电影，特别是烟火，当时成为南城特有的景观，颇引人注目。同年，先农坛内兴建两座新式建筑，一座是以观耕台为底座，上建八角二层的观耕亭，造型仿欧洲古典花园中的玻璃亭，玻璃门窗上有匾书“环春亭”三个大字。另一座是在先农坛西北修建的纯欧式的三层钟塔，因四面有钟，市民俗称“四面钟”。

四面钟（1919 年）

由于局势动荡，游人稀少，经费不足，外坛墙于民国十四年（1925 年）开始拆除并与土地拍卖，外坛五百三十余亩地分段零售。以地势优劣又分三等，甲等定价二千二百元，乙等二千元，丙等一千八百元。东西以围墙为界，北至城南公园之南，南至内坛墙之北，在游艺园之南至四面钟之北，均属甲等地亩。在四面钟之南至内坛墙止，为乙等地亩。四面钟之西则为丙等地亩。不断地拆除坛墙、拍卖地亩，最后形成今南纬路、北纬路、东经路、西经路和福长街、禄长街、寿长街等街巷，至民国十九年（1930 年）先农坛外坛墙除少数地段外其余均被拆除。昔日象征“天圆”的北外坛墙天不再圆，象征

北京老天桥地区平面图

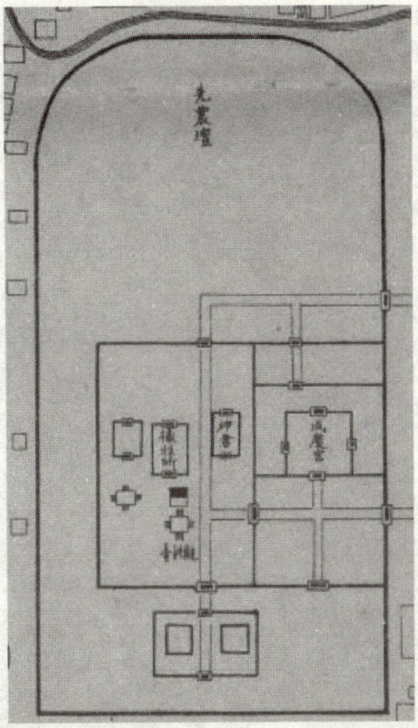

1908 年的先农坛平面图

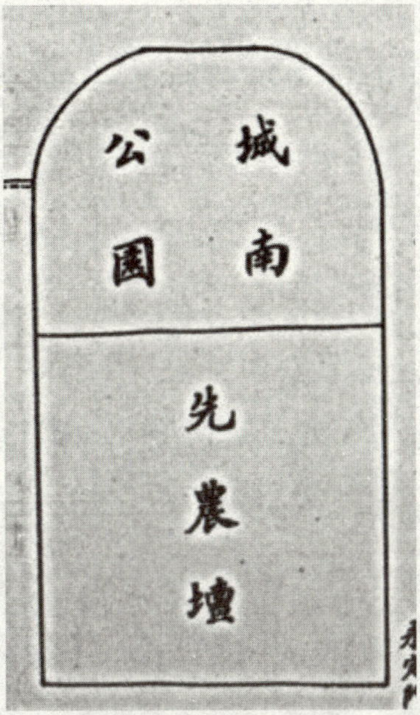

1917 年的先农坛平面图

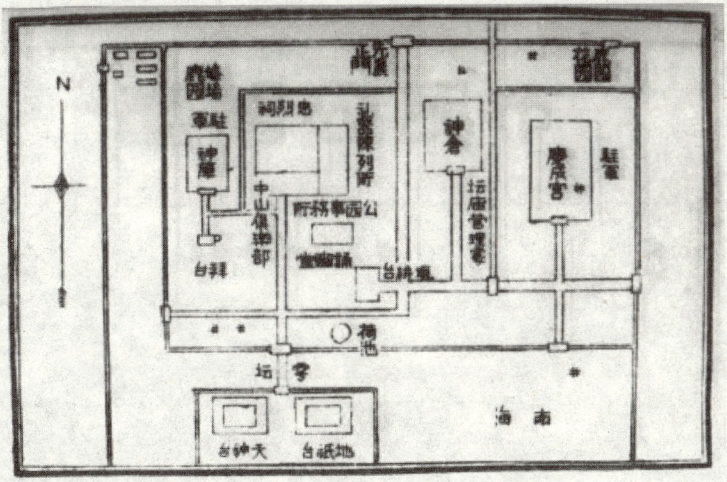

先农公园平面图（20 世纪 20 年代）

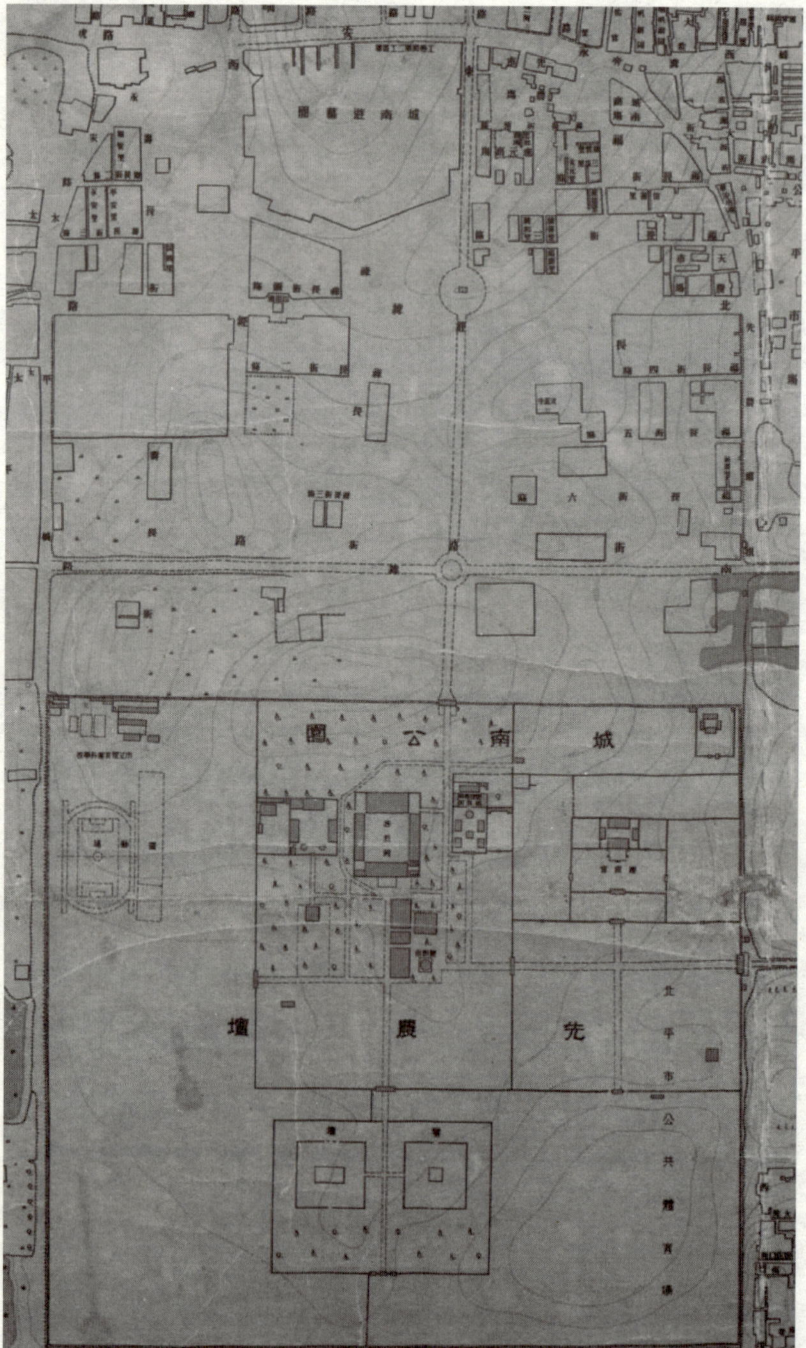

1934——1935 年的先农坛平面图

“地方”的南外坛墙地也不再方，旧时的景象成为过眼烟云。

民国十六年（1927 年），北洋政府内务总长沈瑞麟为具服殿题匾额，曰“诵豳堂”，并提对联：民生在勤务滋稼穑，国有兴立庇其本根。

“豳”字出自《诗经·豳风·七月》，这部诗通篇都是描绘豳地一年四季的农业生产情况，展现了周代农业生产和生活的生动画面。前 1797 年，周朝祖先公刘率族人迁至豳地，复修后稷之业，务耕种，行地宜，对豳地农业区域的形成与发展做出了巨大贡献，人民丰衣足食，安居乐业。

具服殿之所以取名诵豳堂，有纪念古人重农务本思想之意。

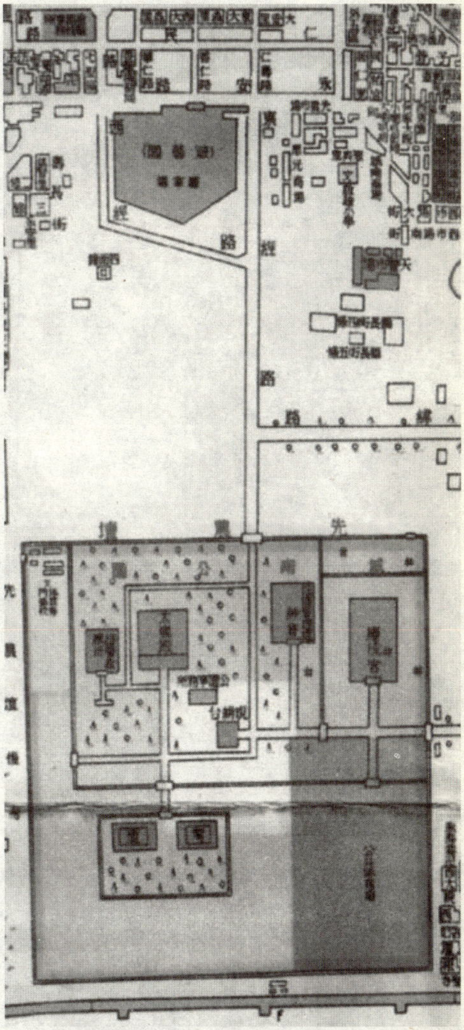

抗战时期（30 年代末）的先农坛平面图

民国二十四年（1935 年），北平市文物整理实施处曾对先农坛残破建筑进行修缮，后由于“七七”事变爆发，修缮工程被迫中断。日军占领先农坛，公园被迫关闭。

民国二十五年（1936 年），在先农坛的东南角盖起北平公共体育场，后更名先农坛体育场。观众的座位是凹凸不平的水泥台。体育场建成不久就赶上七七事变爆发，使得先农坛体育场没有派上多大用处。

民国三十四年（1945 年）后由于内战爆发，国家经济崩溃，人心惶惶，游人日渐稀少。虽然旧都文物整理委员会也曾计划整修全坛，终因资金不足而搁浅。

民国三十八年（1949 年）7 月，华北育才小学（即今育才学校）

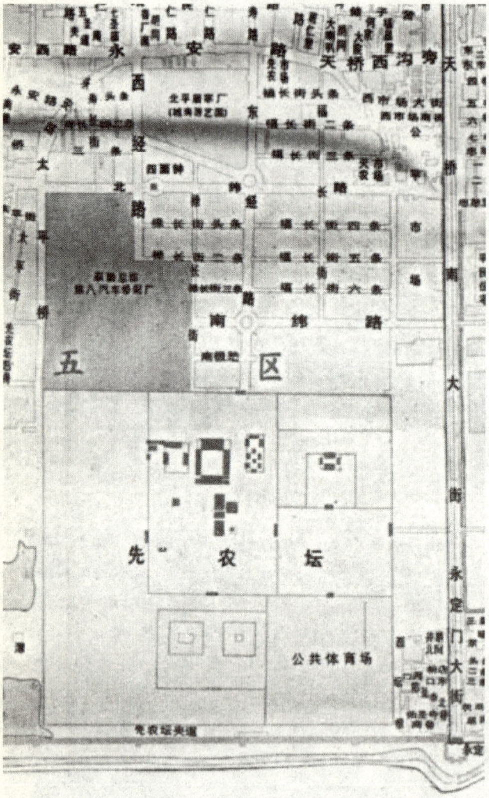

1947 年的先农坛平面图

迁入先农坛。同年城南公园关闭。

1950 年原坛庙管理所撤销，所有文物转归天坛公园。自此，游览先农坛成了人们永远的记忆。

先农坛，依然伫立于于庄严、清幽、含蓄的宁静之地。苍松翠柏，古木参天。

黑色的琉璃屋面上折射着落日的余辉，它没有紫禁城的富丽堂皇，也没有颐和园的绮丽奢华，它拒绝尘世的喧嚣和浮华，以一种安祥平和的姿态在这里矗立了近六百个年头。这组价值连城的古建筑群，曾是中国农耕文化神圣的庙堂。韶乐声声，案香袅袅，昔日坛台上的神灵不知是否感受到了天子的至诚致敬，悠悠岁月、沧海桑田仿佛只是一瞬而过。

先农坛风情画（当代）

三　处处精美"农"意浓

建筑，从某种意义上，代表着人类文明，代表的是那个时代的人们内心的无言的倾诉。中国传统建筑不仅具有实用功能，更具审美情趣，与国外建筑相比更多了一些人文色彩。读懂古建筑所做的注解，我们可以领略比建筑本身丰富得多的内涵。古建筑之所以美，就因为它与我们隔着看不到、摸不着的时空，承载着太多的人文历史的信息。

基于与自然高度协同的中国文化精神，热爱自然，尊重自然，建筑镶嵌在自然中，仿佛是大自然的有机组成。中国古建筑是一幅巨大的立体画，是一首凝固的音乐，是一篇优美的诗歌，它展现了人与自然和平共处的景象，凝聚了思想浓于伦理所闪烁的灵气。

先农坛是我国现存规模最大，保存最为完整的一处皇家祭祀先农之神的场所。如今，人们虽然再也无法听到耤田礼乐的鸣奏，可是这组既体现皇家建筑庄严肃穆、又蕴含着农家庄园自然韵味的古建筑群，仍然可以让我们领略到其中的精美以及处处散发的"农"意。

（一）恬静中弥漫着的农意

中国传统建筑这幅画，是以围墙作画框，主要的欣赏对象则是围墙内的空间。欣赏方式不是静态的"可望"，而是在动态的"可游"画面之中，步移景换，情随境迁，品味"画"中的神韵。

先农坛太岁殿的“年”纹瓦当和滴水

神仓后院西侧配房“年”纹瓦当和滴水

先农坛的画框别有一番情趣，当你沿着内坛墙边走边看，觉得它只不过是普通的围墙而已，墙高4米，厚2.2米，墙顶是密密麻麻的木椽望板，在上面放置筒瓦滴水。墙体的外层使用淌白糙砌，为清乾隆时期修造，内层则是明代的夯土墙体。没有什么特别之处，但心细的人会发现这里的瓦当和滴水上的纹饰没有使用通常情况下的龙纹图案，使用的是莲花纹瓦当，花朵生动，叶茎、叶脉清晰，有一种野逸的自然气息。特别是滴水，在一朵莲花的周围，配以成熟的禾谷，随形伸展，纹饰十分精细，图式古朴而雍容华贵。

瓦当俗称瓦头，是古建筑的构件，位于筒瓦之端、椽头之上，用以遮饰屋檐口出头之木，起着保护木制飞檐和美化屋面轮廓的作用。不同历史时期的瓦当，有着不同的特点。秦瓦当纹饰以动物形象居多，图案写实，简明生动。汉代瓦当在工艺上达到顶峰，纹饰题材有四神、翼虎、鸟兽、及文字等。特别是文字瓦当在这时盛极一时，其文字内容丰富，字体华丽多变。文字排列上或直读、或横读、或环读，不拘一格。魏晋南北朝时期的瓦当当面较小，纹饰以卷云纹为主，文字瓦当锐减。在唐代，莲花纹瓦当最常见，文字瓦当几乎绝迹。宋代开始用兽面纹瓦当，明清多用蟠龙纹和莲花纹瓦当。滴水图案相对简单，一般为龙纹、凤纹、莲花纹图案。

先农坛坛墙为什么会有如此丰富精细图案的瓦当滴水呢？我们知道，古建筑没有纯粹的装饰，中国传统建筑特别注意跟周围自然环境的协调，就像宫殿建筑不仅要体量宏大雄伟，而且要表现出皇权专制一统天下和帝王权力的威慑力。文人园林不仅有自然山水景观，还要表现出超凡脱俗的意境。住宅不仅要有宁静与私密性，而且还要表现出主人对福、禄、寿、喜的人生祈望。而所有这些精神上的要求只能通过建筑上的装饰来表达。先农坛作为帝王祈盼风调雨顺，农业丰收的祭祀场所，则是通过把建筑上的构件加工为具有象征意义的形象以及纹饰加以表达。坛墙滴水图案是在一束莲的周围，配以成熟的禾谷，随形伸展，远远望去就像“禾”字的甲骨文“”，也有人说像“年”字甲骨文“”。“年”也好“禾”也罢，总之是与农作物有关的象形文字，代表着五谷成熟。类似这样的纹饰，在神厨院落的建筑上也能随处见到。这种建筑装饰表达了在以农立国的治国之本思想里，对五谷丰登、风调雨顺、社稷永固、天下太平的美好向往和要求。

先农坛观耕台西侧石阶象眼图案纹样

再向前行，一座华丽的基台出现在眼前，这便是观耕台，乾隆十九年（1754 年）建成。这座“观耕台”，是当年皇帝亲耕之后观看其他官员从耕的专用看台，也是古代帝王“重农劝耕”的重要实物遗存之一。

这是一座以黄绿琉璃砌筑而成的须弥座高台，它的台高达 1.9 米之高。每面束腰由三组雕刻组成。中间为黄琉璃砖上雕有绿色如意吉祥纹图案，图案中为黄色如意宝珠，两侧绘有盛开的黄宝相花朵和花蕾。上、下枭混曲线圆润，每块黄琉璃砖上为绿色莲瓣卷草纹图案，

先农坛观耕台汉白玉望柱

先农坛内坛西门局部

先农坛观耕台基座石阶

先农坛观耕台基座琉璃砖刻

先农坛观耕台基座琉璃砖刻局部

太岁殿西南角角科斗栱

天神坛石龛卷云纹雕刻特写

上、下枋上雕刻黄色行龙身缠绿色藻草叶图案。观耕台东、西、南三面各设九层台阶，每一层台阶的踏步正面均雕有23朵宝相花缠枝纹图案，九层即207朵，两个数字分别相加，是“5”和“9”，体现的是九五之尊寓意。宝相花在此的大量运用，是因为宝相花纹是人们理想的吉祥花朵，它是将莲花纹、忍冬纹、石榴纹、如意云纹、牡丹纹等不同个体的花的主要特征进行重构而形成一个完整的新造型，寄托了人们对美好生活的向往和追求。在踏步两侧的象眼处，是以黄琉璃为底雕刻精美的绿色卷草绶带纹图案。

作为皇帝观耕使用的台子，有人会问为何建造得如此华丽？推想一下：首先，观耕台的用途具有观礼性质，因此是以礼制建筑的形式出现，须弥座结构层次完全依照《清工部工程做法则例》规制，是典型的宫殿坛基建筑。其次，以往皇家建筑中出现的龙，一般是在云里穿行，为云龙纹饰。而观耕台须弥座上下枋四周所雕是龙草纹饰，枝叶繁茂。草木盛荣具有象征寓意，表达的是古代社会传统农耕文化，以及以农为本思想和对农业丰收的美好祈盼。

（二）精美华丽的建筑彩画

“光闪闪贝阙珠宫，齐臻臻碧瓦朱甍。宽绰绰罗帏绣栊，郁巍巍画梁雕栋”。元代剧作家王子一怎么也没想到，他在《刘晨

先农坛观耕台须弥座琉璃砖饰图案纹样（局部）

阮肇误入桃源》剧中的一句画栋雕梁，竟成了后世抒发他们对古建筑的赞美之词。

雕梁画栋反映了我国古建筑的一大特点，古代工匠除了对建筑里里外外精雕细琢一番，他们还会在梁、枋、柱、栱等部位施以彩绘装饰。按字面解释“雕梁”一般指南方建筑中大量使用的雕刻手法。“画栋”则指北方建筑的彩画装饰。彩画不仅对木构建筑起保护作用，更为美轮美奂的建筑锦上添花，是中国传统建筑中最具特色的装饰手法。建筑除自身形体差异体现等级观念外，彩画作为一种特殊的建筑语言，更加形象地反映建筑之间的差异。和玺彩画富丽堂皇、尊贵华丽。旋子彩画庄重典雅、古朴大方。苏式彩画形象生动、多姿多彩。这些彩画产生的视觉效果形成了自己恰当独特的建筑氛围，极好地烘托了建筑的使用功能。

在北京先农坛建筑中，太岁殿、拜殿外檐为金龙和玺彩画。金龙和玺彩画是清式彩画中等级最高的一种，枋心绘有二龙戏珠，大额枋青地画升龙，小额枋绿地画降龙，藻头两端，以蓝白相间的之形折线界定。在梁枋之上的狭长平板枋，在青地上画有一串金游龙。和玺彩画的纹饰主要运用象征皇权的龙纹，以营造出皇家建筑独有的浑厚凝重、庄严豪华和壮丽恢宏的效果。太岁殿内檐为龙锦枋心墨线大点金旋子彩画，枋心青地画龙，绿地画锦，藻头绘一整两破，属于清晚期风格，这种彩画庄重典雅，古朴大方，更符合殿内神祇祭祀氛围。

在拜殿东的尽间内，保留了清乾隆时期墨线大点金旋子彩画的真貌，这也是北京现存独一无二的一种旋子彩画图案。其特点为：不设藻头团花分路规划线，而以各路单花瓣组成自然形成多层次的旋花图案；再有就是采用清早期旋子彩画的做法，枋心部位加宽两侧楞线上移；还有就是藻头旋花的逐层花瓣面积缩小，以此增加团花的层次，使图案工艺更加精细。八十年代修缮时，因这间彩画相对保存的较好，于是采用了整旧如旧的修缮原则，只做了加固和防尘保养，为后人留下了极其宝贵的仅存的清早期彩画原貌。

作为皇帝更换礼服的具服殿和行庆贺礼的庆成宫，建筑内外檐均为金龙和玺彩画，在这里寓意皇权思想的金龙表象得淋漓尽致。

先农坛具服殿内檐彩画

神仓圆廪内含有雄黄的彩画

太岁殿次间门扇及菱花窗

先农坛拜殿金龙合玺彩画

在神仓建筑群的前院，我们还看到了一种不常见的彩画绘制在梁枋上，原来这是为驱虫防虫而绘制的含有雄黄的彩画。

雄黄（As4S4），又称作石黄、黄金石、鸡冠石，是一种含硫和砷的矿石，质软，性脆，通常为粒状，紧密状块，或者粉末，条痕呈浅桔红色。雄黄主要产于低温热液矿床中，常与雌黄（As2S3）、辉锑矿、辰砂共生；产于温泉沉积物和硫质火山喷气孔内沉积物的雄黄，则常与雌黄共生。不溶于水和盐酸，可溶于硝酸，溶液呈黄色。置于阳光下曝晒，会变为黄色的雌黄和砷华，所以保存应避光以免受风化。加热到一定温度后在空气中可以被氧化为剧毒成分三氧化二砷，即砒霜。

“雄黄玉”是将药物雄黄加兑到樟丹颜料中的一种特殊彩画颜料，因为樟丹颜料本身有防潮、防腐性能，加对雄黄药液后可起防蛀作用。雄黄是一种含硫和砷的矿物质，色彩偏暖呈黄色，根据旋子彩画的制度施之晕色，不沥粉、不贴金，以丹地大色托出青绿相间的晕色和花纹，显得艳装素裹十分典雅。“雄黄玉”彩画既保护木构建筑、起到装饰作用，又有防蛀驱虫的效果。现存的明清建筑中这种彩画已不多见。北京先农坛神仓建筑群的“雄黄玉”彩画也因此具有了很高的文物价值。

其实，抛去等级划分的意义，仅仅从色彩上看，彩画对表达建筑美感具有画龙点睛的作用。当你站在太岁殿院落中，抬头仰望，淡蓝的天空下，红色墙身的大殿与黑色琉璃屋顶中，有一道青绿色中泛着闪光耀眼金龙的彩画，顿时你会觉得这一系列的色彩既丰富又有了节奏感，感到太岁殿是那样的庄严与神圣，有一种仿佛时光倒流退向远古的感叹。

古代画匠们曾经用一枝画笔，在栋梁间描龙画凤，寄托着吉祥如意美好愿望的同时也为后人留下了赏心悦目的艺术之美。

第六章

先农坛里的其他建筑

一 “小皇宫”庆成宫

庆成宫，顾名思义，就是皇帝祭先农行耕耤礼成后，来此行庆贺礼，犒劳随从和文武百官的宫殿，位于先农坛内坛东门和先农门之间迤北，占地1.3万多平方米，是一组由两重方形围墙围绕的独立建筑群。初建时外围宫墙是回廊，后改为实体墙。看到庆成宫的规模，是不是有人会想，作为先农坛的附属建筑，这里为何宫垣重重，庭院深深？又为何崇基石栏，堂顶庑殿？其实，庆成宫在明天顺二年（1458年）刚建成时是山川坛的斋宫，是皇帝祭祀前的斋戒之所，因此与先农坛内其他建筑规制相比，等级明显要高，如此规模，犹如一座“小皇宫”。

斋戒，是祭祀前的一种礼仪规范，古代祭祀或重大事件，事先要沐浴、更衣、独居，戒其嗜欲，这些活动叫“斋戒”。在祭祀前斋戒，其目的是清洁身心，戒慎行为，通过絜诚以表示对神明的恭敬。有关斋戒的记载，多见于《周礼》、《礼记》等反应国家政治、礼仪制度的早期典籍。《礼记·曲礼》说：“斋戒以告鬼神”。意思是斋戒者以其清心洁身，精诚神思来感动神明，而遂其所求。《礼记·祭统》明确说：斋是整齐身心，防其邪物，讫其嗜欲，耳不听乐，心不苟虑，手足不苟动。《周易·系辞上》说“圣人以止斋戒”。注解为“洗心曰斋，防患曰戒”。《明史·礼志》也有记载：“戒者，禁止其外；斋者，整齐其内”。斋戒实际包含两个内容，即“斋”与“戒”。《礼记·坊记》中写道：“七日戒，三日斋”。实际上也说明了斋戒的制度。“斋”又称为致斋；“戒”又叫做散斋。散斋可以办公，禁戒的是吊丧、作乐，

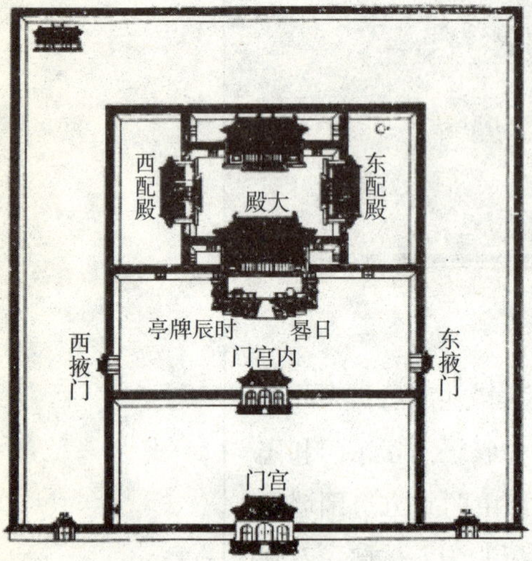

庆成宫图（光绪《清会典图》）

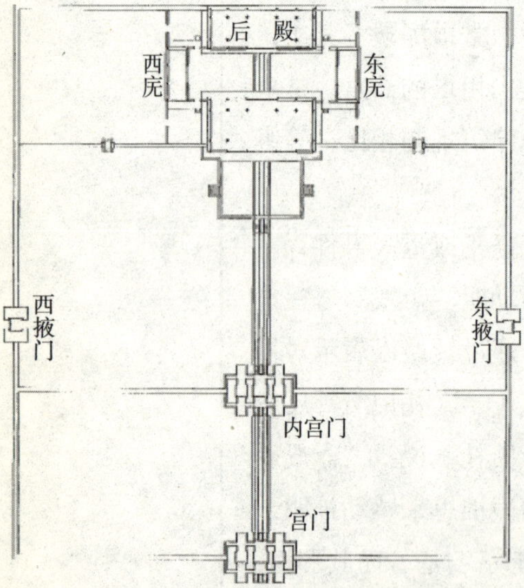

庆成宫遗址现状平面图

判署刑杀文书、施刑罚等。致斋则要求得更加严格，《明史》记载：斋者整齐其内，沐浴更衣，出宿外舍，不饮酒，不茹荤，不问疾，不吊丧，在斋所里，不听音乐，不理刑名，此则戒也。专一其心，严畏谨慎，苟有所思，即思所祭之神，如在其上，如在其左右，精白一诚，无需臾间，此则斋也。可以看出，斋戒是要求人们心境自然平和，去除一切杂念，通过约束行为与内心的警醒来诚心与神明、祖先交往。古人斋戒时的不茹荤，并非忌食鱼肉荤腥，而是忌食有辛味臭气的食物如葱、蒜等。

按照明清礼仪规定，祭祀有大祀、中祀、小祀（群祀）之分。皇帝祭祀前的斋戒时日也是依照祭祀等级的不同而有所不同。从明永乐帝定都北京，明代共历15位皇帝，其中有11位到过先农坛，其余是遣官致祭。根据史料记载：每年仲春上旬的戊日，顺天府尹来此祭拜，后凡遇皇帝登基，行耕耤礼，则亲祭。因此大部分是每朝的皇帝到先农坛只来过一次。其余则派遣官员代祭。清代从顺治到宣统共10位皇帝在位期间先后到先农坛亲耕亲祭92次，但他们很少在先农坛斋宿，比如雍正九年（1731年）在紫禁城宫中建了一处斋宫，便在此斋戒，其他公（王）卿及文官四品以上、武官三品以上等在家斋戒。乾隆七年就斋戒一事做出详细规定：外省文职，自督抚以下，道府以上，武职自将军、都统、副都统、提督以下，协领、参将以上，现任来京，凡值祭祀耕耤之期，各有吏部、兵部先期取斋戒之名，照例咨部及太常寺。或偶因事故不能从祀者，于册内注明。其陪祀之人，应于斋戒日期均在附近地方斋宿，仍于职名下声明斋所，以便稽查，届期投递值名。由此可以看出，斋戒之事是马虎不得的。

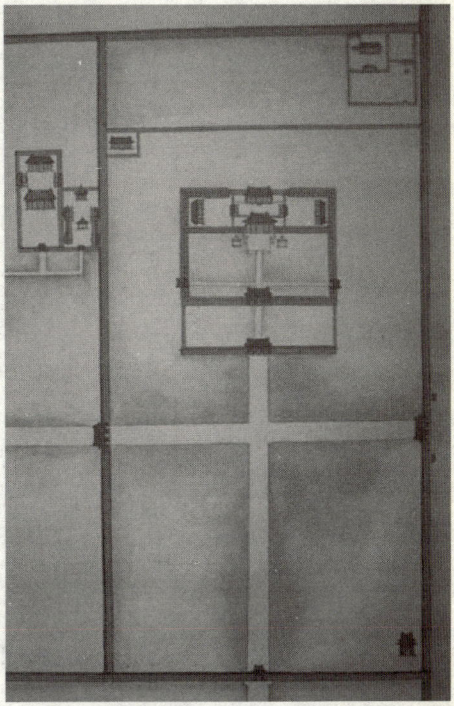

庆成宫平面图（清样式雷绘）

虽然斋宫自营建之后就少有皇帝踏足这里斋宿（这显然违背了营建的初衷），然而斋宫并没有因此荒废，由于先农坛有别于其他的坛庙，它不只是单一地祭祀先农神的功能，在这里还举行体现统治者农耕崇拜、以农立国、重农固本思想的亲耕仪式。皇帝在这里亲耕的“一亩三分地”有着极其重要的象征色彩，它是通过亲耕亲做来表示对五谷丰登、丰衣足食、天下太平的祈愿和诉求。在这里，皇帝躬身亲犁，体现的是耕耤礼对于国家统治的政治意义。与其他坛庙祭神、祭祖庄严而凝重不同的是，亲耕带有几分轻松意味，试想皇帝在春意盎然、大地复苏的春天里，禾辞声声、牛耕犁铧，三推三返，心情愉悦，因此耕耤大典完成后，需要为此庆贺一番，斋宫则成了最佳地点。斋宫由斋戒之所摇身变为庆贺亲耕礼成的殿堂，其功能转变有一个小小的过程：

……耕毕。从耕官个就班。导驾官同太常卿导引上诣斋宫。……百官序列定。致词云：亲耕礼成，礼当庆贺。

——《明会典》

隆庆二年，上诣先农坛，祭先农之神。礼毕，诣耤田所，秉耒三推。公卿以下助耕。毕，御斋宫赐百官宴。

——《国朝典汇》

根据史料，这个转变应该开始于明嘉靖时期，

清承明制，清顺治十一年（1654 年），世祖章皇帝躬祭先农坛，行耕耤礼，御斋宫，赐群臣宴，曰“劳酒”。雍正二年（1724 年），世宗宪皇帝祭先农坛，行耕耤礼。前期一日，祇告奉先殿，又奏旨：今年耕耤，朕四推四返，御斋宫赐王公大臣茶，停止筵宴。乾隆三年（1738 年），亲祭先农坛，遂诣耕田，行三推礼，礼成，上御斋宫，王以下行庆贺礼。由此看出，这时的斋宫基本失去了原本的功能，取而代之的是庆贺礼成的新功能。于是乾隆二十年（1755 年）将先农坛斋宫改称庆成宫。嘉庆元年（1796 年）议定，每朝皇帝初次行耕耤礼后，到庆成宫行庆贺礼。跟普通的平民百姓一样，皇帝既食人间烟火也就逃不出落俗套，“庆成宫”之名同样体现出皇帝喜欢讨吉利、好彩头。

下面我们就一起去领略一下这座玲珑精致的“小皇宫”。

穿过内坛东门沿甬路前行，走六七十米就来到了庆成宫的宫

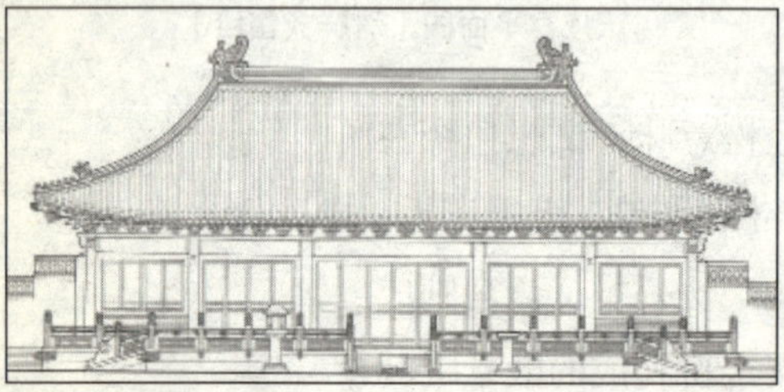

庆成宫前殿正面

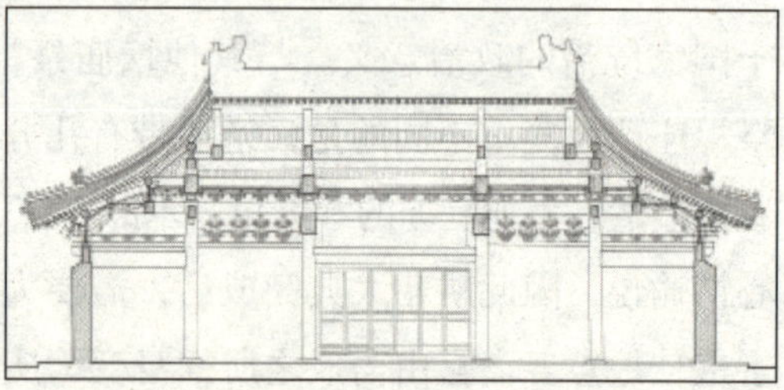

庆成宫前殿剖面图（一）

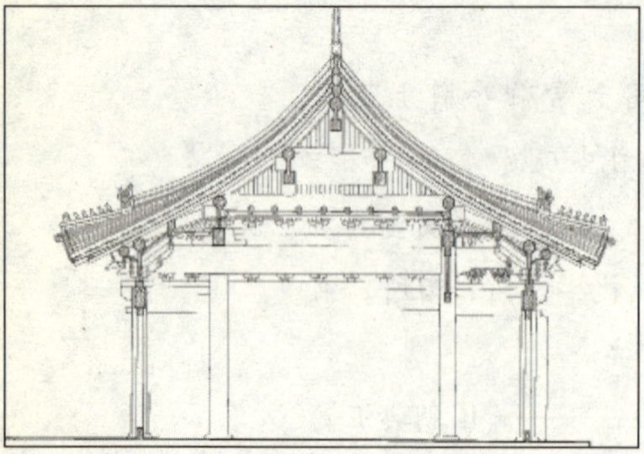

庆成宫前殿剖面图（二）

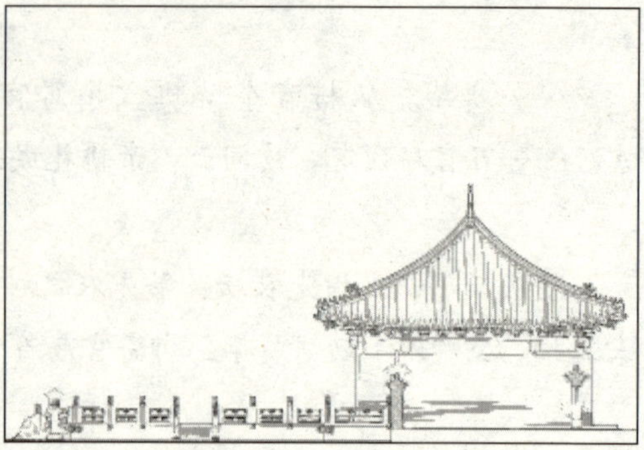

庆成宫前殿东侧面

1905 年的庆成宫

门口。庆成宫坐北朝南，前后有三进院落，它与先农坛内其他建筑的不同之处，首先它有两道形制相仿的宫门，全都是砖石仿木结构，宫门屋顶为单檐歇山绿琉璃筒瓦顶屋面，大门前后都由汉白玉祥云纹石栏围起，栏板间是云龙望柱。每座宫门下开三间栱券大门，门板上装有九路门钉，横九竖九，九九共八十一颗，一看便知是皇家级别的建筑规格。在等级森严的君臣秩序下，礼制不仅仅体现在建筑上，还有人的行为规范，正中的汉白玉云纹御路石，不是装饰给人看的，每逢君臣来到这里，只有皇帝走中央一门，王公走左右两门，而各级官员只能走两旁掖门。

穿过内宫门便是庆成宫的主殿（前殿），进入主殿需要登上九阶台阶，大殿前是一个有近 250 平方米的大月台，月台四周是汉白玉吐水龙头（螭首）的构栏基座围护，云龙柱头。在崇基石栏的左边有一座时辰亭，右面则是日晷。大殿面阔五间，进深七檩，绿琉璃瓦单檐庑殿顶，单翘单昂五踩溜金斗栱，金龙和玺彩画。

说到庑殿顶，这是明清时皇家建筑屋顶形式的最高级别，庑殿顶是最早出现的屋顶形式，这种屋顶的前后左右都有斜坡，因此也叫四阿（音 ē）屋顶。据《周礼·考工记》载：“商人四阿重屋”，就是说早在殷商时期已有四阿屋顶，只不过形制简陋，是四坡水的茅草房而已。自西周时期屋顶覆面使用瓦件之后，人们对瓦当与屋脊逐渐重视，因为屋面两坡相交的地方必须把屋脊搭盖好，才不致漏雨。从外观上看，庑殿顶有一条正脊，四条垂脊，前后两坡相交处是正脊，左右两坡的四条垂脊，分别交于正

庆成宫内檐天花

脊的一端。这种殿顶构成的殿宇平面呈矩形，面宽大于进深。庑殿的建筑形式有单檐和重檐之分。重檐庑殿是在单檐庑殿顶的檐下又加一圈下层檐，重檐庑殿顶主要用于皇家大型宫殿、坛庙、陵寝，像故宫太和殿、太庙、明十三陵长陵祾恩殿等。

庆成宫主殿内明间采用了减柱法，在明间南部减去两根金柱，这样使大殿显得更加宽敞。我们知道，中国传统建筑以四根立柱为一开间，开间越多立柱也越多。《营造法式》把殿堂结构分为四种：单槽，双槽，分心槽和金箱斗底槽。一旦选定了用那种承重形式，柱网布置就基本上确定了，但是这样规矩的柱网把空间限定得很死，于是工匠们大胆采用减柱的方法，在柱网平面中减掉部分金柱，这样就能在原有的建筑内增大过渡空间。减柱法在建筑术语中称减柱造，出现于十一世纪后，辽金时庙宇建筑常用此种做法，可使室内空间宽敞，明以后减柱造使用不是很普遍，但有些宫殿像故宫的保和殿、乾清宫等还保留此种做法。在先农坛内太岁殿院落的拜殿，同样采用了减柱造法，在大殿北部减去金柱四根。从大木构建布置、角柱升起、斗栱形式和构造看，这间殿堂虽经后代多次修缮，仍不难看出明早期建筑特征。

庆成宫主殿后面设有一隔扇门通往后殿，后殿又称寝殿，因当年创建时用作斋宫，祭祀前皇帝要斋宿在此，所以一切按照斋宫的规格营建。寝殿建筑面积288平方米，面阔五间，进深七檩，也是绿琉璃瓦单檐庑殿顶，单昂三踩斗栱，金龙和玺彩画。在大殿明间的南部也采用了减柱造，减去两根金柱。殿顶处理与其他大殿露明做法不同，采用了团龙图案天花，天花的圆光用青色作地，方光用绿色，四角绘如意卷云纹。这种处理有保暖，防尘，调节室内空间高度和装饰美化室内环境的作用. 寝殿比主殿体量虽然小很多，作为休憩场所这里更显舒适与温馨。

在寝殿的两侧，是东、西配殿，面阔三间，绿琉璃筒瓦悬山卷棚顶，龙锦枋心彩画。据史料记载：斋宫，南向，五间，后殿五间，东、西配殿，各三间，尚茶、尚膳房各五间。如今已没了尚茶、尚膳房的踪影。

乾隆二十年（1755年）斋宫改称庆成宫后，这里名副其实地成为亲耕礼成后的庆贺之所。在“礼经国家定社稷”的大一统皇权专制社会，各种礼仪都是经过严格地筹划和周密准备，整个过程相当繁复与隆重，作为耕耤礼成的庆贺礼当然也是马虎不得的，如何举行也是有一定章法的。以清乾隆时为例：

皇帝在先农坛的一亩三分地上，右手秉耒，左手执鞭，耆老二人牵牛，农夫二人扶犁，皇帝在禾辞中三推三返，顺天府丞捧青箱，户部侍郎紧随其后播种，整套动作完成之后，乐止，户部尚书、顺天府尹跪接过皇帝手中的耒和鞭后，请皇帝到观耕台观看三王九卿从耕。三王五推五返，九卿九推九返，再由耆老农夫完成耤田的全部耕作后，礼部尚书奏报耕耤礼成，而后到庆成宫行庆贺礼。皇帝由观耕台东阶下来，乘辇出先农坛。一路上前呼后拥，鼓乐声声，浩浩荡荡前行。法驾卤薄作前导，导引作导迎乐，在《祐平之章》的乐曲声中，皇帝来到庆成宫门外，奏乐停止，皇帝入庆成宫门，这时乐曲改奏《显平之章》，皇帝来到后殿稍事休息，奏乐停止。过一会儿，顺天府率两县官到庆成宫东门报耕种亩数后，鸿胪寺官带领王公等站在丹陛上，文武各官站在丹陛下，按顺序排列好，礼部堂官奏请皇帝移驾到主殿，乐队奏导迎乐《隆平之章》，皇帝来到主殿，乐停止，鸿胪寺官在隔扇外东边跪奏亲耕礼成行庆贺礼，丹陛大乐《庆平之章》乐起，百官行三跪九叩礼后依次就座，摆上茶桌，又奏丹陛清乐《喜春之章》，皇帝赐茶点，百官行一叩礼，茶毕乐止，百官出门在外敬侯。礼部堂官奏庆贺礼成，皇帝离开座位，乘礼舆离开庆成宫。

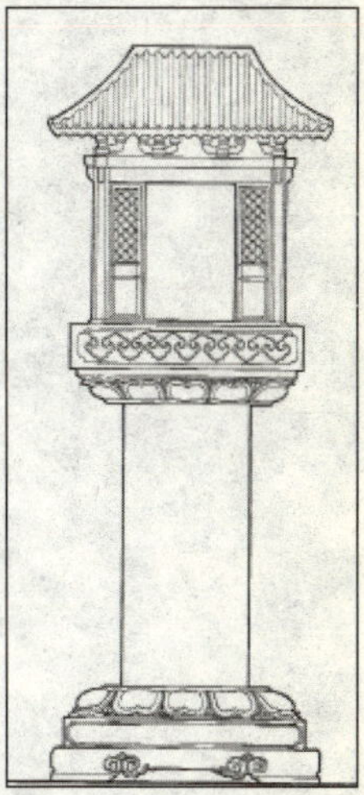
庆成宫前殿时辰牌亭

法驾卤薄作前导，百官随行，在导迎乐《祐平之章》乐曲的导引下，又浩浩荡荡返回紫禁城。

作为一组皇家宫殿，庆成宫的建筑体量虽比不上太岁殿，但营造等级与规格却超过了太岁殿，主要反映在屋顶形式和彩画等级。太岁殿屋顶为悬山顶，庆成宫的前、后大殿均为庑殿顶，太岁殿外檐为金龙和玺彩画，内檐为龙锦枋心墨线大点金旋子彩画。庆成宫则内外均施金龙和玺彩画。从建筑平面布局上看，庆成宫三进院落，形成院中院，雕栏玉砌，实为精致玲珑“小皇宫”。而且这个“小皇宫”当得还算名副其实，因为比先农坛斋宫名气大不知多少倍且同样修建于明代的天坛斋宫，在彩画等级上竟然还稍逊庆成宫一等（天坛斋宫彩画是旋子彩画）。

先农坛庆成宫御路丹陛

先农坛庆成宫御路丹陛图案纹样

二 中国古建筑的活化石——宰牲亭

祭祀，作为人类祈求神灵赐福攘灾的一种文化行为，曾是原始先民生活中的重要组成部分。有学者研究图腾崇拜是人类祭祀活动的最初形态，图腾是氏族的标志与族徽，夏朝以龙为图腾，“天命玄鸟，降而生商”玄鸟便成为商族的图腾。周朝时有以鱼作为部族图腾的。《国语·周语》中也有“吾姬族出自天鼋”，说出了姬族崇拜天鼋。图腾象征或为自然物或为自然现象，是人类出于对自然物又敬又畏双重心理而将其奉之为自己的祖先或保护神。在原始人看，本氏族人都源于某种特定的物种，大多数情况下，被认为与某种动物具有亲缘关系，于是动、植物便成了这个民族最古老的祖先象征。就图腾内在的实质上看，是对本氏族部落祖先的一种崇拜。而后便有了每个氏族对本族的图腾崇拜的一定行为活动，或是装饰在柱子，或是塑成神像，亦或是做成护身符佩戴在身上，以祈求图腾保佑。对祖先的崇拜，对自然现象、对自然界的敬畏便通过祭祀来体现。

《周礼·大司乐》云：“以祭以享以祀”。古代社会对于祭祀的重视，从有文字记载就有相关的记录，甲骨文是我国使用最早的汉语言文字。“祭”的甲骨文字为“”，从字型结构上可以理解为：是一只手拿着一块鲜肉供上祭台的样子，左边是一块鲜肉，右边是一只手，中间三点表示鲜血或者是祭酒。“祭”字演变到金文里是这样“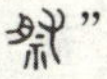”，三个点就变成了“示”，“示”表示的是祭台。古代祭祀是十分庄重的事，没有酒肉和宰牲的叫荐，有加牲和酒肉的叫祭，也叫牺牲祭奠。祭就是杀牲祭奠之意，

宰牲亭

这是祭祀典礼的重要内容。随着社会生产发展和礼仪复杂化，祭祀的形式也多起来。“国之大事，唯祀与戎”，《尔雅》分得很细，说祭为祭天，祀为祭地。《周礼》也说，祭天神叫祭，祭地祇为祀，祭宗庙为享。“祭有祈焉，有报焉，有由辟焉。“祈”是指祈福，“报”是指酬报，“由辟”指消弥灾祸。这说明祭祀活动实质上就是古人把人与人之间的求索酬报关系，推广到人与神之间而产生的活动。所以祭祀的具体表现就是用礼物向神灵祈祷，祈求福佑，世世代代长寿平安，永无止境。也正因为祭祀敬神关系社稷安危，所以古人才将敬神的祭祀活动分得如此之细。

祭祀是有一套繁复的仪程，是以献食为主要手段。《礼记·礼运》称：“夫礼之初，始诸饮食。其燔黍捭豚，污尊而抔饮，蒉桴而土鼓，犹可以致其敬于鬼神”。意思是说，祭礼起源于向神灵奉献食物，只要燔烧黍稷并用猪肉供神享食，凿地为穴当作水壶而用手捧水献神，敲击土鼓作乐，就能够把人们的祈愿与敬意传达给鬼神。《礼记·玉藻》载：“君无故不杀牛，大夫无故不杀羊，士无故不杀犬豕”。研究文字的起源也会发现，表示“祭祀”的字多与饮食有关。在诸多食物中，又以肉食为最。在原始采集和狩猎时代，肉食是人们拼着性命猎取得来的。虽然后来生产力有了发展，但由于华夏大地传统农业是农耕农业，畜牧业极不发达，因此肉食仍极为宝贵。畜牧业的落后，造成常人以谷物为主食，平时难得吃上动物性食品。孟子构想的理想生活，竟然以70岁能吃上肉为重要标准，弟子拜师的礼物也不过是两束肉干，可见肉食的难得。因为宝贵与难得，肉食就成为献给神灵的主要祭品。

古代用于祭祀的肉食动物叫“牺牲”，指马、牛、羊、鸡、犬、豕等牲畜，后世称“六畜”。六畜中最常用的是牛、羊、豕三牲。郑玄注《周礼·庖人》曰：“始养之曰畜，将用之曰牲。是牲者，祭祀之牛也，而羊豕亦以类称之”。牲的本义指祭祀用的牛，后来泛指祭祀用的牲畜。现代汉语对“牺牲”一词的解释为：用于宗庙祭祀用的毛色纯淨而体全的牛羊，一般纯色毛的称为牺，体全的称为“牲”。《谷梁传·哀公元年》载：“全曰牲，伤曰牛”。意思是完好无损的的牛可以用作祭祀的牺牲。《左传·宣公三年》记载：正月，郊牛之口伤，改卜牛。说的是郊祀用的牛嘴上有伤，不能用作牲，要重新占卜，选个吉日，重新挑选好牛用于祭牲。

“太牢三牲”，是古代用于祭祀天地神灵和祖先三种牺牲，“牢”为会意字，从宀从牛，表示牛在栏里，殷商祭祀频繁，商人平时将牛养在栏里，祭祀时用做祭品的牛便称之“牢”。猪在商代还没有完全驯化成家畜，还处于从野生向家养的过渡时期，与牛羊相比，猪作祭牲要稍晚些。

明清时期是我国封建社会祭祀礼仪制度制定的最为完备的时期，因此执行得也最为严格。特别是大祀，每次皇帝行祭之前，要亲自进行省牲、阅祝版等仪式。明代牲牢分三等，即犊、羊、豕。清代所用牲牢均分四等，依等级从高到低为犊、特、太牢、少牢。“犊”即体格健壮，身无杂色且牛角不得超过蚕茧大小的子牛，用于行祭圜丘、方泽；“特”为纯色的公牛，行祭大明、夜明时用；“太牢”即牛、羊、猪各一，用于祭先农、天神、地祇等坛；“少牢”为羊、猪各一，用于关帝、文昌等庙行祭。祭祀用牲，不是随便可以宰杀的，按定制祭祀所用牲牢，要经过“入涤”、“省牲”、“宰牲”等程序。

所谓“入涤”，是将祭祀所用的牲畜，圈在入牲处饲养。《清史稿·志五十七》记载：“大祀入涤九旬，中祀六旬，群祀三旬。大祀天地，前期五日亲王视牲，二日礼部尚书省牲，一日子时宰牲。帝祭天坛，前二日酉时宰之，太庙、社稷、先师前三日，中祀前二日。礼部尚书率太常司省牲，前一日黎明宰牲”。“入涤九旬”就是选定后的牲牛圈起来精心喂养三个月，这样做是求得牲畜的洁净。先农坛属于中祀，牲畜入养后，按礼制要求要入涤六旬，也就是圈养两个月，在祭祀前两天进行省牲，这时礼部尚书要到牺牲所选看祭祀所用的牺牲。选好后于祭祀前一天黎明宰杀并制成祭品。

宰牲亭就是宰牲的场所，通常建在神厨的旁边，这既是祭祀建筑的合理布局使然也是实用功能的客观要求，因为神厨是制作祭祀供品的场所，也就是为神制做食物的厨房。所以宰牲亭就建在了神厨的旁边，便于提供制作祭品的原材料。

先农坛宰牲亭位于神厨院落西北，与内坛西墙仅两米之距。宰牲亭虽然叫亭，但不是人们平时看到的亭，它只是一种亭式建筑，这是一个面阔五间，进深七檩，建筑面积261平方米的大殿，屋顶形式为重檐悬山顶。

我们知道，屋顶在中国传统建筑中占有重要的地位，屋顶是建筑物最上层的外部围护结构，为屋架增加一定的重量，抵消水平推力的影响，使房屋结构更具稳固性。中国古代建筑屋顶形式以“人”字顶为基础，衍生出多种多样的形式，其中庑殿顶是出现最早的屋顶形式。庑殿顶又称四阿顶，屋顶有四面坡，和一条正脊，四条垂脊。前后两坡相交处是正脊,左右两坡的四条垂脊，分别交于正脊的一端。这种殿顶构成的殿宇平面呈矩形，面宽大于进深，也是发展到后期等级最高的一种屋顶形式，特别是重檐庑殿，用于皇宫的主要建筑。还有歇山顶，歇山顶共有九条屋脊，即一条正脊、四条垂脊和四条戗

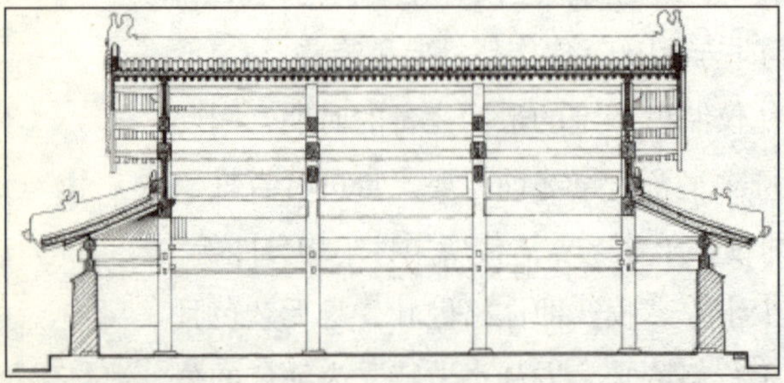

宰牲亭剖面图（一）

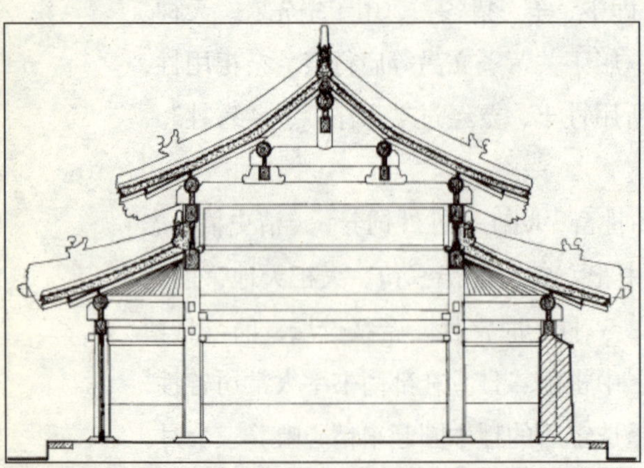

宰牲亭剖面图（二）

宰牲亭悬山重檐顶

脊，因此又称九脊顶。屋顶有四面坡，前后两个大坡，两侧短坡。重檐歇山顶是等级仅次于重檐庑殿顶的屋顶形式。在这之后的便是悬山顶，悬山顶又称挑山顶，屋面上有一条正脊和四条垂脊，屋面是两面坡，两侧伸出山墙之外。由于此类建筑的屋顶悬伸外挑于山墙之外，故名悬山顶或挑山顶。但无论从史料记载，还是现存建筑实例看，我们都没有找到重檐悬山顶建筑的踪迹，古建专家在考察后，也认为先农坛宰牲亭重檐悬山顶是孤例。这种孤例就像被梁思成先生誉为“中国建筑一绝”的广西容县真武阁，在它的二层有四根巨大金柱腾空离地 2 厘米的。就像福建泉州的洛阳桥，以牡蛎的牡房硬壳与石块胶结在了一起，形成一条横跨河床的牡蛎桥基。因为他们不是建筑的常态，所以不能用建筑技术来解释。我们知道，中国传统建筑屋顶形式在古代社会具有等级意义。基于礼的需要而形成的建筑等级制度，是中国古代建筑的独特现象。礼制性建筑的地位远远高于实用性建筑，礼对建筑的制约，表现在建筑类型上，以致最终形成一整套庞大的礼制性建筑体系。建筑等级主要通过对财富、人力的消耗来体现，建筑的尺度、材料的贵重程度、装饰的精细程度等成为表现建筑等级的主要因素，但中国古代建筑也有一些等级因素并不依靠消耗财富来体现，而另有其社会文化原因。坛庙是祭祀性建筑物，它是遵从“礼”的要求而产生的建筑类型，因此，也称礼制建筑。在中国古建筑中占有很大比重，其建筑规模之大，建筑造型之精美，达到了相当高的程度。宰牲亭，作为坛庙祭祀的附属建筑，他的形态也要遵从礼法。明清北京的皇家坛庙中，宰牲亭都是必不可少的重要功能建筑。如天坛有南、北两座宰牲亭，南宰牲亭位于南神厨东侧，北宰牲亭位于祈谷坛长廊北神厨东侧，坐北朝南，面阔五间，进深三间，重檐歇山顶；地坛宰牲亭，建筑面积 140.40 平方米，面阔三间，重檐歇山黄琉璃瓦屋面；历代帝王庙宰牲亭，始建于明嘉靖九年（1530 年），面阔三间，重檐歇山顶。从这些事例中，我们得到了一个基本信息，即这些宰牲亭都是重檐歇山顶。前面我们大致了解了一下中国传统建筑的几种屋顶形式，歇山顶是仅次于庑殿顶的屋顶形式，之所以将宰牲亭建为重檐，推测重檐形式更接近于亭式建筑，更符合宰牲亭的称谓。

再看看先农坛宰牲亭，它之所以为重檐悬山顶，大概是基于这样的考虑。在先农坛主体建筑中，建筑体量最大的要数太岁殿了，建筑面积 1319.7 平方米，面阔七间，进深十三檩，室内高度 15.97 米，七踩单翘双昂溜金斗栱，外檐金龙和玺彩画，内檐墨线大点金旋子彩画。虽然梁架结构与故宫太和殿相仿，但屋面是单檐歇山顶。我们知道，歇山顶主要用于宫殿、坛庙等建筑。太岁殿是祭祀太岁之神的场所，这种建筑形制符合坛宇营建等级规制。然而作为祭坛的附属建筑宰牲亭，屋顶形式不可能高于核心建筑太岁殿，于是将宰牲亭建成了重檐悬山顶。

在宰牲亭殿内明间正中心，你会看见有一个长 2.4 米、宽 1.16 米、深 1.3 米的长方形池子，这是漂牲池，因牺牲宰杀后要架在上面，用烧开的水浇在牺牲身上，退去身上的毛和洗清身上的污物。池上、下均有排水口，具有良好的排污功能。宰牲亭内檐的彩画为旋子彩画，外檐彩画则无地杖，直接绘于大木上。按传统建筑的工程做法，油饰彩绘前要在木构造表面做地仗，即以砖粉做骨料，以猪血、桐油、面粉作粘结料，披麻糊布，刮涂在木构件表面，主要起保护作用。清早期以前的地仗做法比较简单，一般只对木构件表面的明显缺陷用油灰做必要的填刮平整然后钻生油，以后木构地仗出现越做越厚的趋势。因此可以看出宰牲亭建筑保留了明早期建筑特色。

宰牲亭作为祭祀坛庙的附属建筑，一直以来发挥着不可替代的功能。先农坛宰牲亭的独特建筑形式为后人研究中国传统礼制建筑提供了宝贵资料。

三　皇帝的更衣房——具服殿

按照明清的典章规定，每个皇家坛庙都应该有皇帝祭祀行礼前的更衣之所，暂如祈谷坛（祈年殿），在丹陛桥的东侧就有具服台，皇帝亲行祭天大典前在此临时搭建帷幄作为具服殿，以为皇帝更换祭祀礼服，其他如社稷坛、日坛、月坛都设有具服之所。先农坛也不例外，不过先农坛具服殿并不是为皇帝祭先农之神准备的，而是为皇帝祭农之后亲行耤田礼更换服装之用，明代在此更换耤田礼专用礼服“皮弁服”，清代则是更换黄色蟒龙袍。

先农坛具服殿位于太岁殿拜殿的东南方、观耕台以北，是一座绿琉璃瓦单檐歇山顶建筑，建筑高近 9.9 米（不含台基），面阔五间 27.22 米，进深七檩 14.42 米，建筑面积 392.5 平方米，单翘单昂五踩溜金斗栱。大殿内檐为金龙和玺彩画。具服殿斗栱及大木构件局部有明显的明代建筑特征（甚至宋式特征，如角科使用鸳鸯交手栱），斗栱使用真昂，大小斗有欹䫜，所有露明的梁均做成“月梁”形式，明间柱子使用侧脚。

先农坛具服殿最为令人印象深刻的是殿前的巨大月台。实际上整座建筑就是坐落在这座以月台为主体的台基之上，月台面积 254.5 平方米，南、西、东三出陛（南为十阶踏步，

具服殿

1901年的具服殿

东西各为八阶踏步），台高1.65米，比一个正常人的高度略低。如此高大的建筑台基，使得具服殿这座普通的清式建筑看起来显得与周围环境不太匹配。想到明代嘉靖朝之前，明帝到先农坛亲行耤田礼后要观耕，当时是没有观耕台的，是否皇帝会借用具服殿月台之高以行部分观耕之便呢？算作一个猜想吧。

与其他坛内建筑相比，具服殿的近百年经历算是较为平凡，1927年改称诵豳堂，1949年后作为育才小学图书馆，直至1997年全面修缮，虽经磨难但建筑整体基本保存完整，可算是一大万幸。

先农坛具服殿，历史上疑似存在殿内的挂匾及一对抱柱联。史料中记载“具服殿御制额曰：劭农劝稼，联曰：千亩肇农祥寅清将事、三推勤御耦亥吉祈年，皆皇上御书”（《四库全书·钦定日下旧闻考》卷五十五），此为清代匾联的出处，但无旁证。民国十六年（1927年）北洋政府内务部长沈瑞麟题写的“民生在勤务滋稼穑，国有兴立庇其本根”一对抱柱联及“诵豳堂”室外悬匾，有多处民国史料对证，上个世纪50年代初该对联已毁，匾的去处不详。调查中，有人提供上个世纪50年代室内的悬匾为“遗民教稼”，且为目击证言，又添一说法，使具服殿匾联成为坛内少有的谜团之一。

四　“众神之家”神版库与“享神的厨房”神厨

中国古代坛庙建筑中，专门为祭享神祇制作祭品的厨房——神厨建筑是必不可少的。北京先农坛建筑群自明永乐十八年（1420年）建成时起，神厨就成为全坛重要的功能建筑，承担着全坛大小神祇祭祀时的祭品供应之责，有着后勤保障的作用。这一作用一直延续到1911年清代结束。

先农坛神厨，座落于先农神坛之北、太岁殿建筑群之西，由一独立院落四围而成，院内北面的正殿为神版库，东为神库，西为神厨，院内东南、西南各为一座八角盝顶井亭。全院占地面积约3791平方米，东西宽约56米，南北长约68米。这五座建筑组成完整的厨房功能建筑群。

神厨正殿称为神版库。该殿建筑面积约342平方米，面阔五开间26米，进深约13.2米，单檐悬山顶。清乾隆十八年（1753年）以前，凡先农坛内各处非祀享之时的神祇木主神牌都供奉于这里，待祭祀时才请出。所以这座殿堂才称为神版库。清乾隆十八年（1753年）开始，神版库只供奉先农之神和天神地祇神牌，而太岁坛神牌则常奉于太岁殿且“永著为例”。所以说神版库是众神之

神厨正殿——神版库

家不为过。

东神库、西神厨大体上体量相同，建筑面积约为271平方米，面阔五开间约26米，进深约10.4米，单檐悬山顶。神库用来存放先农坛各处神祇祭祀器用，待祭祀时从此提用，因此这里实际上是“祭器库”，也就是相当于为众神存放餐具之所。西神厨是为祭祀先农坛各处神祇制作祭品的厨房，像“太羹”（牛肉清汤）、“和羹”（五味调料牛肉汤），韭菹、芹菹、菁菹、荀菹（腌韭菜、腌芹菜、腌韭菜花、腌笋），酖醢、鹿醢、兔醢、鱼醢（肉酱和切成小方块的鹿、兔、鱼肉块）等祭品都是在这里于祭祀前一天赶制的。有意思的是，西神厨在后檐明间槛窗处还建有石质排水口，想来厨房内的洗涮肉类、蔬菜废水都由这个排水口排出。不过排水口以下地面没有发现过渗水设施（如渗井等），不知当年排出的废弃污水常年在此淤积该是个什么样的景象，这也是许多中国古建筑共同面临的问题。

神厨后身的出水口

神厨院内的三座建筑都有两个共同特色，其一是屋顶都上覆削割瓦，其二是室内彩画都为清代初期彩画（亦有称之为明代）原物。所谓削割瓦就是没有上釉烧制的琉璃瓦件，规格质地与琉璃瓦一致，用在等级较低的皇家建筑上。先农坛内除了神厨建筑群外，神仓建筑群中除了圆廪、仓房、收谷亭外其余建筑也使用削割瓦，属于部分使用，而神厨建筑群是整体使用。至于三座建筑室内的清代初期彩画，是珍贵的历史文物，与宰牲亭内的清代彩画同期，他们逃过了清乾隆帝时的大修，为今天研究了解先农坛的建筑历史和彩画艺术提供了难得的实物。可惜的是，近几十年来神厨建筑群和宰牲亭都遭受过极为悲惨的经历，特别是上个世纪六十年代以降，神厨院的三座建筑作为工厂厂房使用，365

神厨院门明代门砧石

天机器轰鸣振动不断，工业废气、废水、废油等具有化学和物理侵蚀性物质四处弥漫，使古老建筑的身心受到极大摧残（宰牲亭经历也类似）。到文物部门收回所有权准备修缮时，室内彩画大部地仗已脱落，处处斑驳。

1999 年 —2002 年 间，美国世界文化遗产基金会和 FLORA 基金会为北京先农坛神厨的修缮提供了部分专用资金，世界文化遗产基金会在其后中方对神厨室内彩画的修缮中严格要求保护原状、修旧如旧，采用物理及无腐蚀化学方法对彩画加固、粘补。国际友人这一建设性的、符合联合国教科文组织文物保护基本原则的建议，杜绝了传统文物古建修缮中将原有彩画铲除再施以新绘彩画的思维，保护了这一难得的文物。现在，当观众走进这三座古建筑室内时，在大家眼前展现的是真实的清代早期彩画艺术品。

神厨院落里还有两处为宰杀的牺牲及制作祭品提供用水建筑，这就是井亭。井亭建筑面积约 48.9 平方米，外观为六角单檐盝顶，每边长 4.34 米，据说法式上保留了明代早期风格（1994 年北京建筑工程学院古建研究室在著名古建专家臧尔忠先生主持下对先农坛部分建筑进行法式勘查与测绘时得出的结论）。

井亭为布瓦盝顶六角亭，六根角檐柱，柱高 3075mm，有明显的侧脚，柱头向亭心侧 50mm，侧脚值达 16‰，使得井亭每面面阔：柱脚处 3050mm，柱头处 3000mm。井亭斗栱为溜金斗栱，每间施三踩平身科两攒，角柱上是三踩单翘角科斗栱，斗栱用

雪后的神厨院（摄影：刘文丰）

材尺寸为单材 75×115，宽高比约为 10：15，足材 75×160，宽高比约为 10：21，用材比例关系与宋代一致，与清代 10：14、10：20 不同。斗栱中大小斗底均有凼页，角科大斗用圆栌斗，为明代原物。圆栌斗在《营造法式》中有记载，国内也有早期的建筑实物，但在北京的明清建筑中实为罕见。井亭斗栱无栱垫板，平身科、角科昂尾交在一起共同承挑盝顶围脊下的脊桁枋，六面脊桁枋形成一个六边形脊圈。额枋上的平板枋与额枋同宽，反映了井亭大木是典型的明代早期风格。

神厨井亭

五　山川井真的有龙吗？

在北京先农坛，水井一直是个让人感到不解的问题，因为敬神仪式需要水，坛内日常的维护也离不开水。我们查看北京先农坛明清历史资料，除了在太岁殿建筑群西部的神厨建筑群内有两座井亭能够显示这里有水井外，再就是神厨西墙外宰牲亭前方的山川井、庆成宫院内东北侧的一口井。偌大的先农坛，有据可查的只有这四口水井，能不让人们感到不解吗？

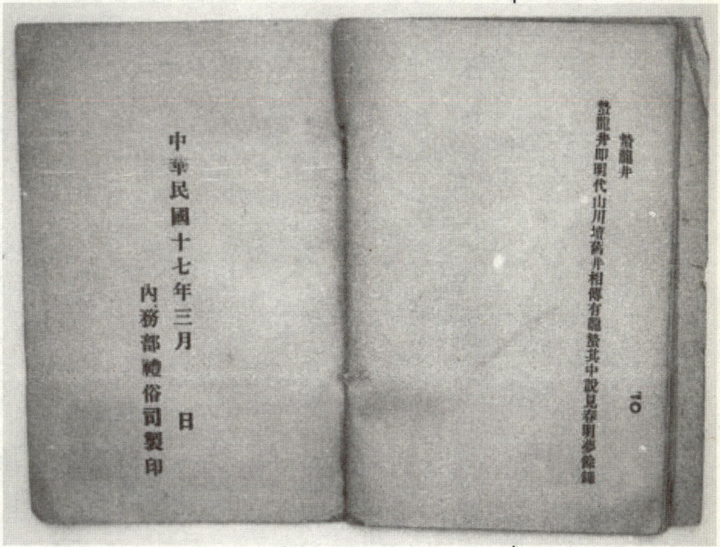

民国时期书籍中关于蛰龙井的记载

通过搜寻史料中的蛛丝马迹，水井奇缺似乎又有一些能够自成其圆的答案。这还要从坛内的空地做什么用途说起。

明代，坛内有一定数量的坛户耕种着外坛墙内一千七百余亩的护坛地，种植稻麦等农作物，用这些收成售卖后的银两维持着坛内的日常维护开支：

嘉靖九年，令以耤田旧地六顷三十五亩九分六厘五毫拨与坛丁耕种。岁出黍、稷、稻、粱、芹、韭等项。余地四顷八十七亩六分二厘九毫，除建神祇坛外，其余九十四亩二分五厘六丝四忽亦拨与坛丁耕种。

——《明会典》卷五一

先农坛围墙内，有地一千七百亩。旧以二百亩给坛户，种五谷蔬菜，以供祭祀。其一千五百亩，岁纳租银二百两，储修葺之需。

——《养吉斋丛录》卷八

到了清代，清乾隆帝整修先农坛，对坛内各处建筑都进行了不同程度的修缮，同时还对坛内的隙地如何利用有了新的要求：

（乾隆）十八年谕：先农坛外壖隙地，老圃于彼灌园，殊为亵渎。应多植松、柏、榆、槐，俾成阴郁翠，以昭虔妥灵。著该部会同该衙门绘图，具奏，钦此。

——《工部则例》

（乾隆）十九年三月，重修先农坛外壖，隙地多植松、柏、榆、槐，交太常寺饬坛户敬谨守护。

——《清通志》卷三七

认为在坛内隙地役使农夫挑肥灌园，串来走去，简直是有损先农坛内的清净宁和，对神灵也不能体现出敬畏。于是坛地不让再种植五谷，都改种松、柏、榆、槐。今天，坛内遗存的这些古树仍然郁郁葱葱。

显然，种粮和植树对于水的要求肯定是不同，种粮要求有水渠或水井，方便浇灌；而植树虽也存在低树龄时的人工灌溉，但绝大多数时期只依靠天然降水就可存活。因此清乾隆十九年（1754 年）前的先农坛内的坛地浇灌一定要用到水井（为了浇灌不可能穿过坛墙建引水设施引南墙外的护城河之水，事实上也未见史料中或现存遗迹中有类似记载或现象）。1991、

1992年时，在北内坛墙外的东北方约五十米处，发现了一处水井遗址，由此可以想象当时的种粮浇灌用水应该是从分布不详的自掘井中取水。

《郊庙图》中的清初山川井形象

话说回来。神厨的两座井的形制，是明清时为皇家坛庙举行敬神祀典取用水而建的标准形态，这种形态的的特征十分明确，即：井壁用细泥方砖层层砌制，井口用六角形、高约80厘米、直径约120厘米的井口石罩口，而井口石又坐落在高出地面约30厘米的井台上。井的外面，是一座顶部呈六边形露天的六面井亭，据说敬神取水的井都要承接天露，因此顶部要露天（关于井亭的详细情况，本章前一节已有介绍）。神厨院外西侧的山川井，因在民国就已坍塌，也没有留下形象资料，我们只能给予推测。从清康雍时期《郊庙图》中的简单绘制，我们推测的山川井应该是这样一个形象：在与地表基本齐平的石质井口东西两侧，各竖立着两块巨大的石板，石板顶部开有卧槽，上横卧着辘轳。你看，皇家的井其实与民间的井没有本质区别，或许只是用材更精良些吧。

1993年时，山川井旧址因施工开挖地槽，作者有幸看到了山川井的地下结构局部：井壁由长近六十厘米的巨大细泥砖砌制，可见的井深约5米，井下的宽度达3米。从它的遗迹不难猜想得出当年的宏伟。

有意思的是，原来民间盛传的山川井蛰龙的“龙”连个鳞片也没见到。《春明梦余录》的“……宰牲亭，南为川井，即山川坛旧井，有龙蛰其中”，独树一帜地首开有龙蛰伏山川井的说法，清代和民国的一些笔记野史也随之附和。看来，这山川井蛰龙的传说，跟“老北京有三个海眼，海眼里拴着镇水龙”一样，不过是旧时市井中人们对于不能看到的一些建筑抱有无限好奇因而导致以讹传讹夸大猜想的茶余饭后的谈资罢了。

六　从祠祭署说起：几处已消失的建筑

北京先农坛内的建筑可谓不少，大体上来说代表明清两代皇帝在此躬祀先农之神的主体建筑如先农神坛、太岁坛、神厨、神仓、具服殿、观耕台、庆成宫、地祇坛石龛等，都得以较为完好地保存，这在北京先农坛清代之后的百年磨难中不得不说是一大幸事。

但无论怎样讲，目前北京先农坛所处的时期毕竟不是历史上的最盛时期。它的全盛时期是清乾隆年间，当时各类功能建筑齐全，清帝在这里进行的一系列敬神活动依靠这些建筑得以有序地开展。从晚清开始，随着清代的没落，皇家的敬神活动只能说是勉强支撑着进行，为的是圆满清统治者的政治面子。1900 年后，坛内的局部有小改动，大量的建筑年久失修，荒草丛生。国家的衰败在这里也算是可见一斑。到了民国，先农坛的劫难拉开帷幕，北外坛、东南外坛、西外坛的废去，昔日的圣地成了新兴的市井所在。及至二十世纪五六十年代，东北内坛的一些附属建筑，以及后来的天神坛的毁灭，使北京先农坛遭受了建坛近六百年来最为严重的毁坏，后果严重到已不可能全面恢复的地步。这不能不让人深深痛心。这其中，以先农坛祠祭署、天神坛石龛、神祇坛北门——雩坛门、钟楼等几处建筑较为典型。虽然我们查遍了文献，但记载寥寥。虽然如此，依据这些有限的资料，我们还是试图对它们进行一下还原，使今天的人们能够对这些逝去的建筑有所了解。

（一）祠祭署

每个坛庙理论上说都要有自己的管理处，北京先农坛也不例外，史料上说先农坛的管理处称为“先农坛祠祭署”。原来，明永乐十八年（1420年）北京山川坛落成后，明廷将山川坛的管理机构称为“耤田祠祭署”，又称“山川坛祠祭署”。明嘉靖帝为了建天神地祇坛，又将“山川坛祠祭署”更名为“神祇坛祠祭署”。万历四年（1576年）才正式更名为先农坛祠祭署：

> 万历四年……改山川坛之名为先农坛，改铸神祇坛祠祭署印为先农坛祠祭署印。
>
> ——《明会典》卷九二

在职能隶属上，先农坛祠祭署归太常寺掌管。而太常寺是个什么机构呢？太常寺属于隋唐时期政府机构改革后仍保留的带有秦汉时期政府机构特色的职能机关，通常与太常寺、大理寺、光禄寺、太仆寺、鸿胪寺并称五寺。秦代叫奉常，汉代改称太常，掌管宗庙坛庙礼仪，至北齐才正式开始有太常寺。到了明清，它的职能已大为缩小，基本专门掌管坛庙的管理运作。显然，太常寺作为先农坛的上级管理单位是再正常不过的了。明代，先农坛祠祭署平时管理着坛户在护坛地耕作，并代为照料皇帝的耤田，待收获后组织人力脱粒归仓；清乾隆以后，护坛地不再耕作，改为坛内植树，先农坛祠祭署于是改为照看树木建筑，别的职能未有变化。这样说来，先农坛祠祭署真真正正地发挥着先农坛管理处的职责。《清会典》卷

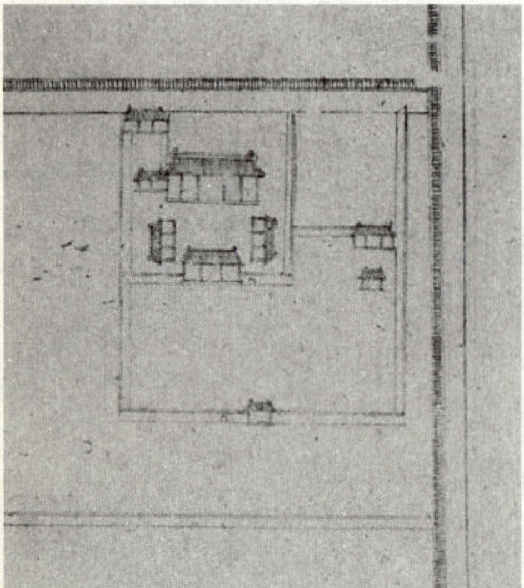

清《乾隆京城全图》中的先农坛祠祭署

七二说“祠祭署……奉祀一人，祀丞一人，执事生一人”，仅三人的编制就撑起偌大个先农坛的管理，真可谓超高效率。

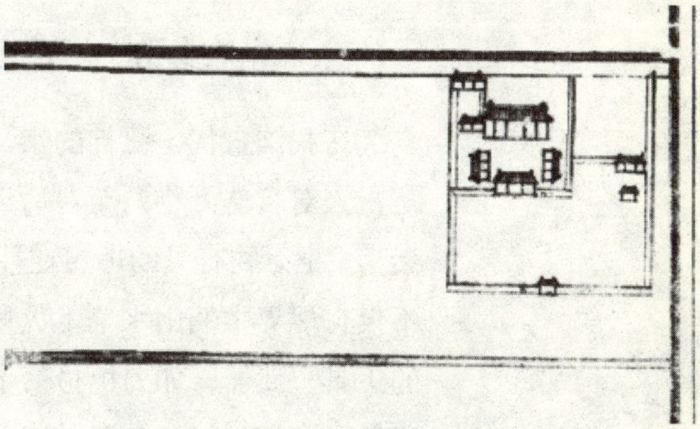

清《乾隆京城全图》中的先农坛祠祭署（原图经修饰）

通观史料，可以看出先农坛祠祭署是一个平凡得几乎快被人忘却的机构，有关它的文字记载极其少有，以至图形资料也很稀少，甚至还有前后矛盾之处。如清代《五朝会典》中，直至光绪《清会典》才将先农坛祠祭署的所在位置及大致的平面布局展现出来，但是一份清代雍正至乾隆早期样式雷所绘的先农坛图，以及绘于清乾隆十五年（1750 年）的《乾隆京城全图》中，却清楚地将先农坛祠祭署的平面布局绘制在内坛东北角处。这样大的出入，很是令人诧异。我们抛开诧异，单从这两份图的描绘中，看到先农坛祠祭署的布局为：它坐落于庆成宫与北内坛墙之间的空地东北部，即北内坛墙内东北角，是一座面南背北的小院，分前后两进，第一进院空置，第二进院分东西两部分，西部是主院，旁边是一跨院，内又空置。第二进的主院正向、倒座各是一座屋宇式建筑，东西各为一座三开间厢房（光绪《清会典》中主院与跨院之间的隔墙拆除，主院与跨院合为一体）。《乾隆京城全图》上显示，正向屋宇式建筑是五开间，倒座三开间，推测其为清式悬山顶，类似先农坛神仓后院的东西值房。作为一般的办公用房，这种形式是合适的。

民国时期（20 世纪 20 年代末），当时的老地图上在这里还标示着“交通队”字样，北内坛墙东北角开辟一门（此门应在清代已有，但不常标出。民国二年的地图上明确标出），应该是供当时人们进出之用。1930—1940 年间，这里是当时京城外五区派出所。20 世纪 60 年代，据说北京天桥当地的老人们还在称呼这里为“祠祭署”。随着老人们的故去，“祠祭署”这个称呼已为人们彻底遗忘。

（二）先农坛的“军魂”——旗纛庙

在我国古代，泛神的崇拜观、崇拜现象比比皆是，浅显些说是古人对自然万物乃至对后天人为创造之物给人们带来的功效的迷信，把万物有灵的思想在社会生活的各个方面体现得无比到位。不仅自然界中的山水草木火风雨雪要崇拜，以至人类后天创造出的工具、武器，如刀枪弓弩炮铳也要崇拜，可以说中华大地神仙遍地，各管一摊，各司其职，甚至为了保险起见，也不顾这些神灵们愿不愿意，职能神还重复设置，实行交叉管理。因此不能不佩服中国古人的“求真务实”。

前面提到刀枪弓弩炮铳诸兵器之神，这又与北京先农坛何干呢？其实不仅有关系，而且这关系自明永乐皇帝建成北京城时起，一直延续到清乾隆帝改造北京先农坛，前后约三百三十多年。这段历史时期中，在今先农坛神仓这里，是一处国家级专门祭祀刀枪弓弩炮铳及军旗号角等军事用品“旗纛之神”的庙宇，称“旗纛庙”。

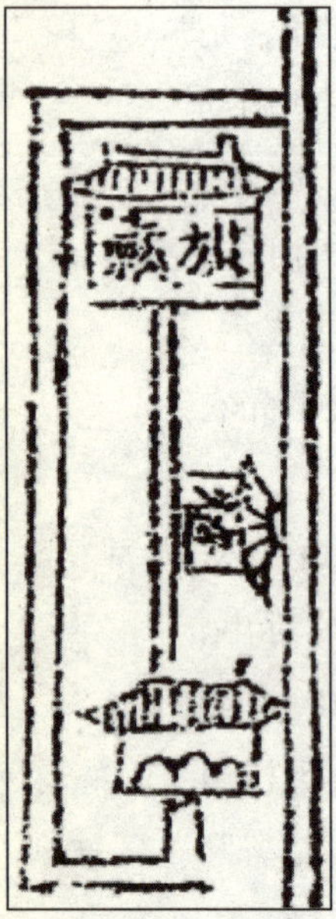

明初的旗纛庙
（《洪武京城图志》）

关于它的建立，《天府广记》卷八说“旗纛庙建于太岁殿之东，永乐建，规制如南京”。这一点从《洪武京城图志》中得到印证，图中在山川坛北门东南确有旗纛庙。而永乐帝营建北京，“悉仿南京旧制”，把旗纛庙原封不动地在北京城南郊进行克隆，也就顺理成章了。到了清乾隆时，又是因何被皇帝拆除的呢？清光绪《清会典事例》，及清《工部则例》都记载，乾隆十八年（1753年），高宗皇帝认为弓弩砲石号角旗纛等神已于每年秋季在军校场致祭，没有必要还在先农坛旗纛庙再祭一次，况且这个庙又是前明时建，因此颁旨“先农坛旧有旗纛殿可撤去，将神仓移建于此”。至此，旗纛庙这座专祭军神的庙宇从先农坛中消失了。

较之清代，明代对旗纛庙的祭祀相关事宜规定得还是十分明确。《天府广记》说“旗纛庙……神曰旗头大将、曰六纛大神、曰五方旗神、曰主宰战船之神、曰金鼓角铳砲之神、曰弓弩飞枪飞石之神、曰阵前阵后神祇五猖等众，皆南向”。可以看出，除了祭祀杀伤兵器和水军战船，还祭祀各种军旗以及阵亡军兵的鬼魂“五猖”，可说是形而上和形而下都顾及到。

“五猖”为邪恶之神，在人间常做坏事也喜欢恶作剧。老百姓对“五猖”既怕又敬，于是就祭起来以博其高兴，会降福给自己。还有种说法说明太祖朱元璋建立大明政权后，大封有功之臣，却忘了捐躯的官民，这些战死者“阴魂”向他诉苦讨功。于是朱元璋就想出了以东、南、西、北、中五路之鬼魂概括为“五猖”，让百姓举行活动纪念。

文献中对清代的祭祀礼仪和祭祀活动没有任何记载，明代的记载只见于对明初洪武时期的详细描述，洪武以后未见更改：

洪武元年，诏定亲征遣将诸礼仪。以为古者天子亲征则类于上帝，造于祖，宜于社。祃于所征之地，祭所过山川。若遣将出师，亦告于庙社，祃祭旗纛而后行……今牙旗六纛藏之内府，其庙在山川坛。每岁仲秋祭山川日，遣官祭于旗纛庙；霜降日，又祭于教场；至岁暮享太庙日，又祭于承天门外。俱旗手卫指挥行礼。

——《明会典》卷九二

明代实行五军制，即前、后、中、左、右五军，每军都设军校场，按规定旗纛之神于每年秋霜降日在各自军校场祭祀；还要在宫城的承天门（天安门）外祭祀。因此，先农坛旗纛庙只是军事之神的主要祭祀场所之一。一事多办，这在中国古代的敬神活动中并不少见。

乾隆十八年（1753年），清乾隆帝下谕拆掉了先农坛旗纛庙，精简了对旗纛之神的祭祀事宜。不过，根据清《五朝会典》中雍正和乾隆时先农坛图的比对，发现拆除的仅是旗纛庙前院，也就是说将前院的旗纛殿、燎炉拆掉，而后院的建筑未动；同时将东侧的神仓整体移建于此。这个变动完成之后，后院的正殿更名为祭器库，专门存放皇帝亲耕耤田的农具。

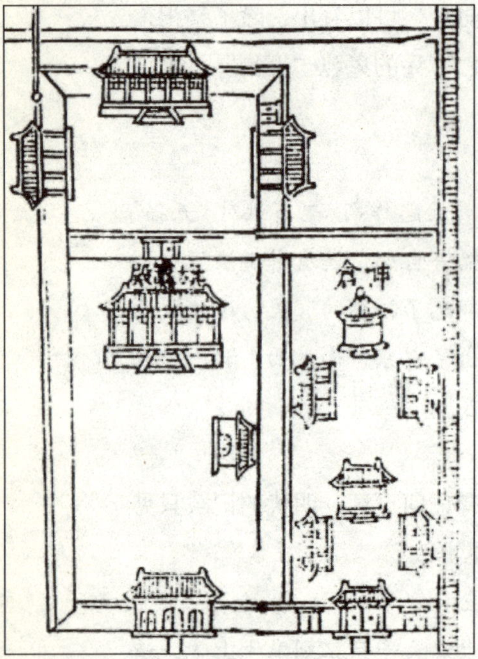

清乾隆初年时的旗纛庙

祭器库的前身是明永乐十八年（1420年）至清乾隆十八年（1753年）北京先农坛（明山川坛）旗纛庙的后院神库正殿，用于非祭祀旗纛神时存放诸旗纛神牌。建筑面阔五间26.17米，进深9.36米，建筑面积约245平方米，悬山顶，顶覆削割瓦。东西各为一座三开间悬山顶配房，原存放各式祭祀旗纛神的礼器。两院之间有一隔墙。

近年对后院建筑进行初步研究表明，后院的正殿祭器库无论是形制、结构都保留较为明显的明式作法，初步可以肯定祭器库"逃"过了清乾隆帝对先农坛的大规模改造，成为坛内保留至今的明代建筑仅存硕果之一。

《钦定四库全书·明集礼》中记载的明初旗纛礼

降香遣官祭旗纛仪注：

时日：

斋戒：献官以大都督充，及各执事官俱散斋二日，致斋一日。

降香：前祀一日，清晨，有司立仗，百官具公服侍班。皇帝服皮弁，升奉天殿，奉香授献官，献官捧，由中陛降中道，出至午门外，置龙亭内。仪仗鼓吹导引至祭所。

陈设：前祀一日，有司陈设如图仪。

省牲：前祀一日，献官公服，诣坛东省牲。赞礼引至省牲位，执事者牵牲省讫。诣神厨，视鼎镬、视涤濯，毕，遂烹牲。

正祭：祭日清晨，执事者入，实尊、罍、簠、簋、笾、豆、牲俎，并陈毛、血豆于神位前，列币篚于酒尊所。赞引引献官及应祀官各入，就位。赞礼唱："有司已具，请行礼。"赞礼唱："鞠躬。拜。兴。拜。兴。平身。"献官及在位官皆鞠躬，拜，兴，拜，兴，平身。

奠币：赞礼唱："奠币。"赞礼引献官诣盥洗位，搢笏，盥手，帨手，出笏，诣旗纛神位前。大乐作，献官北向跪，搢笏，三上香。执事者捧币，东向跪，授献官，献官受币。赞礼唱："奠币。"献官兴，奠于神位前。赞礼唱："鞠躬。拜。兴。拜。兴。平身。"乐止。复位。

初献：赞礼唱："行初献礼。"赞引引献官至爵洗位，搢笏，涤爵，拭爵，以爵授执事者，诣酒尊所。司尊者举幂，执爵者以爵进，酌醴齐，以爵授执事者，引诣旗纛神位前。大乐作，跪，搢笏，三上香，三祭酒，奠爵，出笏，俯伏，兴，平身，稍退，鞠躬，拜，兴，拜，兴，平身，乐止。赞礼唱："读祝。"献官跪，读祝官取祝版于神右跪，读毕，大乐作。赞礼唱："俯伏。兴。平身。"稍后，鞠躬，拜，兴，拜，兴，平身。乐止。

亚献、终献如初献仪，惟不读祝。

饮福受胙：赞礼唱："饮福，受胙。"赞引引初献官升坛，诣饮福位，鞠躬，拜，兴，拜，兴，平身，稍前，跪，搢笏，进爵，祭酒，饮福酒，以爵复于坫。奉俎者进俎，献官受俎，以俎授执事者，出笏，俯伏，兴，平身，少退，鞠躬，拜，兴，拜，兴，平身，复位。

彻豆：赞礼唱："彻豆。"掌祭官彻豆。赞礼唱："赐胙。"传赞唱："已饮福。"受胙者不拜，在位官皆再拜。鞠躬，拜，兴，拜，兴，平身。赞礼唱："祝人取祝，币人取币，诣望燎位。"

望燎：赞礼唱："望燎。"赞引引献官诣望燎位，执事者以祝版、币、馔置柴上。赞礼唱："可燎。"执事者举炬火燔至半，赞礼唱："礼毕。"献官以下各以次退。

（三）天神坛石龛

建于明嘉靖时期的天神坛，它的使用功能与先农坛东面的天坛祈年殿内的部分祭祀内涵，及后世清代建于雍正时期的昭显庙（雷神庙）、凝和庙（云神庙）、宣仁庙（风神庙）、时应宫（雨神庙）事实上雷同。我们

天神坛

可以把它看成明世宗嘉靖帝的好鬼神、厘祀典的政绩工程。虽说明清时期天神坛也列为国家祀典，而且还是比较显赫的中祀，但实难说它发挥过应有的功能、体现过它应有的价值。纵览明清两代，来过此处敬神的国家官员屈指可数。尽管这样，它的风云雷雨四座石龛，还是相当不错的石刻艺术品，《明会典》说“内设云形青白石龛四于坛北，各高九尺二寸五分”（九尺二寸五分约合今 2.96 米），“皆镂以云纹”（光绪《清会典图》）。从遗留下来的民国照片看，外观形象与地祇坛中供奉京城山川和天下山川的石龛一样，犹如巨大的子弹形，只不过镌刻的图案是卷云纹。它们四座一排，摆放在天神坛祭坛的正北方，也就是说背北面南。当年的祭拜者跪伏在天神祭坛上，面向北方、面向这四座石龛叩头。在周围苍松翠柏的簇拥下，可以想象祭拜者聆听着优雅的祭乐，在石龛前与神明虔敬地做着心灵对话。这样说来石龛的文化内涵还要远胜于它的雕刻艺术。

不幸的是，十年浩劫期间的七十年代初，当时占据天神坛的北京育才学校出于情况不明的原因（不是营建校舍，也不是要使用石龛所在地），将这四座石龛彻底打碎，并作为废石料用汽车运出城区抛弃。经过了四百多年的风雨，这一处古迹彻底消失于人们的视线。

（四）神祇坛北门——雩坛门

从清代北京先农坛布局上看，无论是康、雍、乾时期，还是晚期的同、光时期，座落于内坛之南的天神坛、地祇坛（清末又简称神祇坛），他的祭祀功能没有发生任何变化，这从清代《五朝会典》的相关文字记载上得到肯定的确认。一般地说，封建时代奉行的祖宗之法不可变，尤其在清代的晚期，虽然大清帝国在内忧外患双重打击下已行将就木，但以满清贵族为代表的封建顽固保守势力依然死抱着正统不肯轻易谈变。至于典章制度，都是属于国家大法的范畴，不是迫不得已不可能进行自我更替。

清光绪帝时期修订的《大清会典》（简称光绪《清会典》，是清代最后一次对会典的国家修订和颁行，颁于清光绪二十五年（1899年），从这部书中，我们看到神祇坛的布局与乾隆改造后的先农坛相同，这也印证了乾隆改造后的先农坛布局一直延续到清亡的说法。

但从不止一份的清代末年地图上，我们却发现一处光绪《清会典》中所没有的建筑标示出来，它是一座神祇坛北坛墙上正对着内坛南门的大门，标称“雩坛门”。同时，一张摄于1959年文物普查的照片，也显示出有这样一座上书“雩坛”二字的随墙式有石门额大门。

前述第四章已说过，所谓雩，就是古人为求雨而举行的祭祀。有清一代，但凡官员到神祇坛叩礼祭祀，不外乎就是因天旱而祈雨，祈求上天普降甘露。因此，将神祇坛又称雩坛也不为过，只不过文献中不见提及。

清代祭祀神祇坛的标准路线，是进入位于东外坛墙的坛门——先农门，到达内外坛墙之间的庆成宫外南广场，然后南转，出内坛南墙的东门（即与庆成宫正宫门相对的内坛南墙大门），向南直行，再向西折，到达神祇坛位于南坛墙的正门，进入神祇坛内。

而这座“雩坛门”的出现，一定是与祭祀相关仪程的调整有关。祭祀仪程是否有变未见文献，可偏偏“雩坛门”这个现象只见于1900年庚子国难之后的地图上。这是否在向我们暗示着什么呢？联想1900年八国联军祸华之乱，大清帝国从此走向灭亡是世人不用料想也知七八的的事实。国家的极度萎靡，人心已到了极度麻木，往日牛气得不得了的大清帝国此时为了护政保国，不得已开始了政体改革，国家管理部门也在紧锣密鼓地进行行政改革。面对祭祀诸神祇的复杂仪程，虽说神祇坛在国家政治生活中没有啥大作用，但敬神还是必须的，可是又不想在这样一处无关紧要的祭坛耗费过多精力，于是乎干脆在神祇坛北坛墙上新开一门，以供敬神进出时省时省力。这个小改虽未见文献记载，但事实却是活生生地一直延续到并不遥远的40多年前，可以说它见证了中国历史上最后一个皇权专制王朝的覆灭。而它自己也伴随着十年浩劫破四旧愤怒的镐铲声中，终结了自己的使命。

（五）钟楼、犛房

晨钟暮鼓，是我国古代对人们进行时辰提醒的重要方式。北京先农坛内因有皇帝的斋宫，所以设立钟楼十分必要——虽然自明代天顺时斋宫建成后一直没有皇帝真的在此斋戒过。清乾隆之前，分列于庆成宫正门外广场的西南角和东南角的两座建筑，就是先农坛鼓楼、先农坛钟楼（见《五朝会典》中的雍正《清会典》），而且两座建筑外还分别建有各自的围墙。乾隆二十年（1755年）后，只剩东南角这一座先农坛钟楼，且围墙被拆除。据称，该钟楼一直存在到二十世纪七十年代，因当时北京先农坛体育场要使用这一场地，强行将这一古迹拆除。当时的北京市文化局文物科的老同志冒着背上破坏社会主义建设的罪名赶到现场，跟施工一方据理交涉，希望留下钟楼，哪怕等到测绘完成再拆除也可以。可惜的是文化人的美好愿望总是碰到下里巴人的无视，在推土机的轰隆声中这一古迹被铲平得干干净净。我们现在只能依靠上个世纪二三十年代的一张老图片来缅怀它昔日的存在。

先农坛钟楼（绘图：苏振）

至于犛房，更是令我

们极度陌生。字面理解上，辇房应是放置皇帝御辇之用。根据清《五朝会典》中的资料，及《乾隆京城全图》（绘于清乾隆十五年，即1750年），可以肯定的是至少清乾隆十五年（1750年）时它已存在，乾隆帝改造北京先农坛之前，辇房还有外围墙，之后被拆除。从《乾隆京城全图》上看，它位于庆成宫院落的西北角，呈五开间殿式，据推测应与今神仓后院正殿“祭器库”形制相当。从民国不同时期地图的描绘中分析，它应该是在民国早年就已消失，没有留下任何记录。

北京先农坛主要建筑特征表

名称	始建年代	使用功能	规模	体量	形制			彩画（外檐）
					屋面	斗栱	其他	
庆成宫（斋宫）	明天顺二年（1458年）	皇帝行庆贺礼	五开间	七檩	庑殿琉璃顶	五踩单翘单昂溜金斗栱	前设月台、丹陛，周以栏板	金龙和玺彩画
太岁殿	明永乐十八年（1420年）	祭祀太岁神	七开间	十三檩	歇山琉璃顶	七踩单翘双昂溜金斗栱		金龙和玺彩画
具服殿	明永乐十八年（1420年）	皇帝更衣休憩	五开间	七檩	歇山琉璃顶	五踩单翘单昂溜金斗栱		金龙和玺彩画
太岁殿东庑	明永乐十八年（1420年）	祭祀春秋月将	十一开间	七檩	悬山琉璃顶			大金点旋子彩画
焚帛炉	明永乐十八年（1420年）	焚烧祝帛祭品			歇山琉璃顶	五踩单翘单昂斗栱	仿木结构	明式旋子彩画（砖雕）
观耕台	乾隆十九年（1754年）	皇帝观耕	方形台座				方形琉璃台座周以栏板，草龙纹饰（琉璃）	
神仓	明嘉靖十一年（1532年）	存储耤田之获	圆廪		圆攒尖琉璃顶		室内方砖上铺木地板	雄黄玉旋子彩画
收谷亭	明嘉靖十一年（1532年）	验收耤田之获	方形亭		四角攒尖琉璃顶			雅伍墨旋子彩画
宰牲亭	明永乐十八年（1420）	宰杀牺牲	五开间	七檩	上层檐悬山顶下层四坡水		内有漂牲池	旋子彩画
井亭	明永乐十八年（1420）	制作祭品取水		六角	六角盝顶削割瓦	三踩单翘单昂溜金斗栱	盝顶中空下对井口	墨线大金点龙锦枋心旋子彩画
神牌库	明永乐十八年（1420）	存放先农神牌	五开间	九檩	悬山削割瓦顶			墨线大金点龙锦枋心旋子彩画

附录 1 北京先农坛大事辑录

附录 1-1 明代北京先农坛大事辑录

年号	公元纪年	历史事件	备注
永乐十八年	1420 年	十二月。癸亥。初营建北京，凡庙、社、郊祀坛场、宫殿门阙规制悉如南京（合祀露祭山川、太岁诸神）。	《明实录·太宗实录》卷二百三十二
		自后遇登极初行耕耤礼，则亲祭。每岁以仲春上戊日遣官致祭。	《明会典》卷九二
永乐十九年	1421 年	二月。戊申。遣官祭先农。	《明实录·太宗实录》卷二百三十四
永乐二十年	1422 年	二月。戊戌。祭太社太稷，遣官祭先农。	《明实录·太宗实录》卷二百四十六
永乐二十一年	1423 年	二月。戊戌。祭太社太稷，遣官祭先农。	《明实录·太宗实录》卷二百五十六
永乐二十二年	1424 年	二月。戊申。祭太社太稷，遣官祭先农。	《明实录·太宗实录》卷二百六十八
洪熙元年	1425 年	二月。丙辰。上躬祭先农，耕耤田。	《国朝典汇》卷十八
宣德元年	1426 年	二月。丙辰。上躬祭先农，耕耤田。	《国朝典汇》卷十八
宣德二年	1427 年	二月。遣官祭先农。	《明实录·宣宗实录》卷二十五
宣德三年	1428 年	二月。戊午。祭太社太稷，遣官祭先农。	《明实录·宣宗实录》卷三十六
宣德四年	1429 年	二月。戊寅。祭太社太稷，遣官祭先农。	《明实录·宣宗实录》卷五十一
宣德五年	1430 年	二月。戊寅。祭太社太稷，遣官祭先农。	《明实录·宣宗实录》卷六十三
宣德六年	1431 年	二月。戊戌。祭太社太稷，遣官祭先农。	《明实录·宣宗实录》卷七十六
宣德七年	1432 年	二月。戊戌。祭太社太稷，遣官祭先农。	《明实录·宣宗实录》卷八十七
宣德八年	1433 年	二月。戊子。祭太社太稷，遣官祭先农。	《明实录·宣宗实录》卷九十九
宣德九年	1434 年	二月。戊午。祭太社太稷，遣官祭先农。	《明实录·宣宗实录》卷一百八

续表

年号	公元纪年	历史事件	备注
宣德十年	1435 年	二月。戊申。遣顺天府官祭先农之神。	《明实录·英宗实录》卷二
		十月。庚申。行在工部奏：请修天地坛殿庑、墙垣。上以山川坛、具服殿俱不可缓，命并修之。	《明实录·英宗实录》卷十（《明实录北京史料（二）》）
正统元年	1436 年	二月。戊戌。遣顺天府官祭先农之神。	《明实录·英宗实录》卷一四
		三月。甲申。增设天地坛、山川坛坛户各十户。	《明实录·英宗实录》卷十五（《明实录北京史料（二）》）
正统二年	1437 年	二月。戊辰。遣顺天府官祭先农之神。	《明实录·英宗实录》卷二十七
正统三年	1438 年	二月。戊午。遣顺天府官祭先农之神及宋丞相文天祥。	《明实录·英宗实录》卷三十九
正统五年	1440 年	二月。戊寅。遣顺天府官祭先农及宋丞相文天祥。	《明实录·英宗实录》卷六十四
		上躬耕耤田。毕，寻雨。大学士杨士奇、杨荣有喜雨诗。	《国朝典汇》卷十八
正统六年	1441 年	二月。戊寅。遣顺天府官祭先农之神。	《明实录·英宗实录》卷七十六
正统七年	1442 年	二月。戊戌。遣顺天府官祭先农之神并宋丞相文天祥。	《明实录·英宗实录》卷八十九
正统八年	1443 年	二月。戊子。遣顺天府官祭先农之神。	《明实录·英宗实录》卷一百一
正统九年	1444 年	二月。戊子。遣顺天府官祭先农之神。	《明实录·英宗实录》卷一百十三
正统十年	1445 年	二月。戊申。遣顺天府官祭先农之神。	《明实录·英宗实录》卷一百二十六
正统十一年	1446 年	二月。戊申。遣顺天府官祭先农之神。	《明实录·英宗实录》卷一三八（《明实录北京史料（二）》）
正统十二年	1447 年	二月。戊戌。遣顺天府官祭先农之神。	《明实录·英宗实录》卷一百五十
正统十三年	1448 年	二月。戊午。遣顺天府官祭先农之神。	《明实录·英宗实录》卷一百六十三
正统十四年	1449 年	二月。戊午。遣顺天府官祭先农之神。	《明实录·英宗实录》卷一百七十五
景泰元年	1450 年	二月。戊寅。祭先农之神。亲耕耤田。	《明实录·英宗实录》卷一百八十九
景泰二年	1451 年	二月。戊寅。遣顺天府官祭先农之神。	《明实录·英宗实录》卷二百一

续　表

年号	公元纪年	历史事件	备注
景泰三年	1452年	二月。戊辰。遣顺天府官祭先农之神。	《明实录·英宗实录》卷二百十三
景泰四年	1453年	二月。戊戌。遣顺天府官祭先农之神。	《明实录·英宗实录》卷二百二十六
景泰五年	1454年	二月。戊子。遣顺天府官祭先农之神。	《明实录·英宗实录》卷二百三十八
景泰六年	1455年	二月。戊寅。遣顺天府官祭先农之神。	《明实录·英宗实录》卷二百五十
景泰七年	1456年	二月。戊申。遣顺天府官祭先农之神。	《明实录·英宗实录》卷二百六十三
天顺元年	1457年	二月。戊戌。遣顺天府官祭先农之神。	《明实录·英宗实录》卷二百七十五
天顺二年	1458年	八月。乙亥。建山川坛斋宫，遣工部尚书赵荣祭司工之神。	《明实录·英宗实录》卷二九四（《明实录北京史料（二）》）
天顺三年	1459年	二月。戊午。遣顺天府官祭先农之神。	《明实录·英宗实录》卷三百
		九月。庚子。造山川坛斋宫应用器皿。	《明实录·英宗实录》卷三〇七（《明实录北京史料（二）》）
天顺四年	1460年	二月。戊午。遣顺天府官祭先农之神。	《明实录·英宗实录》卷三百十二
天顺五年	1461年	五月。乙卯。修山川坛南天门及神路。	《明实录·英宗实录》卷三二八（《明实录北京史料（二）》）
天顺六年	1462年	二月。戊辰。遣顺天府官祭先农之神。	《明实录·英宗实录》卷三百三十七
天顺七年	1463年	二月。戊辰。遣顺天府官祭先农之神。	《明实录·英宗实录》卷三百四十九
		八月。庚寅。修天地、山川坛周围墙垣。	《明实录·英宗实录》卷三五六（《明实录北京史料（二）》）
		八月。戊子。遣顺天府官祭先农之神。	《明实录·英宗实录》卷三百五十六
天顺八年	1464年	二月。戊子。遣顺天府官祭先农之神。	《明实录·宪宗实录》卷二

续表

年号	公元纪年	历史事件	备注
成化元年	1465年	正月。癸酉。礼部上耕耤仪注。	《明实录·宪宗实录》卷十三
		二月。已卯。修理先农坛具服殿及修饰国子监大成门、彝伦堂，以将有事于耤并视学故也。	《明实录·宪宗实录》卷十四（《明实录北京史料（二）》）
		二月。戊子。遣顺天府官祭先农之神。	《明实录·宪宗实录》卷十四
		二月。甲子。上祭先农之神遂躬耕耤田。	《明实录·宪宗实录》卷十四
成化二年	1466年	二月。戊寅。遣顺天府官祭先农之神。	《明实录·宪宗实录》卷二十六
成化三年	1467年	二月。戊戌。遣顺天府官祭先农之神。	《明实录·宪宗实录》卷三十九
		六月。戊戌。山川坛正殿两庑、拜殿、神厨岁久损坏，工部请修理。从之。	《明实录·宪宗实录》卷四三（《明实录北京史料（二）》）
成化四年	1468年	四月。庚子。太常寺奏：天地坛外墙风沙堆积几与墙等，内坛及山川坛周围盖瓦俱被风损坏，宜速修治。工部覆奏。从之。	《明实录·宪宗实录》卷五三（《明实录北京史料（二）》）
成化五年	1469年	二月。戊子。遣顺天府官祭先农之神。	《明实录·宪宗实录》卷六十三
		七月。癸未。修山川坛正殿、两庑、拜殿及神厨之损坏者。	《明实录·宪宗实录》卷六九（《明实录北京史料（二）》）
成化六年	1470年	二月。戊午。遣顺天府官祭先农之神。	《明实录·宪宗实录》卷七十六
成化九年	1473年	二月。戊辰。遣顺天府官祭先农之神。	《明实录·宪宗实录》卷一百十三
成化十年	1474年	二月。戊午。遣顺天府官祭先农之神。	《明实录·宪宗实录》卷一百二十五
成化十一年	1475年	二月。戊子。遣顺天府官祭先农之神。	《明实录·宪宗实录》卷一百三十八
成化十二年	1476年	二月。戊寅。遣顺天府官祭先农之神。	《明实录·宪宗实录》卷一百五十
成化十三年	1477年	二月。戊寅。遣顺天府官祭先农之神。	《明实录·宪宗实录》卷一百六十二
成化十四年	1478年	二月。戊戌。遣顺天府官祭先农之神。	《明实录·宪宗实录》卷一百七十五

续 表

年号	公元纪年	历史事件	备注
成化十五年	1479 年	二月。戊戌。遣顺天府官祭先农之神。	《明实录·宪宗实录》卷一百八十七
		八月。甲午。修理天地、山川坛、太岁等殿。	《明实录·宪宗实录》卷一九三（《明实录北京史料（二）》）
		十一月。壬寅。命修天地、山川二坛殿宇、墙垣之损坏者。	《明实录·宪宗实录》卷一九七（《明实录北京史料（二）》）
成化十六年	1480 年	二月。戊午。遣顺天府官祭先农之神。	《明实录·宪宗实录》卷二百
成化十七年	1481 年	二月。戊申。遣顺天府官祭先农之神。	《明实录·宪宗实录》卷二百十二
		四月。甲子。命修理天地坛、太庙及社稷、山川坛、国子监、神乐观乐器损坏者。	《明实录·宪宗实录》卷二一四（《明实录北京史料（二）》）
成化十八年	1482 年	二月。戊申。遣顺天府官祭先农之神。	《明实录·宪宗实录》卷二百二十四
成化十九年	1483 年	二月。戊辰。遣顺天府官祭先农之神。	《明实录·宪宗实录》卷二百三十七
成化二十年	1484 年	二月。戊辰。遣顺天府官祭先农之神。	《明实录·宪宗实录》卷二百四十九
成化二十一年	1485 年	二月。戊午。遣顺天府官祭先农之神。	《明实录·宪宗实录》卷二百六十二
弘治元年	1488 年	正月。礼部进耕耤田仪注。	《明实录·孝宗实录》卷十
		二月。戊戌。遣顺天府官祭先农之神。	《明实录·孝宗实录》卷十一
		二月。丁未。上祭先农之神遂躬耕耤田。	《明实录·孝宗实录》卷十一
		赐终亩农人各布一匹。	《明会典》卷一一〇
		更定耕耤仪。	《续通典》卷四十五
弘治二年	1489 年	二月。戊戌。遣顺天府官祭先农之神。	《明实录·孝宗实录》卷二十三
弘治三年	1490 年	二月。戊子。遣顺天府官祭先农之神。	《明实录·孝宗实录》卷三十五
弘治四年	1491 年	二月。戊申。遣顺天府官祭先农之神。	《明实录·孝宗实录》卷四十八
弘治五年	1492 年	二月。戊申。遣顺天府官祭先农之神。	《明实录·孝宗实录》卷六十
弘治六年	1493 年	二月。戊戌。遣顺天府官祭先农之神。	《明实录·孝宗实录》卷七十二
弘治七年	1494 年	二月。戊辰。遣顺天府官祭先农之神。	《明实录·孝宗实录》卷八十五
弘治八年	1495 年	二月。戊午。遣顺天府官祭先农之神。	《明实录·孝宗实录》卷九十七
弘治九年	1496 年	二月。戊午。遣顺天府官祭先农之神。	《明实录·孝宗实录》卷一百九

续表

年号	公元纪年	历史事件	备注
弘治十年	1497年	二月。戊寅。遣顺天府官祭先农之神。	《明实录·孝宗实录》卷一百二十二
弘治十一年	1498年	二月。戊辰。遣顺天府官祭先农之神。	《明实录·孝宗实录》卷一百三十四
		六月。辛卯。修山川坛墙垣。	《明实录·孝宗实录》卷一三八（《明实录北京史料（二）》）
弘治十二年	1499年	二月。戊戌。遣顺天府官祭先农之神。	《明实录·孝宗实录》卷一百四十七
弘治十三年	1500年	六月。甲申。工部覆奏：府部等衙门所言停改造、恤边民二事，谓：‘奉天殿及山川坛旧中和乐器尚堪用’。诸如所言，暂停派造物料。……上命：……中和乐器仍旧成造。	《明实录·孝宗实录》卷一六三（《明实录北京史料（二）》）
弘治十四年	1501年	二月。戊子。遣顺天府官祭先农之神。	《明实录·孝宗实录》卷一百七十一
弘治十五年	1502年	二月。戊申。遣顺天府官祭先农之神。	《明实录·孝宗实录》卷一百八十四
弘治十六年	1503年	二月。戊午。遣顺天府官祭先农之神。	《明实录·孝宗实录》卷一百九十六
		七月。癸未。修山川坛祭器。	《明实录·孝宗实录》卷二〇一（《明实录北京史料（二）》）
弘治十八年	1505年	二月。戊午。遣顺天府官祭先农之神。	《明实录·孝宗实录》卷二百二十一
		十一月。命工部修理先农坛具服殿斋宫。	《明实录·武宗实录》卷七
正德元年	1506年	二月。戊午。遣顺天府官祭先农之神。	《明实录·武宗实录》卷十
		三月。乙丑。上祭先农之神遂躬耕耤田。	《明实录·武宗实录》卷十
正德二年	1507年	二月。戊寅。遣顺天府官祭先农之神。	《明实录·武宗实录》卷二十三
正德三年	1508年	二月。戊寅。遣顺天府官祭先农之神。	《明实录·武宗实录》卷三十五
正德四年	1509年	二月。遣顺天府官祭先农之神。	《明实录·武宗实录》卷四十七
正德五年	1510年	二月。戊子。遣顺天府官祭先农之神。	《明实录·武宗实录》卷六十
正德六年	1511年	二月。戊子。遣顺天府官祭先农之神。	《明实录·武宗实录》卷七十二
正德七年	1512年	二月。戊寅。遣顺天府官祭先农之神。	《明实录·武宗实录》卷八十四

续 表

年号	公元纪年	历史事件	备注
正德八年	1513年	二月。戊申。遣顺天府官祭先农之神。	《明实录·武宗实录》卷九十七
正德九年	1514年	二月。戊戌。遣顺天府官祭先农之神。	《明实录·武宗实录》卷一〇九
正德十一年	1516年	二月。戊午。遣顺天府官祭先农之神。	《明实录·武宗实录》卷一三四
正德十二年	1517年	二月。戊申。遣顺天府府尹胡韶祭先农之神。	《明实录·武宗实录》卷一百四十六
正德十三年	1518年	二月。戊寅。顺天府官祭先农之神，如常仪。	《明实录·武宗实录》卷一百五十九
正德十六年	1521年	十月。丁亥。命工部修理天地、山川坛。	《明实录·世宗实录》卷七（《明实录北京史料（三）》）
嘉靖元年	1522年	二月。戊寅朔。遣驸马都尉崔元祭社稷，顺天府府尹徐藩祭先农之神。	《明实录·世宗实录》卷十一
		三月，上耕耤田。	《国朝典汇》卷十八
嘉靖二年	1523年	二月。戊寅。遣顺天府官祭先农之神。	《明实录·世宗实录》卷二十三
嘉靖八年	1529年	令以每岁孟春及岁暮，特祀太岁、月将之神，与享太庙同日。	《明会典》卷八五
		定祀太岁月将乐章。	《明史》卷六十二
嘉靖九年	1530年	二月。戊辰。上祭社稷坛毕，出郊祀先农，行耕耤礼。	《明实录·世宗实录》卷一一〇（《明实录北京史料（三）》）
		分立天神、地祇之祭；更风、云、雷、雨之序曰：云、雨、风、雷。	《明会典》卷八五 《明史》卷四九
		令以耤田旧地六顷三十五亩九分六厘五毫拨与坛丁耕种。岁出黍、稷、稻、粱、芹、韭等项。余地四顷八十七亩六分二厘九毫，除建神祇坛外，其余九十四亩二分五厘六丝四忽亦拨与坛丁耕种。	《明会典》卷五一
		续定祭先农仪。	
		定分祀天神地祇乐章。	《明史》卷六十二
		十一月。丙申。上谕礼部曰：南郊之东坛名“天坛”，北郊之坛名“地坛”，东郊之坛名“朝日坛”，西郊之坛名“夕月坛”，南郊之西坛名“神祇坛”。著载会典勿得混称。	《明实录·世宗实录》卷一百十九

续表

年号	公元纪年	历史事件	备注
嘉靖十年	1531年	议准：每岁精田所出者，藏之神仓，以供圜丘、祈谷、先农、神祇坛、各陵寝、历代帝王及百神之祀。西苑所出者，藏之恒裕仓，以供方泽、朝日、夕月、宗庙、社稷、先蚕、先师孔子之祀。	《明会典》卷二一五
		帝将耕耤田，诏造耕根车。	《明史》卷六十五
		（天神、地祇坛）以辰、戌、丑、未年仲秋，皇帝亲祭，余年遣大臣摄祭。	《续通典》卷四十五
		二月。上躬耕耤田，祭先农之神。	《明实录·世宗实录》卷一百二十二
		建观耕台（木质，亲耕前临时搭建）；建天神、地祇坛。	《明实录·世宗实录》卷一百二十八 《明会典》卷八五
		更定耕耤仪。	《续通典》卷四十五
		七月。乙亥。天神、地祇坛及神仓工成。升右道政何栋为太仆寺卿。	《明实录·世宗实录》卷一百二十八
嘉靖十一年	1532年	二月。遣户部尚书许讚代祭先农。	《明实录·世宗实录》卷一百三十五
		八月。乙未。祭风云雷雨并岳镇海渎于神祇坛，遣成国公朱凤代。	《明实录·世宗实录》卷一百四十一
嘉靖十三年	1534年	二月。丁未。遣礼部尚书夏言祭先农之神。	《明实录·世宗实录》卷一百六十
嘉靖十五年	1536年	二月。上以疾暂辍耕耤礼，遣宣城伯卫錞祭先农之神。寻命皇后亲蚕礼亦暂罢之。	《明实录·世宗实录》卷一百八十四
嘉靖十六年	1537年	令神祇坛以丑、辰、未、戌三年一亲祭。	《明会典》卷八五
嘉靖十七年	1538年	二月。诏暂罢耕耤礼，遣尚书李廷相祭先农之神。	《明实录·世宗实录》卷二百九
嘉靖十八年	1539年	正月。暂罢耕耤，遣侍郎李如圭祭先农之神。	《明实录·世宗实录》卷二百二十
嘉靖十九年	1540年	二月。丙子。暂免耕耤，遣尚书梁材祭先农之神。	《明实录·世宗实录》卷二百三十四

续 表

年号	公元纪年	历史事件	备注
嘉靖二十年	1541年	十二月。癸亥。以冬深无雪祷于神祇坛，命成国公朱希忠行礼，百官青衣斋宿、停刑禁屠如例。	《明实录·世宗实录》卷二百五十六
嘉靖二十一年	1542年	二月。丙子。诏暂罢耤田，遣官祭先农之神。	《明实录·世宗实录》卷二百五十八
嘉靖二十三年	1544年	二月。诏罢耕耤礼，命户部尚书王杲祭先农之神。	《明实录·世宗实录》卷二百八十三
嘉靖二十四年	1545年	二月。丙午。暂罢亲耕礼，遣户部尚书梁经祭先农之神。	《明实录·世宗实录》卷二百九十六
嘉靖二十六年	1547年	二月。丁未。罢耕耤，命户部尚书王杲祭先农之神。	《明实录·世宗实录》卷三百二十
嘉靖二十七年	1548年	二月。甲子。罢耕耤田，遣尚书夏谟祭先农之神。	《明实录·世宗实录》卷三百三十二
嘉靖二十八年	1549年	二月。甲子。诏罢耕耤礼，遣户部尚书夏谟祭先农之神。	《明实录·世宗实录》卷三百四十五
嘉靖二十九年	1550年	二月。甲子。遣户部尚书潘潢祭先农之神。	《明实录·世宗实录》卷三百五十七
		四月。己亥。礼部以天久不雨，奏请遍祷神祇。……上曰：……庙社诸神以十五日奏告。……神祇坛伯焦栋、尚书徐阶各青衣角带行礼。	《明实录·世宗实录》卷三百五十九
嘉靖三十年	1551年	二月。甲子。罢耕耤礼，遣户部尚书孙应奎祭先农之神。	《明实录·世宗实录》卷三百七十
嘉靖三十二年	1553年	二月。甲子。罢耕耤礼，遣户部尚书方锐祭先农之神。	《明实录·世宗实录》卷三百九十四
嘉靖三十四年	1555年	二月。丁丑。罢耕耤田，遣户部尚书方锐祭先农之神。	《明实录·世宗实录》卷四百十九
嘉靖三十五年	1556年	九月。壬午。以平倭功，祭告南北郊、太庙、太社稷、帝社稷、历代帝王、神祇坛。命公朱希忠、张溶、徐延德，侯顾寰，驸马谢诏，伯方承裕、陈鏸各行礼，百官上表称贺。	《明实录·世宗实录》卷四百三十九
嘉靖三十六年	1557年	二月。丙午。暂罢耕耤礼，遣户部尚书方锐祭先农之神。	《明实录·世宗实录》卷四百四十四

续 表

年号	公元纪年	历史事件	备注
嘉靖三十七年	1558 年	二月。遣遂安伯陈鏸祭先农之神。	《明实录·世宗实录》卷四百五十六
嘉靖三十八年	1559 年	二月。丁巳。罢耕耤田，由户部尚书贾应春祭先农之神。	《明实录·世宗实录》卷四百六十九
		谕：凡亲耕，则户部尚书先祭先农。上至止行三推礼。	《国朝典汇》卷十八
嘉靖三十九年	1560 年	二月。丁巳。遣户部尚书马坤祭先农之神。	《明实录·世宗实录》卷四百八十一
嘉靖四十年	1561 年	二月。庚戌。遣户部尚书高燿祭先农之神。	《明实录·世宗实录》卷四百九十三
嘉靖四十一年	1562 年	二月。罢亲耕，惟遣官祭先农。	《明史》卷四十九
		八月。诏罢亲耕、蚕礼。	《国朝典汇》卷十八
隆庆元年	1567 年	废止天神、地祇之祭；罢西苑耕种诸祭祀，皆取之耤田。	《明会典》卷八五；《明史》卷四十九
		二月。甲午。遣顺天府官祭先农之神。	《明实录·穆宗实录》卷四
		十一月。乙亥。以明年将行耕田礼，命工部修葺先农坛壝、斋宫、殿宇。	《明实录·穆宗实录》卷一四（《明实录北京史料（三）》）
隆庆二年	1568 年	二月。上诣先农坛，祭先农之神。	《国朝典汇》卷十八
隆庆四年	1570 年	二月。庚戌。遣顺天府官祭先农之神。	《明实录·穆宗实录》卷四二
隆庆五年	1571 年	二月。丙辰。遣顺天府官祭先农之神。	《明实录·穆宗实录》卷五四
隆庆六年	1572 年	闰二月。戊午。遣顺天府官祭先农之神。	《明实录·穆宗实录》卷六七
万历四年	1576 年	改铸神祇坛祠祭署印为先农坛祠祭署印。	《明会典》卷九二
		题准：先农坛每年春、秋二季行太常寺季官摘拨坛户，将瓦上、砖地内草木芟除。墙垣行管理重城司官巡视，如有剥裂处所，量取砖石，雇募匠作修补。	《明会典》卷一八七
万历八年	1580 年	二月。上亲祀先农坛，毕，行耕耤礼。	《明实录·神宗实录》卷九十六
万历九年	1581 年	二月。丙午。遣顺天府官祭先农之神。	《明实录·神宗实录》卷一百九
万历十一年	1583 年	二月。遣顺天府堂上官祭先农之神。	《明实录·神宗实录》卷一百三十三

续 表

年号	公元纪年	历史事件	备注
万历十二年	1584年	二月。甲子。遣顺天府堂上官祭先农之神。	《明实录·神宗实录》卷一百四十六
万历三十四年	1606年	二月。甲寅。遣官祭朝日及先农之神。	《明实录·神宗实录》卷四百一十八
万历三十九年	1611年	二月。戊子。先农之神遣顺天府官行礼。	《明实录·神宗实录》卷四百八十
万历四十一年	1613年	二月。庚寅。祭大明于朝日坛，遣成国公朱成纯行礼。是日又祭先农之神，遣官行礼。	《明实录·神宗实录》卷五百五
万历四十八年	1620年	二月。甲子。遣顺天府官祭先农之神。	《明实录·神宗实录》卷五百九十一
天启五年	1625年	二月。己亥。祭先农之神，遣顺天府堂上官行礼。	《明实录·熹宗实录》卷五十六
天启六年	1626年	十一月。遣太医院堂上官祭先农之神。	《明实录·熹宗实录》卷七十八
天启七年	1627年	七月。戊子。修理先农坛，祭告后土，遣工部尚书薛凤翔行礼。	《明实录·熹宗实录》（《明实录北京史料（四）》）
崇祯七年	1634年	二月。甲申。上祀先农，躬耕耤田。	《明实录·怀宗实录》卷七（《明实录北京史料（四）》）
崇祯十五年	1642年	二月。上复亲祭先农，行耕耤礼。谕礼臣，以后耕耤，宜歌《豳风》之诗。	《春明梦馀录》

附录 1-2　清代北京先农坛大事辑录

年号	公元纪年	历史事件	备注
顺治元年	1644 年	定……孟春择日及岁除前一日祀太岁。	《清会典事例》卷四一六
		题准。孟春上旬诹吉，及岁除前一日，祖迎太岁，乐均六奏，乐章用“平”字。	《清会典事例》卷五二五
		定先农坛用执事，乐舞生一十八名。如皇帝耕耤、亲祭，共用乐舞生二百二十二名。……太岁坛，共用二百三十二名。又定：乐舞生服色。……先农坛焚香，乐舞生服红绢服；执事，乐舞生服月白镶边兰绢服。如皇帝耕耤、亲祭，武舞生服红绢销金花服。文舞生及乐生，焚香，乐舞生服红绢补服；执事，乐舞生服月白镶边青绢服。……太岁坛，乐舞生服色亦与历代帝王庙同。其带均用绿色，紬为之。其顶，文舞生用裹金铜顶，武舞生用裹金三叉铜顶。俱由太常寺行文，工部给领。	《清会典事例》卷五二八
顺治二年	1645 年	正月。甲午。遣官祭太岁月将之神。	《清实录·世祖实录》卷十三
		十二月。戊申。遣官祭太岁月将之神。	《清实录·世祖实录》卷二二
顺治三年	1646 年	正月。戊午。遣官祭太岁月将之神。	《清实录·世祖实录》卷二三
		十二月。壬寅。遣官祭太岁月将之神。	《清实录·世祖实录》卷二九
顺治四年	1647 年	正月。庚戌。遣官祭太岁月将之神。	《清实录·世祖实录》卷三〇
顺治五年	1648 年	正月。乙巳。遣官祭太岁月将之神。	《清实录·世祖实录》卷三六
		十二月。戊午。遣官祭太岁月将之神。	《清实录·世祖实录》卷四一
顺治六年	1649 年	正月。丁卯。遣官祭太岁月将之神。	《清实录·世祖实录》卷四二
		十二月。癸丑。遣官祭太岁月将之神。	《清实录·世祖实录》卷四六
顺治七年	1650 年	正月。甲子。遣官祭太岁月将之神。	《清实录·世祖实录》卷四七
		十二月。丁未。遣官祭太岁月将之神。	《清实录·世祖实录》卷五一
顺治八年	1651 年	正月。戊午。遣官祭太岁月将之神。	《清实录·世祖实录》卷五二
		十二月。辛未。遣官祭太岁月将之神。	《清实录·世祖实录》卷六一

续 表

年号	公元纪年	历史事件	备注
顺治九年	1652年	正月。壬午。遣官祭太岁月将之神。	《清实录·世祖实录》卷六二
		十二月。丙寅。遣官祭太岁月将之神。	《清实录·世祖实录》卷七〇
顺治十年	1653年	正月。甲戌。遣官祭太岁月将之神。	《清实录·世祖实录》卷七一
		十二月。庚寅。遣官祭太岁月将之神。	《清实录·世祖实录》卷七九
顺治十一年	1654年	正月。丁酉。遣官祭太岁月将之神。	《清实录·世祖实录》卷八〇
		定祭先农坛、亲耕耤田仪。	
		正月。定祭先农七章。	《清史稿》卷九六
		仲春亥日亲行耕耤礼，即以是日飨先农。……日坛、月坛、历代帝王庙、先师、关帝、文昌帝君、先农、先蚕之祭，前期二日，均礼部堂官率太常寺卿属，至牺牲所省牲。 太庙、社稷坛、日坛、历代帝王庙、先师庙、先农坛、先蚕坛均于前一日黎明宰牲。	《清会典事例》卷四一六
		二月。丙子。祀先农，行耕耤礼。	《清实录·世祖实录》卷八一
		十二月。甲申。遣官祭太岁月将之神。	《清实录·世祖实录》卷八七
顺治十二年	1655年	正月。甲午。遣官祭太岁月将之神。	《清实录·世祖实录》卷八八
		二月。甲戌。遣官祭先农之神。	《清实录·世祖实录》卷八九
		十二月。戊寅。遣官祭太岁月将之神。	《清实录·世祖实录》卷九六
顺治十三年	1656年	正月。丁亥。遣官祭太岁月将之神。	《清实录·世祖实录》卷九七
		三月。遣官祭先农之神。	《清实录·世祖实录》卷九九
		十二月。壬寅。遣官祭太岁月将之神。	《清实录·世祖实录》卷一〇五
顺治十四年	1657年	正月。庚戌。遣官祭太岁月将之神。	《清实录·世祖实录》卷一〇六
		二月。丙戌。遣官祭先农之神。	《清实录·世祖实录》卷一〇七
		十二月。丙申。遣官祭太岁月将之神。	《清实录·世祖实录》卷一一三
顺治十五年	1658年	正月。丙午。遣官祭太岁月将之神。	《清实录·世祖实录》卷一一四
		二月。丙戌。遣官祭先农之神。	《清实录·世祖实录》卷一一五
		十二月。辛卯。遣官祭太岁月将之神。	《清实录·世祖实录》卷一二二
顺治十六年	1659年	正月。丁酉。遣官祭太岁月将之神。	《清实录·世祖实录》卷一二三
		二月。庚辰。遣官祭先农之神。	《清实录·世祖实录》卷一二四
		十二月。乙卯。遣官祭太岁月将之神。	《清实录·世祖实录》卷一三〇

续 表

年号	公元纪年	历史事件	备注
顺治十七年	1660 年	正月。甲子。遣官祭太岁月将之神。	《清实录·世祖实录》卷一三一
		二月。丁未。遣官祭先农之神。	《清实录·世祖实录》卷一三二
		十二月。己酉。遣官祭太岁月将之神。	《清实录·世祖实录》卷一四三
顺治十八年	1661 年	正月。戊午。遣官祭太岁之神。	《清实录·圣祖实录》卷一
		二月。丁未。遣官祭先农之神	
		十二月。癸酉。遣官祭太岁之神。	《清实录·圣祖实录》卷五
康熙元年	1662 年	正月。乙酉。遣官祭太岁之神。	《清实录·圣祖实录》卷六
		二月。癸亥。遣官祭先农之神。	
		十二月。戊辰。遣官祭太岁之神。	《清实录·圣祖实录》卷七
康熙二年	1663 年	正月。甲戌。遣官祭太岁之神。	《清实录·圣祖实录》卷八
		十二月。壬戌。遣官祭太岁之神。	《清实录·圣祖实录》卷一〇
康熙三年	1664 年	正月。辛未。遣官祭太岁之神。	《清实录·圣祖实录》卷一一
		二月。辛亥。遣官祭先农之神。	
		十二月。丙戌。遣官祭太岁之神。	《清实录·圣祖实录》卷一三
康熙四年	1665 年	正月。乙未。遣官祭太岁之神。	《清实录·圣祖实录》卷一四
		二月。癸亥。遣官祭先农之神。	
		十二月。庚辰。遣官祭太岁之神。	《清实录·圣祖实录》卷一七
康熙五年	1666 年	正月。辛卯。遣官祭太岁之神。	《清实录·圣祖实录》卷一八
		二月。戊午。遣官祭先农之神。	
		十二月。甲戌。遣官祭太岁之神。	《清实录·圣祖实录》卷二〇
康熙六年	1667 年	正月。乙酉。遣官祭太岁之神。	《清实录·圣祖实录》卷二一
		二月。庚戌。遣官祭先农之神。	
		十二月。戊戌。遣官祭太岁之神。	《清实录·圣祖实录》卷二四
康熙七年	1668 年	正月。丁未。遣官祭太岁之神。	《清实录·圣祖实录》卷二五
		二月。丙戌。遣官祭先农之神。	
		十二月。癸巳。遣官祭太岁之神。	《清实录·圣祖实录》卷二七
康熙八年	1669 年	正月。癸卯。遣官祭太岁之神。	《清实录·圣祖实录》卷二八
		二月。丁丑。遣官祭先农之神。	
		十二月。丁亥。遣官祭太岁之神。	《清实录·圣祖实录》卷三一
康熙九年	1670 年	正月。丁酉。遣官祭太岁之神。	《清实录·圣祖实录》卷三二
		闰二月。乙未。遣官祭先农之神。	
		十二月。辛亥。遣官祭太岁之神。	《清实录·圣祖实录》卷三四

续　表

年号	公元纪年	历史事件	备注
康熙十年	1671 年	正月。戊午。遣官祭太岁之神。	《清实录·圣祖实录》卷三五
		二月。庚子。遣官祭先农之神。	
		十二月。丙午。遣官祭太岁之神。	《清实录·圣祖实录》卷三七
康熙十一年	1672 年	正月。乙卯。遣官祭太岁之神。	《清实录·圣祖实录》卷三八
		二月。丙申。诣先农坛致祭，亲行耕耤礼。	
		十二月。庚午。遣官祭太岁之神。	《清实录·圣祖实录》卷四〇
康熙十二年	1673 年	正月。丁丑。遣官祭太岁之神。	《清实录·圣祖实录》卷四一
		二月。庚戌。遣官祭先农之神。	
		十二月。甲子。遣官祭太岁之神。	《清实录·圣祖实录》卷四四
康熙十三年	1674 年	正月。癸酉。遣官祭太岁之神。	《清实录·圣祖实录》卷四六
		二月。丙辰。遣官祭先农之神。	
		十一月。戊午。遣官祭太岁之神。	《清实录·圣祖实录》卷五一
康熙十四年	1675 年	正月。乙丑。遣官祭太岁之神。	《清实录·圣祖实录》卷五二
		二月。丁未。遣官祭先农之神。	《清实录·圣祖实录》卷五三
		十二月。壬午。遣官祭太岁之神。	《清实录·圣祖实录》卷五八
康熙十五年	1676 年	正月。己丑。遣官祭太岁之神。	《清实录·圣祖实录》卷五九
		二月。辛未。遣官祭先农之神。	
		十二月。丙子。遣官祭太岁之神。	《清实录·圣祖实录》卷六四
康熙十六年	1677 年	正月。乙酉。遣官祭太岁之神。	《清实录·圣祖实录》卷六五
		二月。辛未。遣官祭先农之神。	
		十二月。辛未。遣官祭太岁之神。	《清实录·圣祖实录》卷六六
康熙十七年	1678 年	正月。庚辰。遣官祭太岁之神。	《清实录·圣祖实录》卷七一
		二月。辛酉。遣官祭先农之神。	
		十二月。乙未。遣官祭太岁之神。	《清实录·圣祖实录》卷七八
康熙十八年	1679 年	正月。丙午。遣官祭太岁之神。	《清实录·圣祖实录》卷七九
		二月。甲申。遣官祭先农之神。	
		十二月。戊子。遣官祭太岁之神。	《清实录·圣祖实录》卷八七
康熙十九年	1680 年	正月。乙未。遣官祭太岁之神。	《清实录·圣祖实录》卷八八
		二月。甲申。遣官祭先农之神。	《清实录·圣祖实录》卷八九
		十二月。癸丑。遣官祭太岁之神。	《清实录·圣祖实录》卷九三
康熙二十年	1681 年	二月。丙申。遣官祭先农之神。	《清实录·圣祖实录》卷九四
		十二月。丁未。遣官祭太岁之神。	《清实录·圣祖实录》卷九九

续 表

年号	公元纪年	历史事件	备注
康熙二十一年	1682 年	正月。丙辰。遣官祭太岁之神。	《清实录·圣祖实录》卷一〇〇
		二月。甲午。遣官祭先农之神。	《清实录·圣祖实录》卷一〇一
		十二月。壬寅。遣官祭太岁之神。	《清实录·圣祖实录》卷一〇六
康熙二十二年	1683 年	正月。庚戌。遣官祭太岁之神。	《清实录·圣祖实录》卷一〇七
		二月。甲申。遣官祭先农之神。	
		十二月。己未。遣官祭太岁之神。	《清实录·圣祖实录》卷一〇八
康熙二十三年	1684 年	正月。甲戌。遣官祭太岁之神。	《清实录·圣祖实录》卷一一四
		二月。丙午。遣官祭先农之神。	
		十二月。己未。遣官祭太岁之神。	《清实录·圣祖实录》卷一一八
康熙二十四年	1685 年	正月。遣官祭太岁之神。	《清实录·圣祖实录》卷一一九
		二月。遣官祭先农之神。	
		十二月。甲寅。遣官祭太岁之神。	《清实录·圣祖实录》卷一二三
康熙二十五年	1686 年	正月。乙丑。遣官祭太岁之神。	《清实录·圣祖实录》卷一二四
		二月。丙午。遣官祭先农之神。	
		十二月。戊寅。遣官祭太岁之神。	《清实录·圣祖实录》卷一二八
康熙二十六年	1687 年	正月。丁亥。遣官祭太岁之神。	《清实录·圣祖实录》卷一二九
		二月。癸亥。遣官祭先农之神。	
		十二月。癸酉。遣官祭太岁之神。	《清实录·圣祖实录》卷一三二
康熙二十七年	1688 年	正月。壬午。遣官祭太岁之神。	《清实录·圣祖实录》卷一三三
		二月。癸亥。遣官祭先农之神。	
		十二月。丁卯。遣官祭太岁之神。	《清实录·圣祖实录》卷一三八
康熙二十八年	1689 年	正月。壬辰。遣官祭太岁之神。	《清实录·圣祖实录》卷一三九
		二月。癸亥。遣官祭先农之神。	
		十二月。壬辰。遣官祭太岁之神。	《清实录·圣祖实录》卷一四三
康熙二十九年	1690 年	正月。丁酉。遣官祭太岁之神。	《清实录·圣祖实录》卷一四四
		二月。丁丑。遣官祭先农之神。	
康熙三十年	1691 年	正月。壬辰。遣官祭太岁之神。	《清实录·圣祖实录》卷一五〇
		二月。癸亥。遣官祭先农之神。	
		十二月。己酉。遣官祭太岁之神。	《清实录·圣祖实录》卷一五三
康熙三十一年	1692 年	正月。戊午。遣官祭太岁之神。	《清实录·圣祖实录》卷一五四
		二月。丙申。遣官祭先农之神。	
		十二月。癸卯。遣官祭太岁之神。	《清实录·圣祖实录》卷一五七

续表

年号	公元纪年	历史事件	备注
康熙三十二年	1693年	正月。庚戌。遣官祭太岁之神。	《清实录·圣祖实录》卷一五八
		二月。丙申。遣官祭先农之神。	
		十二月。丁酉。遣官祭太岁之神。	《清实录·圣祖实录》卷一六一
康熙三十三年	1694年	正月。庚戌。遣官祭太岁之神。	《清实录·圣祖实录》卷一六二
		二月。丙戌。遣官祭先农之神。	
		十二月。辛酉。遣官祭太岁之神。	《清实录·圣祖实录》卷一六五
康熙三十四年	1695年	正月。癸酉。遣官祭太岁之神。	《清实录·圣祖实录》卷一六六
		二月。辛亥。遣官祭先农之神。	
		十二月。丙辰。遣官祭太岁之神。	《清实录·圣祖实录》卷一六九
康熙三十五年	1696年	正月。癸亥。遣官祭太岁之神。	《清实录·圣祖实录》卷一七〇
		二月。丙午。遣官祭先农之神。	《清实录·圣祖实录》卷一七一
		十二月。遣官祭太岁之神。	《清实录·圣祖实录》卷一七八
康熙三十六年	1697年	正月。庚申。遣官祭太岁之神。	《清实录·圣祖实录》卷一七九
		二月。遣官祭先农之神。	《清实录·圣祖实录》卷一八〇
		十二月。乙亥。遣官祭太岁之神。	《清实录·圣祖实录》卷一八六
康熙三十七年	1698年	正月。壬午。遣官祭太岁之神。	《清实录·圣祖实录》卷一八七
		二月。甲子。遣官祭先农之神。	
		十二月。己巳。遣官祭太岁之神。	《清实录·圣祖实录》卷一九一
康熙三十八年	1699年	正月。己卯。遣官祭太岁之神。	《清实录·圣祖实录》卷一九二
		二月。甲子。遣官祭先农之神。	
		十二月。癸巳。遣官祭太岁之神。	《清实录·圣祖实录》卷一九六
康熙三十九年	1700年	正月。庚子。遣官祭太岁之神。	《清实录·圣祖实录》卷一九七
		二月。丙子。遣官祭先农之神。	
		十二月。丁亥。遣官祭太岁之神。	《清实录·圣祖实录》卷二〇二
康熙四十年	1701年	正月。甲午。遣官祭太岁之神。	《清实录·圣祖实录》卷二〇三
		二月。丁丑。遣官祭先农之神。	
		十二月。辛巳。遣官祭太岁之神。	《清实录·圣祖实录》卷二〇六
康熙四十一年	1702年	正月。丁亥。遣官祭太岁之神。	《清实录·圣祖实录》卷二〇七
		二月。甲子。遣官祭先农之神。	
		十二月。乙巳。遣官祭太岁之神。	《清实录·圣祖实录》卷二一〇
康熙四十二年	1703年	正月。乙卯。遣官祭太岁之神。	《清实录·圣祖实录》卷二一一
		二月。癸巳。遣官祭先农之神。	
		十二月。己亥。遣官祭太岁之神。	《清实录·圣祖实录》卷二一四

续 表

年号	公元纪年	历史事件	备注
康熙四十三年	1704年	正月。丙午。遣官祭太岁之神。	《清实录·圣祖实录》卷二一五
		二月。甲午。遣官祭先农之神。	
		十二月。甲午。遣官祭太岁之神。	《清实录·圣祖实录》卷二一八
康熙四十四年	1705年	正月。乙巳。遣官祭太岁之神。	《清实录·圣祖实录》卷二一九
		二月。癸己。遣官祭先农之神。	
		十二月。戊午。遣官祭太岁之神。	《清实录·圣祖实录》卷二二三
康熙四十五年	1706年	正月。丁卯。遣官祭太岁之神。	《清实录·圣祖实录》卷二二四
		二月。丙午。遣官祭先农之神。	
		十二月。癸丑。遣官祭太岁之神。	《清实录·圣祖实录》卷二二七
康熙四十六年	1707年	正月。己未。遣官祭太岁之神。	《清实录·圣祖实录》卷二二八
		二月。丁未。遣官祭先农之神。	《清实录·圣祖实录》卷二二九
		十二月。丁未。遣官祭太岁之神。	《清实录·圣祖实录》卷二三一
康熙四十七年	1708年	正月。丙辰。遣官祭太岁之神。	《清实录·圣祖实录》卷二三二
		二月。丁酉。遣官祭先农之神。	
		十二月。辛未。遣官祭太岁之神。	《清实录·圣祖实录》卷二三五
康熙四十八年	1709年	正月。丁丑。遣官祭太岁之神。	《清实录·圣祖实录》卷二三六
		二月。癸亥。遣官祭先农之神。	
		十二月。乙丑。遣官祭太岁之神。	《清实录·圣祖实录》卷二四〇
康熙四十九年	1710年	正月。甲戌。遣官祭太岁之神。	《清实录·圣祖实录》卷二四一
		二月。癸亥。遣官祭先农之神。	
		十二月。戊子。遣官祭太岁之神。	《清实录·圣祖实录》卷二四四
康熙五十年	1711年	正月。甲午。遣官祭太岁之神。	《清实录·圣祖实录》卷二四五
		二月。癸亥。遣官祭先农之神。	
		十二月。癸未。遣官祭太岁之神。	《清实录·圣祖实录》卷二四八
康熙五十一年	1712年	正月。己丑。遣官祭太岁之神。	《清实录·圣祖实录》卷二四九
		二月。辛未。遣官祭先农之神。	
		十二月。丁丑。遣官祭太岁之神。	《清实录·圣祖实录》卷二五二
康熙五十二年	1713年	正月。丙戌。遣官祭太岁之神。	《清实录·圣祖实录》卷二五三
		二月。甲戌。遣官祭先农之神。	
		十二月。辛丑。遣官祭太岁之神。	《清实录·圣祖实录》卷二五七

续 表

年号	公元纪年	历史事件	备注
康熙五十三年	1714年	正月。庚戌。遣官祭太岁之神。	《清实录·圣祖实录》卷二五八
		和硕诚亲王允祉等奉命重修各坛、庙、宫殿、乐器。	
		二月。甲申。遣官祭先农神。	
		十二月。丙申。遣官祭太岁之神。	《清实录·圣祖实录》卷二六一
康熙五十四年	1715年	正月。丙午。遣官祭太岁之神。	《清实录·圣祖实录》卷二六二
		二月。丙戌。遣官祭先农之神。	
		十二月。庚寅。遣官祭太岁之神。	《清实录·圣祖实录》卷二六六
康熙五十五年	1716年	正月。丁酉。遣官祭太岁之神。	《清实录·圣祖实录》卷二六七
		二月。庚辰。遣官祭先农之神。	
		十二月。甲寅。遣官祭太岁之神。	《清实录·圣祖实录》卷二七〇
康熙五十六年	1717年	正月。辛酉。遣官祭太岁之神。	《清实录·圣祖实录》卷二七一
		二月。丙午。遣官祭先农之神。	
		十二月。戊申。遣官祭太岁之神。	《清实录·圣祖实录》卷二七六
康熙五十七年	1718年	正月。乙卯。遣官祭太岁之神。	《清实录·圣祖实录》卷二七八
		二月。丁未。遣官祭先农之神。	
		十二月。壬申。遣官祭太岁之神。	《清实录·圣祖实录》卷二八二
康熙五十八年	1719年	正月。己卯。遣官祭太岁之神。	《清实录·圣祖实录》卷二八三
		二月。遣官祭先农之神。	
		十二月。丙寅。遣官祭太岁之神。	《清实录·圣祖实录》卷二八六
康熙五十九年	1720年	正月。癸酉。遣官祭太岁之神。	《清实录·圣祖实录》卷二八七
		二月。遣官祭先农之神。	
		十二月。辛酉。遣官祭太岁之神。	《清实录·圣祖实录》卷二九〇
康熙六十年	1721年	正月。戊辰。遣官祭太岁之神。	《清实录·圣祖实录》卷二九一
		二月。癸亥。遣官祭先农之神。	
		十二月。乙酉。遣官祭太岁之神。	《清实录·圣祖实录》卷二九五
康熙六十一年	1722年	正月。乙未。遣官祭太岁之神。	《清实录·圣祖实录》卷二九六
		二月。甲子。遣官祭先农之神。	
		十二月。己卯。遣官祭太岁之神。	《清实录·世宗实录》卷二

续表

年号	公元纪年	历史事件	备注
雍正元年	1723年	正月。丙戌。遣官祭太岁之神。	《清实录·世宗实录》卷三
		二月。乙亥。遣官祭先农之神。	《清实录·世宗实录》卷四
		谕：圜丘、方泽、日月、社稷，先农各坛及太庙、历代帝王庙、真武庙等处，著差给事中御史共九人，部院贤能司官、工部司官共九人，敬谨坚固修理，仍令大臣九人分工监修。	《清会典事例》卷八六六
		十二月。甲戌。遣官祭太岁之神。	《清实录·世宗实录》卷一四
雍正二年	1724年	正月。庚辰。遣官祭太岁之神。	《清实录·世宗实录》卷一五
		二月。癸亥。上亲耕耤田，诣先农坛致祭。	《清实录·世宗实录》卷一六
		定耕耤三十六禾词，乐用金、鼓、箫、笛、笙、拍、版各六。	《清会典事例》卷五三十
		十二月。戊戌。遣官祭太岁之神。	《清实录·世宗实录》卷二七
雍正三年	1725年	正月。丁未。遣官祭太岁之神。	《清实录·世宗实录》卷二八
		二月。丁亥。上亲耕耤田，诣先农坛致祭。	《清实录·世宗实录》卷二九
		十二月。壬辰。遣官祭太岁之神。	《清实录·世宗实录》卷三九
雍正四年	1726年	正月。丙午。遣官祭太岁之神。	《清实录·世宗实录》卷四〇
		二月。丁亥。上亲耕耤田，诣先农坛致祭。	《清实录·世宗实录》卷四一
		十二月。丙戌。遣官祭太岁之神。	《清实录·世宗实录》卷五一
雍正五年	1727年	奉旨修理先农坛墙垣。	《清会典事例》卷八六五
		三月。己亥。上亲耕耤田，诣先农坛致祭。	《清实录·世宗实录》卷四八
		十二月。庚戌。遣官祭太岁之神。	《清实录·世宗实录》卷六四
雍正六年	1728年	正月。癸亥。遣官祭太岁之神。	《清实录·世宗实录》卷六五
		三月。己亥。上亲耕耤田，诣先农坛致祭。	《清实录·世宗实录》卷六六
		十二月。甲辰。遣官祭太岁之神。	《清实录·世宗实录》卷七六
雍正七年	1729年	正月。乙卯。遣官祭太岁之神。	《清实录·世宗实录》卷七七
		三月。乙亥。上亲耕耤田，诣先农坛致祭。	《清实录·世宗实录》卷七八
		十二月。戊辰。遣官祭太岁之神。	《清实录·世宗实录》卷八九

续 表

年号	公元纪年	历史事件	备注
雍正八年	1730年	正月。己卯。遣官祭太岁之神。	《清实录·世宗实录》卷九〇
		二月。辛亥。上亲耕耤田，诣先农坛致祭。	《清实录·世宗实录》卷九一
雍正九年	1731年	正月。甲戌。遣官祭太岁之神。	《清实录·世宗实录》卷一〇二
		二月。辛亥。上亲耕耤田，诣先农坛致祭。	《清实录·世宗实录》卷一〇三
		奏准：增设天神、地祇坛乐器。	《清会典事例》卷五三十
		十二月。丁巳。遣官祭太岁之神。	《清实录·世宗实录》卷一一三
雍正十年	1732年	正月。癸亥。遣官祭太岁之神。	《清实录·世宗实录》卷一一四
		三月。癸亥。上亲耕耤田，诣先农坛致祭。	《清实录·世宗实录》卷一一六
		十二月。辛巳。遣官祭太岁之神。	《清实录·世宗实录》卷一二六
雍正十一年	1733年	三月。丁亥。上亲耕耤田，诣先农坛致祭。	《清实录·世宗实录》卷一二九
		十二月。丙子。命皇四子宝亲王弘历祭太岁之神。	《清实录·世宗实录》卷一三八
雍正十二年	1734年	正月。壬午。遣官祭太岁之神。	《清实录·世宗实录》卷一三九
		三月。丁亥。上亲耕耤田，诣先农坛致祭。	《清实录·世宗实录》卷一四一
		十二月。庚午。遣官祭太岁之神。	《清实录·世宗实录》卷一五〇
雍正十三年	1735年	正月。乙亥。上命皇四子宝亲王弘历祭太岁之神。	《清实录·世宗实录》卷一五一
		三月。丁亥。上亲耕耤田，诣先农坛致祭。	《清实录·世宗实录》卷一五三
		十二月。甲午。遣官祭太岁之神。	《清实录·高宗实录》卷九
乾隆元年	1736年	正月。丙午。遣官祭太岁之神。	《清实录·高宗实录》卷一〇
		三月。辛亥。遣官祭先农之神。	《清实录·高宗实录》卷一五
		十二月。戊子。遣官祭太岁之神。	《清实录·高宗实录》卷三三

续 表

年号	公元纪年	历史事件	备注
乾隆二年	1737年	正月。乙未。遣官祭太岁之神。	《清实录·高宗实录》卷三四
		三月。遣官祭先农之神。	《清实录·高宗实录》卷三八
		三月。庚午。为虔求雨泽。遣官致祭天神坛、地祇坛、太岁坛、并四海之神。	《清实录·高宗实录》卷四〇
		六月。己卯。遣官诣天神地祇太岁等坛。四海之神。致祭谢雨。	《清实录·高宗实录》卷四五
		十二月。壬子。遣官祭太岁之神。	《清实录·高宗实录》卷五九
乾隆三年	1738年	正月。戊午。遣官祭太岁之神。	《清实录·高宗实录》卷六〇
		二月。乙巳。上以初举亲耕之礼，幸丰泽园演耕。	《清实录·高宗实录》卷六三
		二月。辛亥。上亲飨先农耕耤。上亲诣太岁坛行礼。	
		十二月。丙午。遣官祭太岁之神。	《清实录·高宗实录》卷八三
乾隆四年	1739年	正月。乙卯。遣官祭太岁之神。	《清实录·高宗实录》卷八四
		三月。辛亥。上耕耤。诣先农坛行礼。	《清实录·高宗实录》卷八八
		十二月。辛丑。遣官祭太岁之神。	《清实录·高宗实录》卷一〇七
乾隆五年	1740年	正月。庚戌。遣官祭太岁之神。	《清实录·高宗实录》卷一〇八
		三月。辛亥。遣官祭先农之神。	《清实录·高宗实录》卷一一二
		三月。庚申。上幸山高水长，演耕。	《清实录·高宗实录》卷一一三
		十二月。乙丑。遣官祭太岁之神。	《清实录·高宗实录》卷一三三
乾隆六年	1741年	正月。甲戌。遣官祭太岁之神。	《清实录·高宗实录》卷一三四
		……钦遵圣祖仁皇帝钦定律吕正义旋宫转调之法。嗣后……朝日坛、太岁坛亦以太簇为宫……先农坛改用姑洗为宫。	《清会典事例》卷五二四
		作御祭先农坛诗。	《日下旧闻考》卷五十五
		重改祭先农七章。	《清史稿》卷九十六
		二月。癸亥。上耕耤。诣先农坛行礼。	《清实录·高宗实录》卷一三七
		十二月。己未。遣官祭太岁之神。	《清实录·高宗实录》卷一五七

续　表

年号	公元纪年	历史事件	备注
乾隆七年	1742 年	正月。戊辰。遣官祭太岁之神。	《清实录 · 高宗实录》卷一五八
		又奏准……天神从圜丘，以黄钟为宫；地祇从方泽，以林钟为宫。	《清会典事例》卷五二四
		定祷祀天神，应从圜丘以《黄钟》为宫；地祇，应从方泽以《林钟》为宫，乐章用“丰”字。	《清会典事例》卷五二五
		耕耤设乐，用和声署正二人，丞二人，率署史歌《禾辞》者十有四人，司金、司鼓、司版、司笛、司笙、司箫者各六人，麾綵旗者五十人，董以乐部典乐一人。	《清会典事例》卷三一三
		三月。癸亥。上耕耤。诣先农坛行礼。	《清实录 · 高宗实录》卷一六二
		十二月。甲寅。遣官祭太岁之神。	《清实录 · 高宗实录》卷一八一
乾隆八年	1743 年	正月。庚申。遣官祭太岁之神。	《清实录 · 高宗实录》卷一八二
		定遣官代祭先农坛用《中和韶乐》，永著为例。	《清实录 · 高宗实录》卷一八五
		作御祭先农坛诗。	《日下旧闻考》卷五十五
		二月。癸丑。奏准：先农坛内外墙垣坍塌损坏处甚多，请将应行修理之处，交部会同太常寺计费兴修。	《清会典事例》卷八六五
		三月。癸亥。祭先农之神，遣和亲王弘昼行礼。	《清实录 · 高宗实录》卷一八六
		十二月。丁丑。遣官祭太岁之神。	《清实录 · 高宗实录》卷二〇七
乾隆九年	1744 年	正月。丙戌。遣官祭太岁之神。	《清实录 · 高宗实录》卷二〇八
		作御祭先农坛诗。	《日下旧闻考》卷五十五
		二月。辛未。幸瀛台演耕。乙亥。上耕耤。诣先农坛行礼。	《清实录 · 高宗实录》卷二一一
		十二月。辛未。遣官祭太岁之神。	《清实录 · 高宗实录》卷二三一
乾隆十年	1745 年	正月。庚辰。遣官祭太岁之神。	《清实录 · 高宗实录》卷二三二
		重定祭祀回銮《佑平》十三章、导迎乐。	《清史稿》卷九十六
		十二月。丙寅。遣官祭太岁之神。	《清实录 · 高宗实录》卷二五五
		作御祭先农坛诗。	《日下旧闻考》卷五十五
		三月。丁亥。上耕耤。诣先农坛行礼。	《清实录 · 高宗实录》卷二三七

续表

年号	公元纪年	历史事件	备注
乾隆十一年	1746年	正月。钦定祭祀中和乐章名（含先农、太岁、神祇、先蚕……）。 乙亥。遣官祭太岁之神。	《清实录·高宗实录》卷二五六
		三月。丁亥。上耕耤。诣先农坛行礼。	《清实录·高宗实录》卷二六一
		十二月。己丑。遣官祭太岁之神。	《清实录·高宗实录》卷二八一
乾隆十二年	1747年	正月。己亥。遣官祭太岁之神。	《清实录·高宗实录》卷二八二
		二月。甲申，上幸丰泽园演耕。丁亥，上耕耤。诣先农坛行礼。	《清实录·高宗实录》卷二八五
		十二月。甲申。遣官祭太岁之神。	《清实录·高宗实录》卷三〇五
乾隆十三年	1748年	正月。甲午。遣官祭太岁之神。	《清实录·高宗实录》卷三〇六
		三月。已亥。祭先农之神，遣履亲王允祹行礼。	《清实录·高宗实录》卷三一一
		十二月。戊申。遣官祭太岁之神。	《清实录·高宗实录》卷三三一
乾隆十四年	1749年	正月。戊午。遣官祭太岁之神。	《清实录·高宗实录》卷三三二
		三月。辛亥。上耕耤。诣先农坛行礼。	《清实录·高宗实录》卷三三六
		十二月。癸卯。遣官祭太岁之神。	《清实录·高宗实录》卷三五五
乾隆十五年	1750年	正月。壬子。遣官祭太岁之神。	《清实录·高宗实录》卷三五六
		三月。辛亥。上耕耤。诣先农坛行礼。	《清实录·高宗实录》卷三六〇
		十二月。丁酉。遣官祭太岁之神。	《清实录·高宗实录》卷三七九
乾隆十六年	1751年	正月。癸卯。遣官祭太岁之神。	《清实录·高宗实录》卷三八〇
		三月。辛亥。祭先农之神。遣裕亲王广禄行礼。	《清实录·高宗实录》卷三八四
		十二月。辛酉。遣官祭太岁之神。	《清实录·高宗实录》卷四〇五
乾隆十七年	1752年	正月。戊辰。遣官祭太岁之神。	《清实录·高宗实录》卷四〇六
		定祈雨致祭神祇坛，仍用乐。又议定，太岁祈雨报祭，乐章均六奏，用“丰”字。	《清会典事例》卷五二五
		三月。癸酉，上幸丰泽园演耕。乙亥，上耕耤。诣先农坛行礼。	《清实录·高宗实录》卷四一〇
		十二月。乙卯。遣官祭太岁之神。	《清实录·高宗实录》卷四二九

续　表

年号	公元纪年	历史事件	备注
乾隆十八年	1753 年	正月。壬戌。遣官祭太岁之神。	《清实录 · 高宗实录》卷四三〇
		三月。乙亥。上耕耤。诣先农坛行礼。	《清实录 · 高宗实录》卷四三五
		四月。定太岁坛祈雨乐章。	《清实录 · 高宗实录》卷四三七
		十二月。己酉。遣官祭太岁之神。	《清实录 · 高宗实录》卷四五三
		奉谕旨：朕每岁亲耕耤田，而先农坛年久未加崇饰，不足称朕祗肃明禋之意。今两郊大工告竣，应将先农坛修缮鼎新。其外壖隙地，老圃于彼灌园，殊为亵渎，应多植松、柏、榆、槐，俾成阴郁翠，庶足以昭虔妥灵。该部会同查明具奏。总理工程王大臣遵旨详议。次第修缮，并太岁殿、天神、地祇坛俱崇饰鼎新。惟旗纛殿以前明旧制，本朝不于此致祭，毋庸修葺。壖外隙地计一千七百亩，乘时种树，交太常寺饬坛户敬谨守护。疏上，从之。	《清朝文献通考》卷一一〇
		又奉旨：先农坛旧有旗纛殿可撤去，将神仓移建于此。	《清会典事例》卷八六五
		奉旨：观耕台著改用砖石制造。	
		奏准：牺牲所房宇经年久远，间有倾圮渗漏，交与修理两坛工程处核估修理。	《工部则例》
乾隆十九年	1754 年	正月。乙卯。遣官祭太岁之神。	《清实录 · 高宗实录》卷四五四
		重修先农坛。	《清朝文献通考》卷一一〇
		三月。乙亥。上耕耤。诣先农坛行礼。	《清实录 · 高宗实录》卷四五九
		三月。作御祭先农坛诗。	《日下旧闻考》卷五十五
		十二月。癸酉。遣官祭太岁之神。	《清实录 · 高宗实录》卷四七九
乾隆二十年	1755 年	正月。庚辰。遣官祭太岁之神。	《清实录 · 高宗实录》卷四八〇
		三月。乙亥。上耕耤。诣先农坛行礼。	《清实录 · 高宗实录》卷四八四
		颁旨撤除耤田所设棚悬綵。	《清史稿》卷八十三
		十二月。丁卯。遣官祭太岁之神。	《清实录 · 高宗实录》卷五〇三
		奉旨：先农坛斋宫改为庆成宫。	《清会典事例》卷八六五

续 表

年号	公元纪年	历史事件	备注
乾隆二十一年	1756年	正月。丙子。遣官祭太岁之神。	《清实录·高宗实录》卷五〇四
		三月。丁亥。遣官祭先农之神。	《清实录·高宗实录》卷五〇九
		作御祭先农坛诗。	《日下旧闻考》卷五十五
		十二月。辛卯。遣官祭太岁之神。	《清实录·高宗实录》卷五二九
乾隆二十二年	1757年	正月。庚子。遣官祭太岁之神。	《清实录·高宗实录》卷五三〇
		十二月。丙戌。遣官祭太岁之神。	《清实录·高宗实录》卷五五三
乾隆二十三年	1758年	正月。壬辰。遣官祭太岁之神。	《清实录·高宗实录》卷五五四
		三月。丁亥。上耕耤。诣先农坛行礼。	《清实录·高宗实录》卷五五八
		作御祭先农坛诗。	《日下旧闻考》卷五十五
		十二月。辛巳。遣官祭太岁之神。	《清实录·高宗实录》卷五七七
乾隆二十四年	1759年	正月。丁亥。遣官祭太岁之神。	《清实录·高宗实录》卷五七八
		三月。甲申，上幸丰泽园演耕。丁亥，上耕耤。诣先农坛行礼。	《清实录·高宗实录》卷五八二
		作御祭先农坛诗。	《日下旧闻考》卷五十五
		十二月。己巳。遣官祭太岁之神。	《清实录·高宗实录》卷六〇三
乾隆二十五年	1760年	正月。壬子。遣官祭太岁之神。	《清实录·高宗实录》卷六〇四
		三月。上耕耤。诣先农坛行礼。	《清实录·高宗实录》卷六〇八
		作御祭先农坛诗。	《日下旧闻考》卷五十五
		十二月。己亥。遣官祭太岁之神。	《清实录·高宗实录》卷六二七
乾隆二十六年	1761年	正月。丙午。遣官祭太岁之神。	《清实录·高宗实录》卷六二八
		十二月。癸巳。遣官祭太岁之神。	《清实录·高宗实录》卷六五一
乾隆二十七年	1762年	正月。己亥。遣官祭太岁之神。	《清实录·高宗实录》卷六五二
		三月。遣官祭先农之神。	《清实录·高宗实录》卷六五六
		十二月。丁巳。遣官祭太岁之神。	《清实录·高宗实录》卷六七七
乾隆二十八年	1763年	正月。甲子。遣官祭太岁之神。	《清实录·高宗实录》卷六七八
		三月。癸亥。上耕耤。诣先农坛行礼。	《清实录·高宗实录》卷六八二
		十二月。辛亥。遣官祭太岁之神。	《清实录·高宗实录》卷七〇一
乾隆二十九年	1764年	正月。戊午。遣官祭太岁之神。	《清实录·高宗实录》卷七〇二
		三月。癸亥。上耕耤。诣先农坛行礼。	《清实录·高宗实录》卷七〇六
		十二月。乙巳。遣官祭太岁之神。	《清实录·高宗实录》卷七二五
乾隆三十年	1765年	正月。壬子。遣官祭太岁之神。	《清实录·高宗实录》卷七二六
		三月。丁亥。遣官祭先农之神。	《清实录·高宗实录》卷七三二
		十二月。己巳。遣官祭太岁之神。	《清实录·高宗实录》卷七五一

续　表

年号	公元纪年	历史事件	备注
乾隆三十一年	1766 年	正月。丙子。遣官祭太岁之神。	《清实录·高宗实录》卷七五二
		三月。丁亥。上耕耤。诣先农坛行礼。	《清实录·高宗实录》卷七五七
		作御祭先农坛诗。	《日下旧闻考》卷五十五
		十二月。甲子。遣官祭太岁之神。	《清实录·高宗实录》卷七七五
乾隆三十二年	1767 年	正月。庚午。遣官祭太岁之神。	《清实录·高宗实录》卷七七六
		三月。丁亥。上耕耤。诣先农坛行礼。	《清实录·高宗实录》卷七八一
乾隆三十三年	1768 年	正月。甲午。遣官祭太岁之神。	《清实录·高宗实录》卷八〇二
		二月。丁亥。上耕耤。诣先农坛行礼。	《清实录·高宗实录》卷八〇五
		十二月。癸未。遣官祭太岁之神。	《清实录·高宗实录》卷八二五
乾隆三十四年	1769 年	正月。壬辰。遣官祭太岁之神。	《清实录·高宗实录》卷八二六
		三月。丁亥。上耕耤。诣先农坛行礼。	《清实录·高宗实录》卷八三〇
		十二月。丁丑。遣官祭太岁之神。	《清实录·高宗实录》卷八四九
乾隆三十五年	1770 年	正月。甲申。遣官祭太岁之神。	《清实录·高宗实录》卷八五〇
		三月。祭先农之神，遣和亲王弘昼行礼。	《清实录·高宗实录》卷八五四
		十二月。辛丑。遣官祭太岁之神。	《清实录·高宗实录》卷八七五
乾隆三十六年	1771 年	正月。丁未。遣官祭太岁之神。	《清实录·高宗实录》卷八七六
		三月。辛亥。祭先农之神，遣怡亲王弘晓行礼。	《清实录·高宗实录》卷八八〇
乾隆三十七年	1772 年	正月。甲辰。遣官祭太岁之神。	《清实录·高宗实录》卷九〇〇
		三月。己亥。上耕耤。诣先农坛行礼。	《清实录·高宗实录》卷九〇四
		十二月。己丑。遣官祭太岁之神。	《清实录·高宗实录》卷九二三
乾隆三十八年	1773 年	正月。丙申。遣官祭太岁之神。	《清实录·高宗实录》卷九二四
		三月。祭先农之神，遣減亲王允祕行礼。	《清实录·高宗实录》卷九二九
		十二月。癸丑。遣官祭太岁之神。	《清实录·高宗实录》卷九四九
乾隆三十九年	1774 年	正月。壬戌。遣官祭太岁之神。	《清实录·高宗实录》卷九五〇
		三月。癸亥。上耕耤。诣先农坛行礼。	《清实录·高宗实录》卷九五四
		十二月。丁未。遣官祭太岁之神。	《清实录·高宗实录》卷九七三
乾隆四十年	1775 年	正月。丙辰。遣官祭太岁之神。	《清实录·高宗实录》卷九七四
		三月。癸亥。祭先农之神，遣理郡王弘晰行礼。	《清实录·高宗实录》卷九七九
		十二月。辛未。遣官祭太岁之神。	《清实录·高宗实录》卷九九九

续 表

年号	公元纪年	历史事件	备注
乾隆四十一年	1776年	正月。丁丑。遣官祭太岁之神。	《清实录·高宗实录》卷一〇〇〇
		三月。乙亥。遣官祭先农之神。	《清实录·高宗实录》卷一〇〇四
乾隆四十二年	1777年	正月。癸酉。遣官祭太岁之神。	《清实录·高宗实录》卷一〇二四
		三月。祭先农之神，遣平郡王庆恒行礼。	《清实录·高宗实录》卷一〇二八
		十二月。庚申。遣官祭太岁之神。	《清实录·高宗实录》卷一〇四七
乾隆四十三年	1778年	正月。丁卯。遣官祭太岁之神。	《清实录·高宗实录》卷一〇四八
		三月。丁亥。遣官祭先农之神。	《清实录·高宗实录》卷一〇五三
		十二月。甲申。遣官祭太岁之神。	《清实录·高宗实录》卷一〇七三
乾隆四十四年	1779年	正月。甲午。遣官祭太岁之神。	《清实录·高宗实录》卷一〇七四
		三月。己亥。祭先农之神，遣理郡王弘晰行礼。	《清实录·高宗实录》卷一〇七八
		十二月。戊寅。遣官祭太岁之神。	《清实录·高宗实录》卷一〇九七
乾隆四十五年	1780年	正月。乙酉。遣官祭太岁之神。	《清实录·高宗实录》卷一〇九八
		三月。丁亥。祭先农之神，遣理郡王弘晰行礼。	《清实录·高宗实录》卷一一〇二
		十二月。壬申。遣官祭太岁之神。	《清实录·高宗实录》卷一一二一
乾隆四十六年	1781年	正月。己卯。遣官祭太岁之神。	《清实录·高宗实录》卷一一二二
		十二月。丙申。遣官祭太岁之神。	《清实录·高宗实录》卷一一四七

续　表

年号	公元纪年	历史事件	备注
乾隆四十七年	1782年	正月。丙午。遣官祭太岁之神。	《清实录·高宗实录》卷一一四八
		三月。己亥。上耕耤。诣先农坛行礼。	《清实录·高宗实录》卷一一五二
		十二月。辛卯。遣官祭太岁之神。	《清实录·高宗实录》卷一一七一
乾隆四十八年	1783年	正月。丁酉。遣官祭太岁之神。	《清实录·高宗实录》卷一一七二
		三月。己亥。祭先农之神，遣庄亲王永瑺行礼。	《清实录·高宗实录》卷一一七六
		十二月。乙酉。遣官祭太岁之神。	《清实录·高宗实录》卷一一九五
乾隆四十九年	1784年	正月。乙未。遣官祭太岁之神。	《清实录·高宗实录》卷一一九六
		三月。丁亥。祭先农之神，遣恒郡王永皓行礼。	《清实录·高宗实录》卷一二〇〇
		十二月。己酉。遣官祭太岁之神。	《清实录·高宗实录》卷一二二一
乾隆五十年	1785年	正月。丙辰。遣官祭太岁之神。	《清实录·高宗实录》卷一二二二
		三月。辛亥。上耕耤。诣先农坛行礼。	《清实录·高宗实录》卷一二二六
乾隆五十一年	1786年	三月。辛亥。祭先农之神，遣怡亲王永琅行礼。	《清实录·高宗实录》卷一二五〇
		十二月。戊辰。遣官祭太岁之神。	《清实录·高宗实录》卷一二七一
乾隆五十二年	1787年	正月。乙亥。遣官祭太岁之神。	《清实录·高宗实录》卷一二七二
		三月。乙亥。遣官祭先农之神。	《清实录·高宗实录》卷一二七六
		十二月。壬戌。遣官祭太岁之神。	《清实录·高宗实录》卷一二九五

续 表

年号	公元纪年	历史事件	备注
乾隆五十三年	1788年	正月。戊辰。遣官祭太岁之神。	《清实录·高宗实录》卷一二九六
		三月。癸亥。祭先农之神，遣怡亲王永琅行礼。	《清实录·高宗实录》卷一三〇〇
		十二月。丙辰。遣官祭太岁之神。	《清实录·高宗实录》卷一三一九
乾隆五十四年	1789年	正月。壬戌。遣官祭太岁之神。	《清实录·高宗实录》卷一三二〇
		三月。癸亥。上耕耤。诣先农坛行礼。	《清实录·高宗实录》卷一三二四
		十二月。庚辰。遣官祭太岁之神。	《清实录·高宗实录》卷一三四五
乾隆五十五年	1790年	正月。丙戌。遣官祭太岁之神。	《清实录·高宗实录》卷一三四六
		三月。遣官祭先农之神。	《清实录·高宗实录》卷一三五〇
		十二月。甲戌。遣官祭太岁之神。	《清实录·高宗实录》卷一三六九
乾隆五十六年	1791年	正月。甲申。遣官祭太岁之神。	《清实录·高宗实录》卷一三七〇
		三月。丁亥。祭先农之神，遣豫亲王裕丰行礼。	《清实录·高宗实录》卷一三七四
		十二月。己巳。遣官祭太岁之神。	《清实录·高宗实录》卷一三九三
乾隆五十七年	1792年	正月。乙亥。遣官祭太岁之神。	《清实录·高宗实录》卷一三九四
		三月。乙亥。祭先农之神，遣肃亲王永锡行礼。	《清实录·高宗实录》卷一三九八
		十二月。癸巳。遣官祭太岁之神。	《清实录·高宗实录》卷一四一九

续　表

年号	公元纪年	历史事件	备注
乾隆五十八年	1793年	正月。己亥。遣官祭太岁之神。	《清实录·高宗实录》卷一四二〇
		三月。己亥。祭先农之神，遣裕郡王亮焕行礼。	《清实录·高宗实录》卷一四二四
		十二月。丁亥。遣官祭太岁之神。	《清实录·高宗实录》卷一四四三
乾隆五十九年	1794年	正月。甲午。遣官祭太岁之神。	《清实录·高宗实录》卷一四四四
		三月。己亥。祭先农之神，遣肃亲王永锡行礼。	《清实录·高宗实录》卷一四四八
		四月。丙戌。上命皇八子永璇诣天神坛、皇十一子永瑆诣地祇坛、皇十五子永嘉亲王颙琰诣太岁坛祈雨。	《清实录·高宗实录》卷一四五一
		十二月。壬午。遣官祭太岁之神。	《清实录·高宗实录》卷一四六七
乾隆六十年	1795年	正月。戊子。遣官祭太岁之神。	《清实录·高宗实录》卷一四六八
		三月。癸亥。祭先农之神，遣郑亲王佛尔果崇额行礼。	《清实录·高宗实录》卷一四七四
		十二月。丙午。遣官祭太岁之神。	《清实录·高宗实录》卷一四九三
嘉庆元年	1796年	正月。丙辰。遣官祭太岁之神。	《清实录·仁宗实录》卷一
		三月。辛亥。上耕耤。诣先农坛行礼。	《清实录·仁宗实录》卷三
		十二月。庚子。遣官祭太岁之神。	《清实录·仁宗实录》卷一二
嘉庆二年	1797年	正月。丁未。遣官祭太岁之神。	《清实录·仁宗实录》卷一三
		三月。癸亥。上耕耤。诣先农坛行礼。	《清实录·仁宗实录》卷一五
		五月。丙午。上奉太上皇帝命诣天神坛。仪郡王永璇、成亲王永瑆分诣地祇坛、太岁坛祈雨。戊申。上奉太上皇帝命诣天神坛。仪郡王永璇、成亲王永瑆分诣地祇坛、太岁坛谢雨。	《清实录·仁宗实录》卷一八
		十二月。甲子。遣官祭太岁之神。	《清实录·仁宗实录》卷二五

续 表

年号	公元纪年	历史事件	备注
嘉庆三年	1798 年	正月。癸酉。遣官祭太岁之神。	《清实录·仁宗实录》卷二六
		三月。丁亥。上耕耤。诣先农坛行礼。	《清实录·仁宗实录》卷二八
		十二月。戊午。遣官祭太岁之神。	《清实录·仁宗实录》卷三六
嘉庆四年	1799 年	正月。丁卯。遣官祭太岁之神。	《清实录·仁宗实录》卷三七
		三月。祭先农之神，遣豫亲王裕丰行礼。	《清实录·仁宗实录》卷四一
		十二月。壬子。遣官祭太岁之神。	《清实录·仁宗实录》卷五六
嘉庆五年	1800 年	正月。己未。遣官祭太岁之神。	《清实录·仁宗实录》卷五七
		三月。祭先农之神，遣和郡王绵循行礼。	《清实录·仁宗实录》卷六二
		十二月。丙子。遣官祭太岁之神。	《清实录·仁宗实录》卷七七
嘉庆六年	1801 年	正月。乙酉。遣官祭太岁之神。	《清实录·仁宗实录》卷七八
		三月。乙亥。祭先农之神，遣肃亲王永锡行礼。	《清实录·仁宗实录》卷八一
		十二月。辛未。遣官祭太岁之神。	《清实录·仁宗实录》卷九二
嘉庆七年	1802 年	正月。丁丑。遣官祭太岁之神。	《清实录·仁宗实录》卷九三
		三月。乙亥。上耕耤。诣先农坛行礼。	《清实录·仁宗实录》卷九五
		十二月。乙丑。遣官祭太岁之神。	《清实录·仁宗实录》卷一〇六
嘉庆八年	1803 年	正月。壬申。遣官祭太岁之神。	《清实录·仁宗实录》卷一〇七
		二月。丁亥。上耕耤。诣先农坛行礼。	《清实录·仁宗实录》卷一〇九
		四月。壬午。遣官分诣天神坛、地祇坛、太岁坛祈雨。	《清实录·仁宗实录》卷一一二
		奏准：天坛、先农坛外围墙垣并泊岸间段坍坏。查泊岸系砖土相间，不能胶粘，一经雨水冲汕，随势坍塌，请将泊岸砖块拆抵墙身，将泊岸一律改筑灰土，以资巩固。	《清会典事例》卷八六五
		十二月。己丑。遣官祭太岁之神。	《清实录·仁宗实录》卷一二四
嘉庆九年	1804 年	正月。戊戌。遣官祭太岁之神。	《清实录·仁宗实录》卷一二五
		二月。丁亥。上耕耤。诣先农坛行礼。	《清实录·仁宗实录》卷一二七
		十二月。甲申。遣官祭太岁之神。	《清实录·仁宗实录》卷一三八

续 表

年号	公元纪年	历史事件	备注
嘉庆十年	1805年	正月。甲午。遣官祭太岁之神。	《清实录·仁宗实录》卷一三九
		三月。丁亥。上耕耤。诣先农坛行礼。	《清实录·仁宗实录》卷一四一
		五月。庚午。命仪亲王永璇、成亲王永瑆、庆郡王永璘，分诣天神坛、地祇坛、太岁坛祈雨。以甘霖大沛，仍命仪亲王永璇、成亲王永瑆、庆郡王永璘，分诣天神坛、地祇坛、太岁坛谢雨。	《清实录·仁宗实录》卷一四五
		十二月。丁未。遣官祭太岁之神。	《清实录·仁宗实录》卷一五五
嘉庆十一年	1806年	正月。戊午。遣官祭太岁之神。	《清实录·仁宗实录》卷一五六
		三月。辛亥。上耕耤。诣先农坛行礼。	《清实录·仁宗实录》卷一五八
		十二月。辛丑。遣官祭太岁之神。	《清实录·仁宗实录》卷一七二
嘉庆十二年	1807年	正月。庚戌。遣官祭太岁之神。	《清实录·仁宗实录》卷一七三
		三月。祭先农之神，遣仪亲王永璇行礼。	《清实录·仁宗实录》卷一七六
		命仪亲王永璇、成亲王永瑆、庆郡王永璘，分诣天神坛、地祇坛、太岁坛祈雨。	
		四月。命仪亲王永璇、成亲王永瑆、定亲王绵恩，分诣天神坛、地祇坛、太岁坛祈雨，并于黑龙潭及山高水长设坛祈祷。命仪亲王永璇、成亲王永瑆、定亲王绵恩再分诣天神坛、地祇坛、太岁坛祈雨。	《清实录·仁宗实录》卷一七八
		命成亲王永瑆、定亲王绵恩、庄亲王绵课，分诣天神坛、地祇坛、太岁坛谢雨。	《清实录·仁宗实录》卷一七九
		十二月。癸巳。命仪亲王永璇、成亲王永瑆、庆郡王永璘，分诣天神坛、地祇坛、太岁坛祈雪。丙申。遣官祭太岁之神。	《清实录·仁宗实录》卷一九〇

续表

年号	公元纪年	历史事件	备注
嘉庆十三年	1808年	正月。丁未。遣官祭太岁之神。命仪亲王永璇、成亲王永瑆、庆郡王永璘，分诣天神坛、地祇坛、太岁坛谢雪。	《清实录·仁宗实录》卷一九一
		三月。己亥。上耕耤。诣先农坛行礼。	《清实录·仁宗实录》卷一九三
		四月。己亥。命仪亲王永璇、成亲王永瑆、庆郡王永璘，分诣天神坛、地祇坛、太岁坛谢雨。	《清实录·仁宗实录》卷一八九
		六月。癸酉。以久雨，命仪亲王永璇、豫亲王裕丰、庄亲王绵课，于十一日分诣天神坛、地祇坛、太岁坛祈晴。以久雨开霁，命仪亲王永璇等仍于十一日分诣三坛行礼，改祈为报。	《清实录·仁宗实录》卷一九八
嘉庆十四年	1809年	正月。戊辰。遣官祭太岁之神。	《清实录·仁宗实录》卷二〇六
		三月。癸亥。上耕耤。诣先农坛行礼。	《清实录·仁宗实录》卷二〇八
		十二月。甲寅。遣官祭太岁之神。	《清实录·仁宗实录》卷二二三
嘉庆十五年	1810年	正月。甲子。遣官祭太岁之神。	《清实录·仁宗实录》卷二二四
		三月。癸亥。上耕耤。诣先农坛行礼。	《清实录·仁宗实录》卷二二七
		十二月。己酉。遣官祭太岁之神。	《清实录·仁宗实录》卷二三七
嘉庆十六年	1811年	正月。己未。遣官祭太岁之神。	《清实录·仁宗实录》卷二三八
		二月。甲午。命皇次子旻宁、庆郡王永璘、荣郡王绵亿，于二十日分诣天神坛、地祇坛、太岁坛祈雨。丁酉。以斋戒之期内雪泽先降，命皇次子旻宁、庆郡王永璘、荣郡王绵亿即于二十日分诣三坛报谢。	《清实录·仁宗实录》卷二三九
		三月。辛亥。上耕耤。诣先农坛行礼。	《清实录·仁宗实录》卷二四〇
		四月。命皇次子旻宁仪亲王永璇、成亲王永瑆，分诣天神坛、地祇坛、太岁坛祈雨。以祈雨三坛，斋戒一日。辛未。上诣天神坛。命皇次子旻宁、皇三子绵恺分诣地祇坛、太岁坛祈雨。	《清实录·仁宗实录》卷二四二

续　表

年号	公元纪年	历史事件	备注
		五月。丁亥。上再诣天神坛。命皇次子旻宁、皇三子绵恺，分诣地祇坛、太岁坛祈雨。以得雨报祀三坛，斋戒一日。己亥。上诣天神坛。命皇次子旻宁、皇三子绵恺分诣地祇坛、太岁坛谢雨。	《清实录·仁宗实录》卷二四三
		十二月。癸酉。遣官祭太岁之神。	《清实录·仁宗实录》卷二五二
嘉庆十七年	1812年	正月。壬午。遣官祭太岁之神。	《清实录·仁宗实录》卷二五三
		三月。乙亥。上耕耤。诣先农坛行礼。	《清实录·仁宗实录》卷二五五
		十二月。丁卯。遣官祭太岁之神。	《清实录·仁宗实录》卷二六四
嘉庆十八年	1813年	正月。丙子。遣官祭太岁之神。	《清实录·仁宗实录》卷二六五
		三月。乙亥。上耕耤。诣先农坛行礼。	《清实录·仁宗实录》卷二六七
		四月。命皇次子旻宁庄亲王绵课、仪亲王永璇，分诣天神坛、地祇坛、太岁坛祈雨。戊午。上以祈雨三坛，斋戒三日。己未。上诣天神坛祈雨。命皇次子旻宁、皇三子绵恺分诣地祇坛、太岁坛行礼。	《清实录·仁宗实录》卷二六八
		五月。命皇次子旻宁、皇三子绵恺、仪亲王永璇，分诣天神坛、地祇坛、太岁坛祈雨。	《清实录·仁宗实录》卷二六九
		十二月。辛酉。遣官祭太岁之神。	《清实录·仁宗实录》卷二八一
嘉庆十九年	1814年	正月。庚午。遣官祭太岁之神。	《清实录·仁宗实录》卷二八二
		三月。乙亥。上耕耤。诣先农坛行礼。	《清实录·仁宗实录》卷二八七
		十二月。乙酉。遣官祭太岁之神。	《清实录·仁宗实录》卷三〇一
嘉庆二十年	1815年	正月。甲午。遣官祭太岁之神。	《清实录·仁宗实录》卷三〇二
		三月。丁亥。上耕耤。诣先农坛行礼。	《清实录·仁宗实录》卷三〇四
		十二月。己卯。遣官祭太岁之神。	《清实录·仁宗实录》卷三一四
嘉庆二十一年	1816年	正月。戊子。遣官祭太岁之神。	《清实录·仁宗实录》卷三一五
		三月。丁亥。上耕耤。诣先农坛行礼。	《清实录·仁宗实录》卷三一七
		十二月。癸卯。遣官祭太岁之神。	《清实录·仁宗实录》卷三二五

续表

年号	公元纪年	历史事件	备注
嘉庆二十二年	1817年	正月。壬子。遣官祭太岁之神。	《清实录·仁宗实录》卷三二六
		三月。辛亥。上耕耤。诣先农坛行礼。	《清实录·仁宗实录》卷三二八
		五月。以祈雨三坛，斋戒一日。辛酉。上诣天神坛。命仪亲王永璇、成亲王永瑆，分诣地祇坛、太岁坛祈雨。以谢雨三坛。斋戒一日。己巳。上诣天神坛。命仪亲王永璇、成亲王永瑆分诣地祇坛、太岁坛谢雨。	《清实录·仁宗实录》卷三三〇
		十二月。丁酉。遣官祭太岁之神。	《清实录·仁宗实录》卷三三七
嘉庆二十三年	1818年	正月。乙巳。遣官祭太岁之神。	《清实录·仁宗实录》卷三三八
		三月。己亥。上耕耤。诣先农坛行礼。	《清实录·仁宗实录》卷三四〇
		四月。命皇次子智亲王旻宁诣天神坛、定亲王绵恩诣地祇坛、庆郡王永璘诣太岁坛祈雨。以祈雨三坛，斋戒一日。戊子。上诣天神坛，命仪亲王永璇诣地祇坛、成亲王永瑆诣太岁坛祈雨。以得雨报谢三坛，斋戒一日。 甲午。上诣天神坛。命仪亲王永璇诣地祇坛、成亲王永瑆诣太岁坛谢雨。	《清实录·仁宗实录》卷三四一
		十二月。壬辰。遣官祭太岁之神。	《清实录·仁宗实录》卷三五二
嘉庆二十四年	1819年	正月。辛丑。遣官祭太岁之神。	《清实录·仁宗实录》卷三五三
		三月。己亥。上耕耤。诣先农坛行礼。	《清实录·仁宗实录》卷三五五
		三月。命皇次子智亲王旻宁诣天神坛、皇三子惇郡王绵恺诣地祇坛、定亲王绵恩诣太岁坛祈雨。	《清实录·仁宗实录》卷三五六
		四月。以祈雨三坛，斋戒一日。己酉。上诣天神坛。命仪亲王永璇诣地祇坛、成亲王永瑆诣太岁坛祈雨。以谢雨三坛，斋戒一日。戊午。上诣天神坛。命仪亲王永璇诣地祇坛、成亲王永瑆诣太岁坛谢雨。 谕内阁：向来天神坛所设神位在坛北云龙龛内。每逢致祭之时恭设几案，距神位过远。且几案高于龛座，于对越之忱，似有未安。著大学士会同礼部太常寺详查妥议具奏。	《清实录·仁宗实录》卷三五七

续　表

年号	公元纪年	历史事件	备注
		十二月。丙辰。遣官祭太岁之神。	《清实录·仁宗实录》卷三六五
嘉庆二十五年	1820年	正月。丁卯。遣官祭太岁之神。	《清实录·仁宗实录》卷三六六
		三月。祭先农之神，遣定亲王绵恩行礼。	《清实录·仁宗实录》卷三六八
		十二月。辛亥。遣官祭太岁之神。	《清实录·宣宗实录》卷一一
道光元年	1821年	正月。壬戌。遣官祭太岁之神。	《清实录·宣宗实录》卷一二
		三月。辛亥。祭先农之神，遣顺承郡王伦柱行礼。	《清实录·宣宗实录》卷一四
		十二月。乙巳。遣官祭太岁之神。	《清实录·宣宗实录》卷二七
道光二年	1822年	正月。乙卯。遣官祭太岁之神。	《清实录·宣宗实录》卷二八
		三月。辛亥。祭先农之神，遣睿亲王端恩行礼。	《清实录·宣宗实录》卷三一
		十二月。己巳。遣官祭太岁之神。	《清实录·宣宗实录》卷四七
道光三年	1823年	正月。己卯。遣官祭太岁之神。	《清实录·宣宗实录》卷四八
		三月。乙亥。上耕耤。诣先农坛行礼。	《清实录·宣宗实录》卷五〇
		十二月。癸亥。遣官祭太岁之神。	《清实录·宣宗实录》卷六四
道光四年	1824年	正月。癸酉。遣官祭太岁之神。	《清实录·宣宗实录》卷六五
		三月。乙亥。上耕耤。诣先农坛行礼。	《清实录·宣宗实录》卷六六
		五月。己巳。皇长子奕纬、惇亲王绵恺、瑞亲王绵忻、定亲王奕绍，分诣天神坛、地祇坛、太岁坛、宣仁庙祈雨。	《清实录·宣宗实录》卷六九
		十二月。丁亥。遣官祭太岁之神。	《清实录·宣宗实录》卷七七
道光五年	1825年	正月。丁酉。遣官祭太岁之神。	《清实录·宣宗实录》卷七八
		三月。己亥。祭先农之神，上亲诣行礼。著顺天府尹照例率属行耕耤礼。诣太岁坛行礼。	《清实录·宣宗实录》卷八〇
		十二月。庚辰。遣官祭太岁之神。	《清实录·宣宗实录》卷九三
道光六年	1826年	正月。壬辰。遣官祭太岁之神。	《清实录·宣宗实录》卷九四
		三月。丁亥。上耕耤。诣先农坛行礼。	《清实录·宣宗实录》卷九六
		十二月。乙亥。遣官祭太岁之神。	《清实录·宣宗实录》卷一一二
道光七年	1827年	正月。乙酉。遣官祭太岁之神。	《清实录·宣宗实录》卷一一三
		三月。丁亥。上耕耤。诣先农坛行礼。	《清实录·宣宗实录》卷一一五
		十二月。己亥。遣官祭太岁之神。	《清实录·宣宗实录》卷一三一

续 表

年号	公元纪年	历史事件	备注
道光八年	1828年	正月。己酉。遣官祭太岁之神。	《清实录·宣宗实录》卷一三二
		三月。辛亥。上耕耤。诣先农坛行礼。	《清实录·宣宗实录》卷一三四
		十二月。甲午。遣官祭太岁之神。	《清实录·宣宗实录》卷一四九
道光九年	1829年	正月。甲辰。遣官祭太岁之神。	《清实录·宣宗实录》卷一五〇
		三月。己亥。上耕耤。诣先农坛行礼。	《清实录·宣宗实录》卷一五三
		十二月。己丑。遣官祭太岁之神。	《清实录·宣宗实录》卷一六三
道光十年	1830年	正月。己亥。遣官祭太岁之神。	《清实录·宣宗实录》卷一六四
		三月。上耕耤。诣先农坛行礼。	《清实录·宣宗实录》卷一六六
		十二月。癸丑。遣官祭太岁之神。	《清实录·宣宗实录》卷一八二
道光十一年	1831年	正月。壬戌。遣官祭太岁之神。	《清实录·宣宗实录》卷一八三
		三月。上耕耤。诣先农坛行礼。	《清实录·宣宗实录》卷一八五
		三月。乙亥。命贝勒托恩多、御前侍卫载铨、奕纪、道庆、贝勒奕绮，乾清门侍卫倭什讷、培成、纯佑，查看天神坛、地祇坛、太岁坛、先农坛树株。	《清实录·宣宗实录》卷一八六
		四月。辛卯。谕内阁：据托恩多等奏，恭查天神坛、地祇坛、太岁坛、先农坛树株完竣。著太常寺造具清册，咨送工部备查。其内外围各处，除实存各树外，所有风损回乾倒木及缺空处所应否补冲树株。著即行知该管衙门，查明酌量补种。嗣后并著太常寺随时派员稽查。毋得致有短少。以昭敬慎。	《清实录·宣宗实录》卷一八七
		四月。癸丑。遣睿亲王仁寿、定亲王奕绍、庆郡王绵慜，分诣天神坛、地祇坛、太岁坛祈雨。	《清实录·宣宗实录》卷一八八

续 表

年号	公元纪年	历史事件	备注
		五月。庚午。谕内阁：京师入夏以来，未得透雨。前经降旨在黑龙潭、觉生寺设坛祈祷。复派睿亲王仁寿等恭祀三坛，派载锐前往密云县白龙潭拈香。自方泽大祀以后，虽屡得阵雨，总未深透，农田望泽甚殷，必应虔诚祈祷。朕于本月二十五日，亲祀天神坛，虔申叩祷。先期于二十四日进宫斋戒。其地祇坛派惇亲王绵恺、太岁坛派定亲王奕绍，著于二十四日在紫禁城内斋宿。次日随朕诣坛叩祷。所有三坛祝文，著仍撰拟一篇，派员同时跪祝，用申祇告。并著派庆郡王绵慜诣宣仁庙、凝和庙拈香，派惠郡王绵愉诣昭显庙、时应宫拈香，均于二十四日在紫禁城内斋宿，次日同时虔诚叩祷。所有朕此次亲祭各事宜，著该衙门敬谨豫备。 辛未。谕内阁：昨因京畿望泽甚殷，朕定期亲诣天神坛，虔申叩祷，并派惇亲王绵恺等分诣地祇坛、太岁坛行礼，宣仁各庙拈香。昨日未刻，澍雨滂沛、连宵达旦。本日据顺天府奏入土深透。仰荷昊慈垂佑。朕心实深寅感。朕于二十五日，进宫斋戒。二十六日，亲诣天神坛报谢。仍派惇亲王绵恺诣地祇坛、定亲王奕绍诣太岁坛行礼，庆王绵慜诣宣仁庙、凝和庙，惠郡王绵愉诣昭显庙、时应宫拈香致谢。所有应行一切典礼事宜，著各该衙门敬谨豫备。	《清实录·宣宗实录》卷一八九

续 表

年号	公元纪年	历史事件	备注
		六月。丁未。遣定亲王奕绍诣天神坛、睿亲王仁寿诣地祇坛、肃亲王敬敏诣太岁坛祈雨。惠郡王绵愉诣宣仁庙、凝和庙，庆郡王绵愍诣昭显庙、时应宫拈香。 戊申。遣定亲王奕绍、睿亲王仁寿、肃亲王敬敏、惠郡王绵愉、庆郡王绵愍分诣天神坛、地祇坛、太岁坛、宣仁庙、凝和庙、昭显庙、时应宫谢雨。	《清实录·宣宗实录》卷一九一
		十二月。丁未。遣官祭太岁之神。	《清实录·宣宗实录》卷二〇三
道光十二年	1832年	正月。戊午。遣官祭太岁之神。	《清实录·宣宗实录》卷二〇四
		三月。辛亥。上耕耤。诣先农坛行礼。	《清实录·宣宗实录》卷二〇七
		五月。戊辰。上诣天神坛。遣惇亲王绵恺诣地祇坛、惠郡王绵愉诣太岁坛祈雨。御制祝文曰：春泽承庥，方云共庆。夏霖愆序，倍惕渊衷。复值逆猺逞恶，不获已而诛夷。邪匪潜滋，必应除而究治。虽国法之难容，实天和之有犯，皆由德薄不能感化、才疏未克财成。以致乾旱恒旸、虞稼穑多槁之叹，赫炎不雨。悯人民无妄之灾，敬思水旱之不齐，总因政治之多失。呜呼！自天申之，赦眇躬而万民是惠，列地利也。昭灵贶而三辅均沾，步祷神坛，心忧蔀屋。抒微忱而早苏民困，亟叩甘膏，企恩波而速敛风威。仰希神鉴。	《清实录·宣宗实录》卷二一二

脊，因此又称九脊顶。屋顶有四面坡，前后两个大坡，两侧短坡。重檐歇山顶是等级仅次于重檐庑殿顶的屋顶形式。在这之后的便是悬山顶，悬山顶又称挑山顶，屋面上有一条正脊和四条垂脊，屋面是两面坡，两侧伸出山墙之外。由于此类建筑的屋顶悬伸外挑于山墙之外，故名悬山顶或挑山顶。但无论从史料记载，还是现存建筑实例看，我们都没有找到重檐悬山顶建筑的踪迹，古建专家在考察后，也认为先农坛宰牲亭重檐悬山顶是孤例。这种孤例就像被梁思成先生誉为“中国建筑一绝”的广西容县真武阁，在它的二层有四根巨大金柱腾空离地 2 厘米的。就像福建泉州的洛阳桥，以牡蛎的牡房硬壳与石块胶结在了一起，形成一条横跨河床的牡蛎桥基。因为他们不是建筑的常态，所以不能用建筑技术来解释。我们知道，中国传统建筑屋顶形式在古代社会具有等级意义。基于礼的需要而形成的建筑等级制度，是中国古代建筑的独特现象。礼制性建筑的地位远远高于实用性建筑，礼对建筑的制约，表现在建筑类型上，以致最终形成一整套庞大的礼制性建筑体系。建筑等级主要通过对财富、人力的消耗来体现，建筑的尺度、材料的贵重程度、装饰的精细程度等成为表现建筑等级的主要因素，但中国古代建筑也有一些等级因素并不依靠消耗财富来体现，而另有其社会文化原因。坛庙是祭祀性建筑物，它是遵从“礼”的要求而产生的建筑类型，因此，也称礼制建筑。在中国古建筑中占有很大比重，其建筑规模之大，建筑造型之精美，达到了相当高的程度。宰牲亭，作为坛庙祭祀的附属建筑，他的形态也要遵从礼法。明清北京的皇家坛庙中，宰牲亭都是必不可少的重要功能建筑。如天坛有南、

宰牲亭悬山重檐顶

北两座宰牲亭，南宰牲亭位于南神厨东侧，北宰牲亭位于祈谷坛长廊北神厨东侧，坐北朝南，面阔五间，进深三间，重檐歇山顶；地坛宰牲亭，建筑面积140.40平方米，面阔三间，重檐歇山黄琉璃瓦屋面；历代帝王庙宰牲亭，始建于明嘉靖九年（1530年），面阔三间，重檐歇山顶。从这些事例中，我们得到了一个基本信息，即这些宰牲亭都是重檐歇山顶。前面我们大致了解了一下中国传统建筑的几种屋顶形式，歇山顶是仅次于庑殿顶的屋顶形式，之所以将宰牲亭建为重檐，推测重檐形式更接近于亭式建筑，更符合宰牲亭的称谓。

再看看先农坛宰牲亭，它之所以为重檐悬山顶，大概是基于这样的考虑。在先农坛主体建筑中，建筑体量最大的要数太岁殿了，建筑面积1319.7平方米，面阔七间，进深十三檩，室内高度15.97米，七踩单翘双昂溜金斗栱，外檐金龙和玺彩画，内檐墨线大点金旋子彩画。虽然梁架结构与故宫太和殿相仿，但屋面是单檐歇山顶。我们知道，歇山顶主要用于宫殿、坛庙等建筑。太岁殿是祭祀太岁之神的场所，这种建筑形制符合坛宇营建等级规制。然而作为祭坛的附属建筑宰牲亭，屋顶形式不可能高于核心建筑太岁殿，于是将宰牲亭建成了重檐悬山顶。

在宰牲亭殿内明间正中心，你会看见有一个长2.4米、宽1.16米、深1.3米的长方形池子，这是漂牲池，因牺牲宰杀后要架在上面，用烧开的水浇在牺牲身上，退去身上的毛和洗清身上的污物。池上、下均有排水口，具有良好的排污功能。宰牲亭内檐的彩画为旋子彩画，外檐彩画则无地杖，直接绘于大木上。按传统建筑的工程做法，油饰彩绘前要在木构造表面做地仗，即以砖粉做骨料，以猪血、桐油、面粉作粘结料，披麻糊布，刮涂在木构件表面，主要起保护作用。清早期以前的地仗做法比较简单，一般只对木构件表面的明显缺陷用油灰做必要的填刮平整然后钻生油，以后木构地仗出现越做越厚的趋势。因此可以看出宰牲亭建筑保留了明早期建筑特色。

宰牲亭作为祭祀坛庙的附属建筑，一直以来发挥着不可替代的功能。先农坛宰牲亭的独特建筑形式为后人研究中国传统礼制建筑提供了宝贵资料。

三　皇帝的更衣房——具服殿

按照明清的典章规定，每个皇家坛庙都应该有皇帝祭祀行礼前的更衣之所，譬如祈谷坛（祈年殿），在丹陛桥的东侧就有具服台，皇帝亲行祭天大典前在此临时搭建帷幄作为具服殿，以为皇帝更换祭祀礼服，其他如社稷坛、日坛、月坛都设有具服之所。先农坛也不例外，不过先农坛具服殿并不是为皇帝祭先农之神准备的，而是为皇帝祭农之后亲行耤田礼更换服装之用，明代在此更换耤田礼专用礼服“皮弁服”，清代则是更换黄色蟒龙袍。

先农坛具服殿位于太岁殿拜殿的东南方、观耕台以北，是一座绿琉璃瓦单檐歇山顶建筑，建筑高近 9.9 米（不含台基），面阔五间 27.22 米，进深七檩 14.42 米，建筑面积 392.5 平方米，单翘单昂五踩溜金斗栱。大殿内檐为金龙和玺彩画。具服殿斗栱及大木构件局部有明显的明代建筑特征（甚至宋式特征，如角科使用鸳鸯交手栱），斗栱使用真昂，大小斗有欹颧，所有露明的梁均做成“月梁”形式，明间柱子使用侧脚。

具服殿

先农坛具服殿最为令人印象深刻的是殿前的巨大月台。实际上整座建筑就是坐落在这座以月台为主体的台基之上，月台面积 254.5 平方米，南、西、东三出陛（南为十阶踏步，

1901 年的具服殿

东西各为八阶踏步），台高 1.65 米，比一个正常人的高度略低。如此高大的建筑台基，使得具服殿这座普通的清式建筑看起来显得与周围环境不太匹配。想到明代嘉靖朝之前，明帝到先农坛亲行耤田礼后要观耕，当时是没有观耕台的，是否皇帝会借用具服殿月台之高以行部分观耕之便呢？算作一个猜想吧。

与其他坛内建筑相比，具服殿的近百年经历算是较为平凡，1927 年改称诵豳堂，1949 年后作为育才小学图书馆，直至 1997 年全面修缮，虽经磨难但建筑整体基本保存完整，可算是一大万幸。

先农坛具服殿，历史上疑似存在殿内的挂匾及一对抱柱联。史料中记载“具服殿御制额曰：劭农劝稼，联曰：千亩肇农祥寅清将事、三推勤御耦亥吉祈年，皆皇上御书”（《四库全书·钦定日下旧闻考》卷五十五），此为清代匾联的出处，但无旁证。民国十六年（1927 年）北洋政府内务部长沈瑞麟题写的“民生在勤务滋稼穑，国有兴立庇其本根”一对抱柱联及“诵豳堂”室外悬匾，有多处民国史料对证，上个世纪 50 年代初该对联已毁，匾的去处不详。调查中，有人提供上个世纪 50 年代室内的悬匾为“遗民教稼”，且为目击证言，又添一说法，使具服殿匾联成为坛内少有的谜团之一。

四　“众神之家”神版库与“享神的厨房”神厨

中国古代坛庙建筑中，专门为祭享神祇制作祭品的厨房——神厨建筑是必不可少的。北京先农坛建筑群自明永乐十八年（1420年）建成时起，神厨就成为全坛重要的功能建筑，承担着全坛大小神祇祭祀时的祭品供应之责，有着后勤保障的作用。这一作用一直延续到1911年清代结束。

先农坛神厨，座落于先农神坛之北、太岁殿建筑群之西，由一独立院落四围而成，院内北面的正殿为神版库，东为神库，西为神厨，院内东南、西南各为一座八角盝顶井亭。全院占地面积约3791平方米，东西宽约56米，南北长约68米。这五座建筑组成完整的厨房功能建筑群。

神厨正殿称为神版库。该殿建筑面积约342平方米，面阔五开间26米，进深约13.2米，单檐悬山顶。清乾隆十八年（1753年）以前，凡先农坛内各处非祀享之时的神祇木主神牌都供奉于这里，待祭祀时才请出。所以这座殿堂才称为神版库。清乾隆十八年（1753年）开始，神版库只供奉先农之神和天神地祇神牌，而太岁坛神牌则常奉于太岁殿且“永著为例”。所以说神版库是众神之

神厨正殿——神版库

家不为过。

东神库、西神厨大体上体量相同，建筑面积约为271平方米，面阔五开间约26米，进深约10.4米，单檐悬山顶。神库用来存放先农坛各处神祇祭祀器用，待祭祀时从此提用，因此这里实际上是“祭器库”，也就是相当于为众神存放餐具之所。西神厨是为祭祀先农坛各处神祇制作祭品的厨房，像“太羹”（牛肉清汤）、“和羹”（五味调料牛肉汤），韭菹、芹菹、菁菹、苟菹（腌韭菜、腌芹菜、腌韭菜花、腌笋），酖醢、鹿醢、兔醢、鱼醢（肉酱和切成小方块的鹿、兔、鱼肉块）等祭品都是在这里于祭祀前一天赶制的。有意思的是，西神厨在后檐明间槛窗处还建有石质排水口，想来厨房内的洗涮肉类、蔬菜废水都由这个排水口排出。不过排水口以下地面没有发现过渗水设施（如渗井等），不知当年排出的废弃污水常年在此淤积该是个什么样的景象，这也是许多中国古建筑共同面临的问题。

神厨后身的出水口

神厨院内的三座建筑都有两个共同特色，其一是屋顶都上覆削割瓦，其二是室内彩画都为清代初期彩画（亦有称之为明代）原物。所谓削割瓦就是没有上釉烧制的琉璃瓦件，规格质地与琉璃瓦一致，用在等级较低的皇家建筑上。先农坛内除了神厨建筑群外，神仓建筑群中除了圆廪、仓房、收谷亭外其余建筑也使用削割瓦，属于部分使用，而神厨建筑群是整体使用。至于三座建筑室内的清代初期彩画，是珍贵的历史文物，与宰牲亭内的清代彩画同期，他们逃过了清乾隆帝时的大修，为今天研究了解先农坛的建筑历史和彩画艺术提供了难得的实物。可惜的是，近几十年来神厨建筑群和宰牲亭都遭受过极为悲惨的经历，特别是上个世纪六十年代以降，神厨院的三座建筑作为工厂厂房使用，365

神厨院门明代门砧石

天机器轰鸣振动不断，工业废气、废水、废油等具有化学和物理侵蚀性物质四处弥漫，使古老建筑的身心受到极大摧残（宰牲亭经历也类似）。到文物部门收回所有权准备修缮时，室内彩画大部地仗已脱落，处处斑驳。

1999 年 —2002 年 间，美国世界文化遗产基金会和 FLORA 基金会为北京先农坛神厨的修缮提供了部分专用资金，世界文化遗产基金会在其后中方对神厨室内彩画的修缮中严格要求保护原状、修旧如旧，采用物理及无腐蚀化学方法对彩画加固、粘补。国际友人这一建设性的、符合联合国教科文组织文物保护基本原则的建议，杜绝了传统文物古建修缮中将原有彩画铲除再施以新绘彩画的思维，保护了这一难得的文物。现在，当观众走进这三座古建筑室内时，在大家眼前展现的是真实的清代早期彩画艺术品。

神厨院落里还有两处为宰杀的牺牲及制作祭品提供用水建筑，这就是井亭。井亭建筑面积约 48.9 平方米，外观为六角单檐盝顶，每边长 4.34 米，据说法式上保留了明代早期风格（1994 年北京建筑工程学院古建研究室在著名古建专家臧尔忠先生主持下对先农坛部分建筑进行法式勘查与测绘时得出的结论）。

井亭为布瓦盝顶六角亭，六根角檐柱，柱高 3075mm，有明显的侧脚，柱头向亭心侧 50mm，侧脚值达 16‰，使得井亭每面面阔：柱脚处 3050mm，柱头处 3000mm。井亭斗栱为溜金斗栱，每间施三踩平身科两攒，角柱上是三踩单翘角科斗栱，斗栱用

雪后的神厨院（摄影：刘文丰）

材尺寸为单材 75×115，宽高比约为 10：15，足材 75×160，宽高比约为 10：21，用材比例关系与宋代一致，与清代 10：14、10：20 不同。斗栱中大小斗底均有幽页，角科大斗用圆栌斗，为明代原物。圆栌斗在《营造法式》中有记载，国内也有早期的建筑实物，但在北京的明清建筑中实为罕见。井亭斗栱无栱垫板，平身科、角科昂尾交在一起共同承挑盝顶围脊下的脊桁枋，六面脊桁枋形成一个六边形脊圈。额枋上的平板枋与额枋同宽，反映了井亭大木是典型的明代早期风格。

神厨井亭

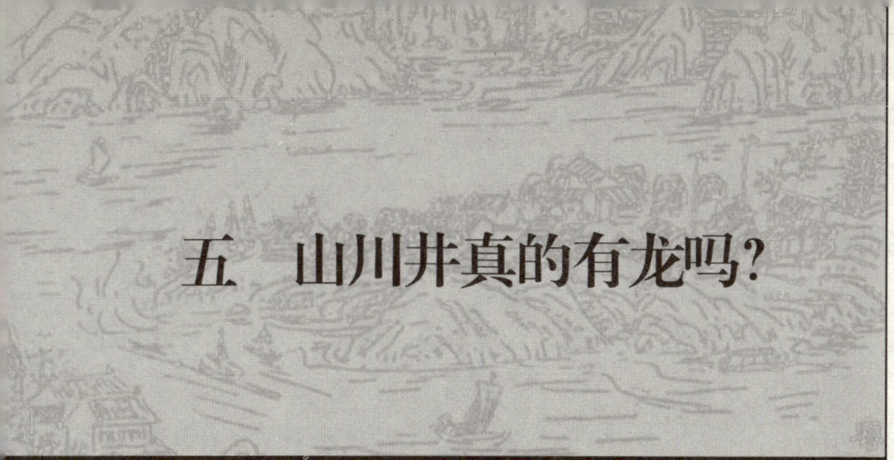

五　山川井真的有龙吗?

在北京先农坛，水井一直是个让人感到不解的问题，因为敬神仪式需要水，坛内日常的维护也离不开水。我们查看北京先农坛明清历史资料，除了在太岁殿建筑群西部的神厨建筑群内有两座井亭能够显示这里有水井外，再就是神厨西墙外宰牲亭前方的山川井、庆成宫院内东北侧的一口井。偌大的先农坛，有据可查的只有这四口水井，能不让人们感到不解吗?

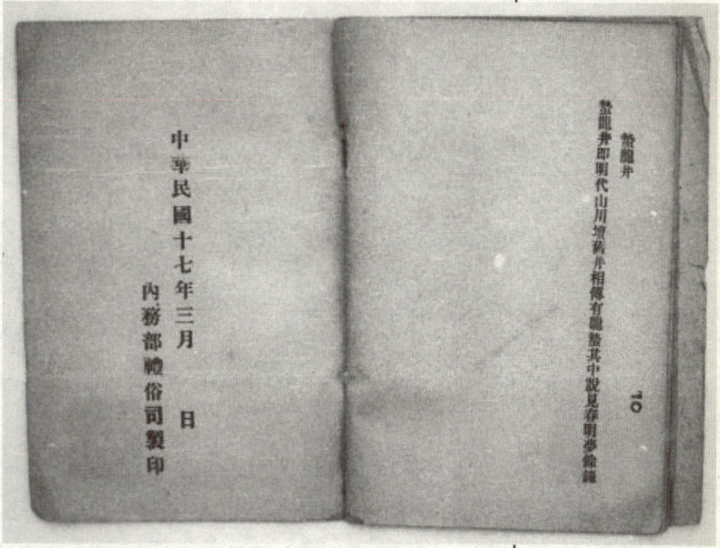

蟄龍井

蟄龍井即明代山川壇舊井相傳有龍蟄其中說見春明夢餘錄

10

中華民國十七年三月　日

内務部禮俗司製印

民国时期书籍中关于蛰龙井的记载

通过搜寻史料中的蛛丝马迹，水井奇缺似乎又有一些能够自成其圆的答案。这还要从坛内的空地做什么用途说起。

明代，坛内有一定数量的坛户耕种着外坛墙内一千七百余亩的护坛地，种植稻麦等农作物，用这些收成售卖后的银两维持着坛内的日常维护开支:

嘉靖九年，令以耤田旧地六顷三十五亩九分六厘五毫拨与坛丁耕种。岁出黍、稷、稻、粱、芹、韭等项。余地四顷八十七亩六分二厘九毫，除建神祇坛外，其余九十四亩二分五厘六丝四忽亦拨与坛丁耕种。

——《明会典》卷五一

先农坛围墙内，有地一千七百亩。旧以二百亩给坛户，种五谷蔬菜，以供祭祀。其一千五百亩，岁纳租银二百两，储修葺之需。

——《养吉斋丛录》卷八

到了清代，清乾隆帝整修先农坛，对坛内各处建筑都进行了不同程度的修缮，同时还对坛内的隙地如何利用有了新的要求：

（乾隆）十八年谕：先农坛外壖隙地，老圃于彼灌园，殊为亵渎。应多植松、柏、榆、槐，俾成阴郁翠，以昭虔妥灵。著该部会同该衙门绘图，具奏，钦此。

——《工部则例》

（乾隆）十九年三月，重修先农坛外壖，隙地多植松、柏、榆、槐，交太常寺饬坛户敬谨守护。

——《清通志》卷三七

认为在坛内隙地役使农夫挑肥灌园，串来走去，简直是有损先农坛内的清净宁和，对神灵也不能体现出敬畏。于是坛地不让再种植五谷，都改种松、柏、榆、槐。今天，坛内遗存的这些古树仍然郁郁葱葱。

显然，种粮和植树对于水的要求肯定是不同，种粮要求有水渠或水井，方便浇灌；而植树虽也存在低树龄时的人工灌溉，但绝大多数时期只依靠天然降水就可存活。因此清乾隆十九年（1754 年）前的先农坛内的坛地浇灌一定要用到水井（为了浇灌不可能穿过坛墙建引水设施引南墙外的护城河之水，事实上也未见史料中或现存遗迹中有类似记载或现象）。1991、

1992年时，在北内坛墙外的东北方约五十米处，发现了一处水井遗址，由此可以想象当时的种粮浇灌用水应该是从分布不详的自掘井中取水。

话说回来。神厨的两座井的形制，是明清时为皇家坛庙举行敬神祀典取用水而建的标准形态，这种形态的的特征十分明确，即：井壁用细泥方砖层层砌制，井口用六角形、高约80厘米、直径约120厘米的井口石罩口，而井口石又坐落在高出地面约30厘米的井台上。井的外面，是一座顶部呈六边形露天的六面井亭，据说敬神取水的井都要承接天露，因此顶部要露天（关于井亭的详细情况，本章前一节已有介绍）。神厨院外西侧的山川井，因在民国就已坍塌，也没有留下形象资料，我们只能给予推测。从清康雍时期《郊庙图》中的简单绘制，我们推测的山川井应该是这样一个形象：在与地表基本齐平的石质井口东西两侧，各竖立着两块巨大的石板，石板顶部开有卧槽，上横卧着辘轳。你看，皇家的井其实与民间的井没有本质区别，或许只是用材更精良些吧。

《郊庙图》中的清初山川井形象

1993年时，山川井旧址因施工开挖地槽，作者有幸看到了山川井的地下结构局部：井壁由长近六十厘米的巨大细泥砖砌制，可见的井深约5米，井下的宽度达3米。从它的遗迹不难猜想得出当年的宏伟。

有意思的是，原来民间盛传的山川井蛰龙的“龙”连个鳞片也没见到。《春明梦余录》的“……宰牲亭，南为川井，即山川坛旧井，有龙蛰其中”，独树一帜地首开有龙蛰伏山川井的说法，清代和民国的一些笔记野史也随之附和。看来，这山川井蛰龙的传说，跟“老北京有三个海眼，海眼里拴着镇水龙”一样，不过是旧时市井中人们对于不能看到的一些建筑抱有无限好奇因而导致以讹传讹夸大猜想的茶余饭后的谈资罢了。

六　从祠祭署说起：几处已消失的建筑

北京先农坛内的建筑可谓不少，大体上来说代表明清两代皇帝在此躬祀先农之神的主体建筑如先农神坛、太岁坛、神厨、神仓、具服殿、观耕台、庆成宫、地祇坛石龛等，都得以较为完好地保存，这在北京先农坛清代之后的百年磨难中不得不说是一大幸事。

但无论怎样讲，目前北京先农坛所处的时期毕竟不是历史上的最盛时期。它的全盛时期是清乾隆年间，当时各类功能建筑齐全，清帝在这里进行的一系列敬神活动依靠这些建筑得以有序地开展。从晚清开始，随着清代的没落，皇家的敬神活动只能说是勉强支撑着进行，为的是圆满清统治者的政治面子。1900 年后，坛内的局部有小改动，大量的建筑年久失修，荒草丛生。国家的衰败在这里也算是可见一斑。到了民国，先农坛的劫难拉开帷幕，北外坛、东南外坛、西外坛的废去，昔日的圣地成了新兴的市井所在。及至二十世纪五六十年代，东北内坛的一些附属建筑，以及后来的天神坛的毁灭，使北京先农坛遭受了建坛近六百年来最为严重的毁坏，后果严重到已不可能全面恢复的地步。这不能不让人深深痛心。这其中，以先农坛祠祭署、天神坛石龛、神祇坛北门——雩坛门、钟楼等几处建筑较为典型。虽然我们查遍了文献，但记载寥寥。虽然如此，依据这些有限的资料，我们还是试图对它们进行一下还原，使今天的人们能够对这些逝去的建筑有所了解。

（一）祠祭署

每个坛庙理论上说都要有自己的管理处，北京先农坛也不例外，史料上说先农坛的管理处称为“先农坛祠祭署”。原来，明永乐十八年（1420年）北京山川坛落成后，明廷将山川坛的管理机构称为“耤田祠祭署”，又称“山川坛祠祭署”。明嘉靖帝为了建天神地祇坛，又将“山川坛祠祭署”更名为“神祇坛祠祭署”。万历四年（1576年）才正式更名为先农坛祠祭署：

万历四年……改山川坛之名为先农坛，改铸神祇坛祠祭署印为先农坛祠祭署印。

——《明会典》卷九二

在职能隶属上，先农坛祠祭署归太常寺掌管。而太常寺是个什么机构呢？太常寺属于隋唐时期政府机构改革后仍保留的带有秦汉时期政府机构特色的职能机关，通常与太常寺、大理寺、光禄寺、太仆寺、鸿胪寺并称五寺。秦代叫奉常，汉代改称太常，掌管宗庙坛庙礼仪，至北齐才正式开始有太常寺。到了明清，它的职能已大为缩小，基本专门掌管坛庙的管理运作。显然，太常寺作为先农坛的上级管理单位是再正常不过的了。明代，先农坛祠祭署平时管理着坛户在护坛地耕作，并代为照料皇帝的耤田，待收获后组织人力脱粒归仓；清乾隆以后，护坛地不再耕作，改为坛内植树，先农坛祠祭署于是改为照看树木建筑，别的职能未有变化。这样说来，先农坛祠祭署真真正正地发挥着先农坛管理处的职责。《清会典》卷

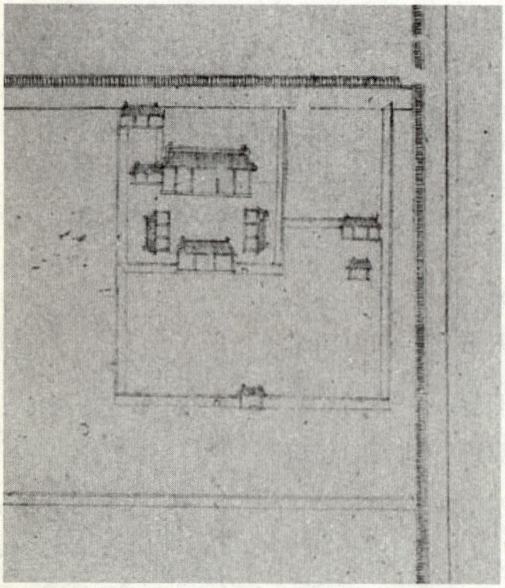

清《乾隆京城全图》中的先农坛祠祭署

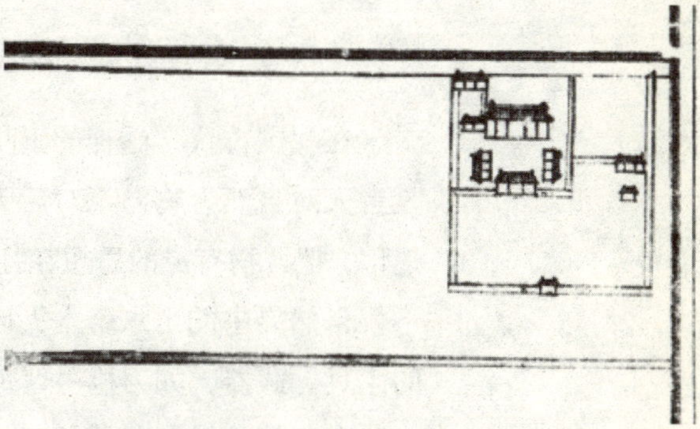
清《乾隆京城全图》中的先农坛祠祭署（原图经修饰）

七二说“祠祭署……奉祀一人，祀丞一人，执事生一人”，仅三人的编制就撑起偌大个先农坛的管理，真可谓超高效率。

通观史料，可以看出先农坛祠祭署是一个平凡得几乎快被人忘却的机构，有关它的文字记载极其少有，以至图形资料也很稀少，甚至还有前后矛盾之处。如清代《五朝会典》中，直至光绪《清会典》才将先农坛祠祭署的所在位置及大致的平面布局展现出来，但是一份清代雍正至乾隆早期样式雷所绘的先农坛图，以及绘于清乾隆十五年（1750 年）的《乾隆京城全图》中，却清楚地将先农坛祠祭署的平面布局绘制在内坛东北角处。这样大的出入，很是令人诧异。我们抛开诧异，单从这两份图的描绘中，看到先农坛祠祭署的布局为：它坐落于庆成宫与北内坛墙之间的空地东北部，即北内坛墙内东北角，是一座面南背北的小院，分前后两进，第一进院空置，第二进院分东西两部分，西部是主院，旁边是一跨院，内又空置。第二进的主院正向、倒座各是一座屋宇式建筑，东西各为一座三开间厢房（光绪《清会典》中主院与跨院之间的隔墙拆除，主院与跨院合为一体）。《乾隆京城全图》上显示，正向屋宇式建筑是五开间，倒座三开间，推测其为清式悬山顶，类似先农坛神仓后院的东西值房。作为一般的办公用房，这种形式是合适的。

民国时期（20 世纪 20 年代末），当时的老地图上在这里还标示着“交通队”字样，北内坛墙东北角开辟一门（此门应在清代已有，但不常标出。民国二年的地图上明确标出），应该是供当时人们进出之用。1930—1940 年间，这里是当时京城外五区派出所。20 世纪 60 年代，据说北京天桥当地的老人们还在称呼这里为“祠祭署”。随着老人们的故去，“祠祭署”这个称呼已为人们彻底遗忘。

（二）先农坛的“军魂”——旗纛庙

在我国古代，泛神的崇拜观、崇拜现象比比皆是，浅显些说是古人对自然万物乃至对后天人为创造之物给人们带来的功效的迷信，把万物有灵的思想在社会生活的各个方面体现得无比到位。不仅自然界中的山水草木火风雨雪要崇拜，以至人类后天创造出的工具、武器，如刀枪弓弩炮铳也要崇拜，可以说中华大地神仙遍地，各管一摊，各司其职，甚至为了保险起见，也不顾这些神灵们愿不愿意，职能神还重复设置，实行交叉管理。因此不能不佩服中国古人的“求真务实”。

前面提到刀枪弓弩炮铳诸兵器之神，这又与北京先农坛何干呢？其实不仅有关系，而且这关系自明永乐皇帝建成北京城时起，一直延续到清乾隆帝改造北京先农坛，前后约三百三十多年。这段历史时期中，在今先农坛神仓这里，是一处国家级专门祭祀刀枪弓弩炮铳及军旗号角等军事用品“旗纛之神”的庙宇，称“旗纛庙”。

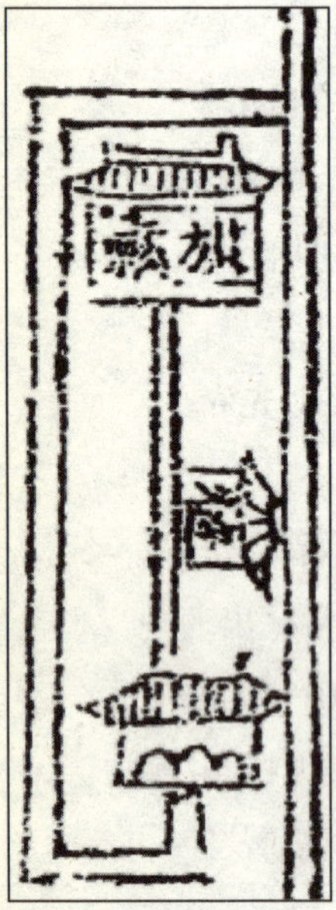

明初的旗纛庙（《洪武京城图志》）

关于它的建立，《天府广记》卷八说“旗纛庙建于太岁殿之东，永乐建，规制如南京”。这一点从《洪武京城图志》中得到印证，图中在山川坛北门东南确有旗纛庙。而永乐帝营建北京，“悉仿南京旧制”，把旗纛庙原封不动地在北京城南郊进行克隆，也就顺理成章了。到了清乾隆时，又是因何被皇帝拆除的呢？清光绪《清会典事例》，及清《工部则例》都记载，乾隆十八年（1753年），高宗皇帝认为弓弩砲石号角旗纛等神已于每年秋季在军校场致祭，没有必要还在先农坛旗纛庙再祭一次，况且这个庙又是前明时建，因此颁旨“先农坛旧有旗纛殿可撤去，将神仓移建于此”。至此，旗纛庙这座专祭军神的庙宇从先农坛中消失了。

较之清代，明代对旗纛庙的祭祀相关事宜规定得还是十分明确。《天府广记》说“旗纛庙……神曰旗头大将、曰六纛大神、曰五方旗神、曰主宰战船之神、曰金鼓角铳砲之神、曰弓弩飞枪

夹片

谨查光绪二十一年三月初十日，经臣部援引道光三年宣宗成皇帝行耕耤礼时，四推四返，附片声明。奉旨：知道了。钦此。为此附片。

给银器用类

太常寺　　　　案卷号 12

禀

正月初八、九日祭太岁坛……

二月二十四、五、六等日祭先农坛，银三两六钱……

以上坛庙各外差共应领茶、水、饭食等银三十六两八钱，又应领外差煤炭银五两七钱。

大堂茶房马福

太常寺　　　　案卷号 12

禀

……正月初八、九日祭太岁坛……

……二月四、五、六等祭先农坛银三两六钱，又二十六日午门前迎送……

以上坛庙外差共三十八次，共应领支搭帐房饭食等银三十七两六钱。

莫吉格庆禧

太常寺　　　　案卷号：12

（自咸丰二年七月至光绪廿八年二月）

九年三月，工部准修先农坛葵花袍二十六件，染描先农坛袍服柜四顶。

十一年十月，工部准修，又查过修缓未定，先农坛補袍等项。

又呈报太岁坛葵花補素青袍并带。

内务府·礼仪　　　　案卷号 6

同治八年

太岁坛合用活鹿一只。以上应用鹿只，应于本年十二月二十二日送所。二月初二日祭。

先农坛，合用活鹿一只。初九日祭。

太岁坛，合用活鹿一只。十二月二十八日祭。

銮仪卫·仪仗　　　　案卷号 74

堂上办事处为皇帝祭祀先农坛陈设法驾，支取苏拉、香烛炭事咨工、户部等的呈堂稿

自乾隆起至道光止

乾隆三十七年二月

堂稿　　　　露字一百一号

堂上一件为支取事

堂上办事处呈，为支取事：恭照三月初四日皇上祭先农坛，陈设法驾卤簿，应用沉香三两、十两重黄蜡二枝，红螺炭二篓，炭饼三个。相应咨部给发可也。

咨　工

户部

銮仪卫·仪仗　　　　案卷号 74

嘉庆八年闰二月

堂稿

一件为咨取事

堂上办事处呈，为咨取事：恭照闰二月二十二日祭先农坛，陈设法驾卤簿，应用沉香一两五钱，十两重黄蜡二枝，六两重黄蜡六枝，红螺炭二篓，炭饼三个。相应咨部给发可也。

咨　工

户部

嘉庆十三年二月

堂稿

一件为咨取事

堂上办事处呈，为咨取事：恭照三月初三日祭先农坛，陈设法驾卤簿，应用沉香一两五钱，十两重黄蜡二枝，六两重黄蜡六枝，红螺炭一篓，炭饼三个。相应咨部给发可也。

咨 工

户部

道光三年二月

堂稿

一件为咨取事

堂上办事处呈，为咨取事：恭照本年三月初六日祭先农坛，皇上亲诣行礼，本卫陈设法驾卤簿，所有执驾校尉人数不敷应用，相应行文内务府，将三旂包衣苏拉派拨三百名。传令各该佐领造具花名清册送卫，着各领催于初四日带同苏拉等，赴本卫按名点验，面同领回驾衣帽带，于初六日五鼓，到处驾库听侯指示，预备执驾，毋得迟误不到，致干未便可也。

咨 内务府

嘉庆二十四年二月

堂稿

一件为咨取苏拉事

堂上办事处呈，为咨取事：恭逢三月初七日祭先农坛，本卫陈设法驾卤簿用执驾校尉人数不敷，相应行文内务府，将包衣三旂苏拉派拨三百名，着各该佐管领造具清册送卫，转饬各该领催于初五日将苏拉等按各传齐赴卫，面同领回驾衣帽带，于初七日五鼓齐集外驾库，听本卫指示，预备执驾，毋得短少一名，临差贻悮，致于未便可也。

咨 内务府

太常寺　　　案卷号：13

（咸丰二年一月至光绪十五年七月）

呈

乐部协律郎吴乐铭等

奉王爷、大人谕：坛庙祀典，礼仪恪恭。所有生童执司乐器，残破不齐，不足观瞻。查其情形较重者，即速报修，以昭慎重。

职等依奉前谕：谨报得圜丘坛、祈谷坛、常雩坛、方泽坛、太庙、奉先殿、社稷坛、朝日坛、夕月坛、先农坛、天神坛、地祇坛、太岁坛、帝王庙、关帝庙、文昌庙。

干戚各一分，籥羽各一分，笙□各十攒，箫□各十只，笛□各十只，篪□各十只，埙□各四元，排箫各四面，俱随囊套包袱、旌节各四架，麾、旛各一架，琴□各十张，瑟□各四张……以上俱系竹木糟朽，披裂失音，不堪应用。

为此呈报工程处老爷移文工部，查修施行。

同治六年　月　日

吴乐铭

太常寺　　　案卷号：13

呈

具呈乐部寺丞张庆陞

呈，为报明事：所有天神坛应用乐器架、木琴几、瑟椅、柷敔、搏拊、干戚、籥羽等项漆饰爆烈，木质损坏以及坠风绒绳断折，鼗顶衣围均有损坏，不堪应用。

为此呈明工程处老爷查验，移文施行。

同治二年　月

寺丞　张庆陞

太常寺　　　案卷号：13

呈

乐部寺丞吴乐铭呈，为报修事：

职报得圜丘坛、方泽坛、先农坛、夕月坛、太岁坛、文昌庙、关帝庙以上乐器架木各一分，均有损坏不齐。

为此呈报工程处老爷移文工部，查修施行。

光绪九年　月

寺丞吴乐铭

太常寺　　　案卷号：13

呈

神乐署署正王远志呈，为报修事：

今报得天神坛祭祀乐舞生应用蓝补素葵花青等袍，绿带獭皮帽，青布靴一分，袍服箱柜，绒绳揁锁俱已糟旧，破坏爆裂，木植损坏，不堪应祀。为此，呈报是实。

伏乞工程处老爷查办施行。

同治五年　月　日

太常寺　　　案卷号：13

呈

神乐署署正王远志呈，为报修事：

今报得地祇坛祭祀乐舞生应用青补素葵花等袍，绿带獭皮帽，青布靴一分，袍服箱柜，绒绳揁锁，俱已糟旧，破坏爆裂，木植损坏，不堪应祀。为此呈报是实。

伏乞工程处老爷查办施行。

同治五年　月　日

躬耕耤田礼类

内务府・礼仪　　　案卷号 8

光绪元年

礼部等部谨奏，为恭进礼节事：

恭照本年三月十六日皇上行耕耤礼。前期一日，中和殿内太常寺官恭设祝版黄案，户部官陈设耕耤器具、谷种，太常寺堂官奏请皇上陞中和殿阅视祝版。行礼毕，太常寺官恭捧祝版黄案出，皇上阅耕耤器具、谷种毕，礼部堂官奏礼成，皇上还宫。户部官捧器具、谷种依次出，各安奉彩亭内，乐部和声署作乐前导，送至耕耤所。顺天府预设三王九卿从耕红牌，并陈设农器于观耕台左右。

至日五鼓，内务府兼和声署司官带领署官、署史在庆成宫处预候。致祭先农坛礼成，前引十大臣、赞引官、对引官恭引皇上至具服殿，更龙袍衮服。少憩，从耕三王九卿及不从耕王以下各官俱更蟒袍补服。皇上耕耤犁鞭、青箱、彩亭三座及三王九卿青箱、彩亭四座，陈设耕所左右，兼和声署内务府司官带领署官、署史咸集耕所之南，歌禾词者十名，司锣、司鼓、司板、司笛、司笙、司箫者各四名，麾五色彩旗者二十名，执技、扒、掀、帚者八名，俱于耕所排立。顺天府耆老十九名，上农夫、中农夫、下农夫衣蓑戴笠执技扒掀帚者共六十名，俱两旁排立预候。

至吉时，礼部太常寺堂官奏请皇上诣耕耤位。礼部司官举旗三麾，各执事齐赴耕所，从耕三王九卿各就耕位立，不从耕王以下各官俱在耕所按翼排立，前引十大臣、礼部太常寺堂官恭引皇上诣耕耤位，南向立。鸿胪寺官赞进犁，户部堂官北向跪进犁，皇上右手受犁。赞进鞭，顺天府府尹北向跪进鞭，皇上左手取鞭。耆老二人牵牛，上农夫二人扶犁，礼部太常寺銮仪卫堂官恭引皇上行耕耤礼。是时彩旗招展，禾词发歌，唱和随行，诸乐俱奏。顺天府官执青箱，户部堂官随后播种，皇上三推三返礼成。鸿胪寺官赞接犁，户部堂官跪接犁。赞接鞭，顺天府府尹跪接鞭，及青箱各置彩亭内，乐止。礼部堂官奏请御观耕台。礼部太常寺堂官由中阶恭引皇上御观耕台，南向坐，不从耕王以下各官分翼序立，鸿胪寺官引顺天府府尹率阖属官并耆老、农夫服本等服色，各持农器，至观耕台前西旁北向排立。鸿胪寺官赞行三跪九叩头礼。礼毕，从耕之三王各五推五返，各用耆老一人牵牛，农夫二人扶犁，顺天府厅官随后播种。耕毕，三王退就本班立。次九卿于三王一推一返后，即行从耕，九推九返，各用耆老一人牵牛，农夫二人扶犁，顺天府厅官及两县各官随后播种。

耕毕，顺天府厅官将青箱仍置原设彩亭内，顺天府两县官率耆老、农夫仍至耕耤所终亩，九卿退就本班立。礼部堂官奏耕耤礼成，皇上由东阶下，乘礼舆出坛，法驾卤簿前导，导迎乐作，奏《祐平之章》。王、贝勒、贝子、公等随行，各官俱退，不斋戒王以下文武各官于午门外排班跪迎皇上进午门，午门鸣钟。诸王以下、公以上随至午门内恭候皇上还宫，各退。为此谨具。

奏闻。

夹片

谨查光绪二十一年三月初十日，经臣部援引道光三年，宣宗成皇帝行耕耤礼时四推四返。附片声明。奉旨：知道了。钦此。为此附片。

奏闻。

祭祀通例类

《钦定礼部则例》卷138·祠祭清吏司（清特登额等撰，道光24年刻本）

耕耤

一、凡耕耤，每岁春三月吉亥曰，祭先农坛，行耕耤礼。礼部于前一年十一月，将耕耤日期及一切应办事宜具题，得旨，行知户部、工部、乐部、太常寺、翰林院、内务府、顺天府等衙门遵照办理，并通行直省督抚、将军、府尹转饬所属，一体遵行。

二、凡举行耕耤礼，先祭先农坛。皇帝或亲诣致祭及遣官致祭之处，太常寺于前一月题请，得旨，知会到部。如皇帝亲祭先农坛，礼成，即行耕耤礼，以亲王、郡王三人，六部、都察院、通政使司、大理等堂官九员从耕，顺天府备躬耕丝鞭、耒耜，饰以黄，服耜黄犊、稻种青箱。备从耕三王麦、谷种，九卿豆、黍种箱，鞭及耒耜均朱饰，服耜黝牛，皆依期毕办。择吉，内务府奏请皇帝于丰泽园先行演耕。耕耤前一日，皇帝陞殿阅视祝版，次阅耕器、五谷种。至日，亲飨先农，行耕耤礼，从耕各官均随行。从耕礼成，耆老、农夫各赏赍布疋。祝版、黄案由太常寺陈设，器具、谷种等项由户部以次陈设。届秋成，将帝耤收成玉粒，交太常寺收贮神仓，以供郊庙粢盛。

三、恭遇皇帝初次行耕耤礼，于礼成后，御庆成宫，行庆贺礼，并赐诸王大臣茶。礼部于耕耤仪注内附入仪注，先期咨取入宴之王公及三品以上大臣并讲官各衔名，开送过部，转咨承办各衙门。（谨按道光三年三月初六日，皇上初次行耕耤礼，礼部夹单奏明，照嘉庆元年成案，请御庆成宫行庆贺礼并赐诸王大臣茶。奉旨：照例赏茶。）

四、从耕三王咨呈宗人府开送，从耕九卿咨各部、都察院、通政使司、大理寺衙门将堂官职名开送，奏请钦派各一员进耒耜，堂官行户部开送，奏请钦派。（谨按嘉庆十四年奏，上谕：朕于三月初三日祀先农坛礼毕，举行耕耤礼成，启銮恭谒西陵。是日，从耕之三王九卿及侍班观耕之大员，均应送驾。并有派出扈跸者，若俟侍班行礼完竣赶赴前途，未免稍形迫促。因思礼以亲耕为重，朕恪恭祀事，躬举四推，聿申诚敬，其随从襄礼者正不妨略从权宜。此次从耕之三王九卿著不必开单请派，其应行进犁、进鞭、揜种及执事各官员，著于在京未派随扈人员内照例请派。派出之员，即毋庸赶往送驾。此外，陪祀之王公大臣等于朕亲祭后先往送驾，扈跸者即应扈行，除御前乾清门侍从诸臣外，俱不必在坛所伺候。）

五、看守从耕红牌官十二员行文太常寺、鸿胪寺移取，麾红旗官于礼部满洲行员内派出，候时官劄钦天监出派。

六、观耕台添盖幄次□□武备院敬谨予备。（谨按乾隆三十九年奉□□□□，嗣后耕耤时，观耕台添盖幄次。）

七、耕耤仪注，会乐部具奏，抄录仪注，通行在京各衙门。

八、从耕三王九卿暨各执事，行文各该衙门，均于耕耤前一日赴耕所演习。

九、丰泽园演耕，内务府具奏，移咨到部，转行顺天府先往丰泽园予备。至日，礼部堂官同奉宸苑卿、顺天府堂官各补服分班祇候。

十、耕耤日，从耕各官具蟒袍补服于先农坛西门外祇候，先期行知各该衙门。（谨按嘉庆十九年，经太常寺堂官与查坛王大臣议定，改于先农坛东门外更换蟒袍补服。二十一年，准太常寺咨称，此次祭先农坛，奉旨由太岁门进北天门，其先农门并不开放。所有随驾从耕之王公文武大臣，俱在太岁门外下马步入。俟祭祀毕，诣具服殿更衣时，所有随驾从耕王公文武大臣，俱在内坛祭器库东北角门外更换蟒袍，所带笔帖式并跟随人等，即在门外伺候，不得擅入，以昭慎重。）

十一、耕耤正列牛只，礼成，奏交内务府牧养，旨下，行内务府、顺天府。

十二、赏给耆老、农夫布各四疋，礼部题请，劄行顺天府颁给。

十三、耤田立夏后，禾苗盛长，劄顺天府派拨人夫不时灌溉。

十四、玉粒告成，顺天府将帝耤收成数目开列具题。旨下，礼部劄钦天监选择吉期，题请收贮神仓。得旨，行文顺天府、大常寺遂办。

仪注：耕耤前期一日，中和殿内太常寺等官恭设祝版、黄案，户部官陈设耕耤器具、谷种，太常寺堂官奏请皇帝升中和殿阅视祝版。行礼毕，太常寺官恭捧祝版、黄案出，皇帝次阅耕耤器具、谷种毕，（旧例阅视祝版后，暂御保和殿。俟户部官陈设耕具谷种毕，仍御中和殿阅视。谨按乾隆五十年，奉旨阅视祝版毕，毋庸御保和殿，即亲行编阅。）皇帝还宫。户部官捧器具、谷种依次出，各安奉彩亭内。乐部和声署作乐前导，送至耕耤所。顺天府预设三王九卿从耕红牌，并陈设农器于观耕台左右。

至日五鼓，内务府兼和声署司官带领署官署史，在庆成宫外预候。致祭先农坛礼成，前引十大臣赞引官、对引官恭引皇帝至具服殿更龙袍。少憩，从耕三王九卿及不从耕王以下各官俱更蟒袍补服。皇帝耕耤犁鞭、青箱、彩亭三座及王公九卿青箱、彩亭四座陈设耕所左右。兼和声暑内务府司官带领署官、署史咸集耕所之南。歌禾词者十名，司锣、司鼓、司版、司笛、司笙、司箫者各四名，麾五色彩旗者二十名，执扙、扒、掀、帚八名，俱于耕所排立。顺天府耆老十九名，上农夫、中农夫、下农夫衣簑戴笠执扙扒掀帚者共六十名，俱两旁排立预侯。（谨按嘉庆十九年，顺天府奏准，查旧例用有顶戴耆老三十五名，今据裁去十六名，仍留十九名，以资熟手。至农夫一项，系民人充当，向用四十八名，今酌增十二名共六十名，尽用内务府苏拉，将民夫概行裁撤。）

至吉时，礼部太常寺堂官奏请皇帝诣耕耤位，礼部司官举旗三麾，各执事齐赴耕所。从耕三王九卿各就耕位立，不从耕王以下各官俱在耕所按翼排立。前引十大臣、礼部太常等堂官恭引皇帝诣耕耤位南向立，鸿胪寺官赞进犁，户部堂官北向跪进犁，皇帝右手受犁。赞进鞭，顺天府府尹北向跪进鞭，皇帝左手取鞭，耆老二人牵牛，上农夫二人扶犁，礼部太常寺、銮仪卫堂官恭引皇帝行耕耤礼。是时，彩旗招飐，禾词发歌唱和，随引诸乐具奏。顺天府官执青箱，户部堂官随后播种，皇帝三推三返礼成。（谨按乾隆二十年奉旨，朕四推四返，本部历年均于进仪注时用夹片声明，恭查钦定皇朝通典，内载乾隆三十七年三月，高宗纯皇帝行耕耤礼，臣以圣寿六旬以上，请遣官恭代。不许。嗣是，亲耕皆依古制三推，弗行加一之礼。）鸿胪寺官赞接犁，户部堂官跪接犁。赞接鞭，顺天府尹跪接鞭，及青箱各置彩亭内，乐止。礼部堂官奏请御观耕台，礼部太常寺堂官由中阶恭引皇帝御观耕台，南向座，不从耕王以下各官分翼序立，鸿胪寺官引顺天府尹，率阖属官并耆老、农夫服本等服色，各持农器至观耕台前西旁，北向排立，鸿胪寺官赞行三跪九叩头礼毕，（谨按嘉庆十六年奉上谕，向来耕耤典礼，于亲耕后升观耕台，阅视从耕之三王九卿以次俱毕。然后顺天府尹等率父老耆民谢恩，维时父老等散布耤田，招集需时，行礼匆遽，未足以肃观瞻。嗣后，著该府尹等预饬父老耆民，整齐排列于亲耕后，升观耕台时即率领至台下，先行谢恩，朕俟谢恩礼毕，再阅从耕，用昭整肃。）从耕之三王各五推五返，各用耆老一人牵牛，农夫二人扶犁，顺天府厅官随后播种，耕毕，三王退就本班立次。九卿于三王一推一返后，即行从耕，俱九推九返，（谨按乾隆九年行耕耤礼，奉旨：三王一推一返后，九卿即行从耕。）各用耆老一人牵牛，农夫二人扶犁，顺天府厅官及大兴、宛平两县各官随后播种。

耕毕，顺天府厅官将青箱仍置原设彩亭内，顺天府大兴、宛平两县官率耆老、农夫仍至耕耤所终亩。九卿退就本班立，礼部堂官奏耕耤礼成。（如诣庆成宫行庆贺礼，于奏礼成后，恭请皇帝诣庆成宫，皇帝由东阶下，乘礼舆出先农门，导引乐作，奏《祐平之章》，皇帝至庆成宫门外，乐止。皇帝入庆成宫门，中和韶乐作，奏《显平之章》，皇帝至檐前降舆，暂御后殿，乐止。顺天府两县官至庆成宫东门报终亩毕，鸿胪寺官引王公等在丹陛上，文武各官在丹陛下按翼排班毕。礼部堂官奏请皇帝御庆成宫，中和韶乐作，奏《隆平之章》皇帝升座，乐止。鸿胪寺官于隔扇外东旁西向跪奏，亲耕礼成，行庆贺礼。赞排班，丹陛大乐作，奏《庆平之章》，王以下各官俱向上排立。鸣赞官赞跪，叩，興，王以下各官行三跪九叩头礼，乐止，赞退。王以下各官于原位行一叩头礼，序坐，茶桌进，丹陛大乐作，奏《喜春光之章》，皇帝进茶，王以下各官俱于序坐处跪，行一叩头礼，次赐诸王大臣茶，茶毕乐止。鸿胪寺官引王以下各官出大门外排立祇候，礼部堂官奏礼成，皇帝起座，中和韶乐作，奏《显平之章》，皇帝至陞舆处，乘礼舆出坛，以下均与耕耤仪注同。）皇帝至乘舆处，乘礼舆出坛。法驾卤薄前导，导迎乐作，奏《祐平之章》，（谨按嘉庆二十三年十二月，礼部尚书穆克登额西奉谕旨：明年三月初七日，耕耤礼成后，朕诣具服殿更衣，即启銮恭谒东陵。出坛时，其法驾卤薄、导迎乐章俱著撤去，毋庸预备。二十四年亲耕礼成，仁宗睿皇帝诣具服殿更衣，乘舆出坛，鸿胪寺官引顺天府府尹率阖属官并耆老、农夫服本等服色，各持农器，至观耕台前西旁北向排立，鸿胪寺官赞行三跪九叩头礼毕，从耕之三王九卿仍照例耕耤，顺天府官率耆老、农夫终亩。）王、贝勒、贝子、公等随行，各官俱退，不斋戒王以下文武各官于午门外排班跪迎，皇帝进午门，乐止。午门鸣钟。诸王以下、公以上随至午门内候皇帝还宫，各退。（谨按乾隆五十年奉上谕：每岁春三月，应祭先农坛，行耕耤礼。礼部俱先期将祭祀日期及耤田一应事宜预行具题，虽属照例办理，但国家典礼，以实不以文。朕临御以来，兢兢以敬天勤民为念，郊坛大祀，无不躬亲，即耤田亲耕，亦从未尝稍惮烦劳。虽本年寿已七十有五，犹亲举三推之典。惟是春秋已高，或恐步履稍逊，若二三年后自揣精力如常，偶一举行，岂非熙朝盛事？至本年甫经亲行耕耤，明岁应否躬莅，自应候朕酌行。乃礼部仍照例具题，意视每岁俱亲诣行礼者然，岂不转为具文耶？我国家受命延洪，纯嘏敷锡，世世子孙若能皆似朕之敬勤不倦，自必景祚绵长，享国久远。朕所用古稀天子之宝，特于乾清宫存贮一分，若我子孙内有享永祚而登上寿者，亦得钤用此宝，询为社稷灵长之福。嗣后，我子孙继承奕禩，惟当不懈益勤。凡遇亲耕典礼，若年在六十以内，礼部自应照例具题，年年躬行耕耤之礼。若年逾六十，令礼部先期以亲莅或遣官之处具本题请，庶钜典不尚虚文，而展礼益昭诚格。著为令。所有此次礼部具题一本，即著照此旨改缮进呈。五十四年奉上谕：明岁已届八旬，嗣后凡遇中祀耕耤，著礼部即于本内奏请遣官行礼，其应否亲诣之处，不必声明请旨。嘉庆二十五年三月初七日，祭先农坛，行耕耤礼，本部恭录乾隆五十年上谕，奏闻请旨。奉旨：遣官。道光二十二年，皇上寿逾六旬本部遵照乾隆五十年上谕，奏明请旨。军机处传奉谕旨：本年不亲行。）如耕耤之期，逢时巡省方盛典，遣官祭先农坛。俟礼毕，顺天府府尹率属至帝耤所，九推九返，农夫终亩毕，望阙行三跪九叩头礼，仪与直省督抚耕耤同。

十五、直省耕耤，总督或巡抚率在城文官举行。是日，首县知县视土宜，备谷种、青箱、朱鞭、耒耜、黝牛及他农器耕器予陈耕所，耆老率农夫披蓑戴笠俟于田间，通赞学弟子员分立田首，又向阙张画屏设香案一，南向，通赞立香案之南，引班教谕、训导立通赞之南，皆东西面。督抚以下与祭官皆朝服致祭。先农礼毕，各官乃蟒袍補服诣耤田，通赞赞行耕耤礼，督抚以下就耕所，执事者受耒耜与鞭，皆右秉耒，左执鞭进耕，督抚以府佐贰官，一员执种箱，一员播种。布政使、按察使以首领官执箱㧑种，各道以州县佐贰官执箱㧑种，知府、知县以丞史执箱㧑种，皆耆老一人牵牛，农夫二人扶犁，各九推九返毕，释鞭耒，以次序立，由首西面北。上农夫遂终亩，告毕事，各官望门立，通赞赞齐班，引班分引督抚以下至香案前按班序立，重行北面。耆老、农夫少远列行北面随立，赞跪、叩、興，行三跪九叩头礼，興，各退。若府不附省、州县衙，不附府者，正印官率佐贰丞史耕耤，各以耆老二人执箱㧑种，余与省会同。

《钦定礼部则例》卷134·祠祭清吏司（清特登额等撰，道光24年刻本）

先农坛

一、凡直省、府、州、县各建先农坛，岁以三月亥日致祭，省会以总督或巡抚主祭，有故则布政使摄陪祀，文武官员及各执事均与祭社稷同。仪注：直省祭先农坛，以三月亥日。主祭、陪祭、执事各官，前期二日，各致斋于公所，扫除坛壝内外。祭日，鸡初鸣，执事人入，设先农神案于坛正中，南向，陈铏一，簠二，簋二，笾、豆各四。案前设俎，陈羊一，豕一。又前设香案一，陈祝文、香盘、鈩、镫。左设一案，东向，陈帛一，尊一，爵三，陈福酒、胙肉于尊。俎之次，设盥洗于阶下之东。质明，引班引陪祭官入，引赞引主祭官入，通赞赞执事者各司其事。赞就位，引主祭官至阶下，盥手，就拜位立，陪祭官按班就东西拜位立，均北面。迎神、上香、读祝、行三献礼、饮福、受胙如仪。余与社稷坛同。

云雨风雷之神

二、凡直省云、雨、风、雷之神，如有专立庙宇者，守吏以时致祭，如祭神祇坛之礼。

三、凡直省名山大川之神，每岁春、秋仲月，守吏率属致祭。有专祠者于祠内行礼。未立专祠者设坛致祭，仪与告祭遣官同。但告祭有用太牢者，常祭俱用少牢。

祭先农礼类

《礼部·祠祭司·吉礼》　　　　案卷号 48

先农坛致祭耕耤礼节

三月初四日寅刻，恭请大人穿朝服诣先农坛官厅，陞座，俟各宪大人至。茶毕，礼生禀请大人同诣盥洗所，督宪大人盥洗净巾毕，同至坛前。通赞、主祭官就位，陪祭官各就位。瘗毛血，迎神，行三跪九叩首礼，興。通赞行初献礼，引赞请督宪大人诣先农神位前，就位，跪，三上香，献帛，初献爵，叩首，興。通赞读祝，跪，复赞皆跪，读祝毕，行三叩首礼，興，复位。通赞行亚献礼，行三献毕，礼同初献，不献帛、不读祝。三献毕，通赞饮福、受胙，跪，复赞皆跪，饮福酒、受福胙，行三叩首礼，興，复位。通赞送神，行三跪九叩首礼，興。执帛者捧帛，读祝者捧祝，恭诣燎位，陞转望燎，焚帛、焚祝，复位，礼成。请大人更蟒袍，同诣耕耤所，俟各宪大人躬行九推。耕耤毕，请口大人同口戎捕宪暨卑县次行扶犁，农官捧箱，农夫伺犁，歌郎歌三十六禾词，躬行九推，终亩。毕，请口大人仍穿蟒袍補服，随同口各应大人望阙谢恩，行三跪九叩首礼。礼成，大人回署。

礼部等为皇帝行耕耤礼的奏文

耕耤礼节

礼部等部谨奏，为恭进礼节事：

恭照本年三月十四日，皇上行耕耤礼。前一日，中和殿内礼部官恭设祝版黄案，农工商部官陈设耕耤器具、谷种，礼部堂官奏请皇上陞中和殿，阅视祝版。行礼毕，礼部官恭捧祝版黄案出。皇上阅耕耤器具、谷种毕，礼部堂官奏礼成，皇上还宫。农工商部官捧器具、谷种依次出，各安奉彩亭内。乐部和声署作乐前导，送至耕耤所。顺天府豫设三王九卿从耕红牌，并陈设农器于观耕台左右。至日五鼓，内务府兼和声署司官带领署官、署史在庆成宫处豫候。致祭先农坛礼成，前引十大臣、赞引官、对引官恭引皇上至具服殿，更龙袍衮服。少憩，从耕三王九卿及不从耕王以下各官俱更蟒袍補服。

府司官带领署官、署史咸集耕所之南，歌禾词者十名，司锣、司鼓、司板、司笛、司笙、司箫者各四名，麾五色彩旗者二十名，执扙、扒、掀、帚者八名，俱于耕所排立。顺天府耆老十九名，上农夫、中农夫、下农夫衣簑戴笠执扙扒掀帚者共六十名，俱两旁排立豫候。至吉时，礼部堂官奏，皇上诣耕耤位。礼部司官举旗三麾，各执事齐赴耕所，从耕三王九卿各就耕位立，不从耕王以下各官俱在耕所按翼排立。前引十大臣、礼部堂官恭引皇上诣耕耤位，南向立。礼部官赞进犁，农工商部堂官北向跪进犁，皇上右手受犁。赞进鞭，顺天府尹北向跪进鞭，皇上左手取鞭。耆老二人牵牛，上农夫二人扶犁，礼部銮仪卫堂官恭引皇上行耕耤礼。是时，彩旗招飐，禾词发歌唱和随行，诸乐俱奏，顺天府官执青箱，农工商部堂官随后播种。皇上三推三返礼成，礼部官赞接犁，农工商部堂官跪接犁。赞接鞭，顺天府府引跪接鞭，及青箱各置彩亭内，乐止。礼部堂官奏请御观耕台，礼部堂官由中阶恭引皇上御观耕台，南向坐。不从耕王以下各官分翼序立，礼部官引顺天府府尹率阖署官并耆老、农夫服本等服色，各持农器，至观耕台前西旁北向排立。礼部官赞行三跪九叩头礼，礼毕，从耕之三王各五推五返，各用耆老一人牵牛，农夫二人扶犁，顺府厅官随后播种。耕毕，三王退就本班立，次九卿于三王一推一返后，即行从耕，俱九推九返，各用耆老一人牵牛，农夫二人扶犁，顺天府厅官及两县各官随后播种。耕毕，顺天府厅官将青箱仍置原设彩亭内，顺天府两县官率耆老、农夫仍至耕耤所终亩。

九卿退就本班立，礼部堂官奏，耕耤礼成，皇上由东阶下，乘礼舆出坛，法驾卤簿前导，导迎乐作，奏《祐平之章》。王、贝勒、贝子、公等随行，各官俱退，不斋戒王以下文武各官于午门外排班跪迎，皇上进午门，乐止。午门鸣钟，诸王以下、公以上随至午门内，恭候皇上还宫，各退。为此谨具，奏闻。

谨查光绪三十三年二月二十六日，经臣部援引道光三年，宣宗成皇帝行耕耤礼时四推四返，附片声明。奉旨：知道了。钦此。为此附片。奏闻。

光绪三十四年三月初五日具奏。奉旨：知道了。钦此。

礼部等为皇帝行耕耤礼的奏文

光绪卅年至卅四年

具奏告祭岳、渎等处祭文、香帛，是否亲观？请旨由奏底谨奏，为请旨事：恭查则例内开致祭岳、渎等处应用祭文、香帛，如奉旨亲阅，礼部恭进礼节，皇上诣中和殿阅视。如不亲阅，由礼部尚书于本部大堂恭视等语。恭查。

嘉庆二十五年

修缮类

太常寺　　　　案卷号 12

工部谨奏：为奏请钦派大臣查估工程事：准太常寺咨送原奏内称：据奉祀官列世印等，先后呈报天坛、地坛、朝日坛、夕月坛、先农坛工程均有坍塌臌闪拆裂各情形。伏思坛壝为祭祀重地，典礼攸关，年久失修，木植砖瓦渐多糟烂散失。若不及时次第修葺，年岁益深，工费益钜。臣等视情形之轻重，第工程之缓急，分缮清单，恭呈御览。可否，饬下工部会同查勘，应如何办理之处，由工部奏明候旨遵行等因。于光绪十二年二月二十二日具奏，奉旨：依议，钦此。钦遵。抄录原奏清单，知照到部，臣等当即拣派司员，会同太常寺司员，按照原单，恭诣各处详细履勘，与该寺奏报情形大致相符。伏查此项郊坛重地，祀典攸关，自应即时修理。惟现值库款未充，若一律清修，钱粮过钜。臣等公同商酌，拟将围墙泊岸及东西方向今年宜修处所先行奏请，钦派大臣查勘，择要兴修，以昭慎重。至南北各殿座，查与今年方向均不宜修，应俟方向相宜之年，仍由查估大臣前往逐一查明，分别修缓，奏明造册，咨部核办。其非最要工程，而情形较重者，拟俟要工修葺完竣，临时由臣部酌核办理。其情形较轻者，拟请一概缓修，庶于慎重祀典之中仍寓撙节钱粮之意。谨将应修应缓各工缮单恭呈御览，并将各部满汉大臣衔名缮具清单，伏候钦点一二员查估，由臣部行知查估大臣，遵照敬谨查勘，先将本年应修处所丈尺做法造具细册，咨送臣部核算钱粮，循例奏请皇太后、皇上圣鉴，训示遵行。谨奏。谨旨，谨将天坛、地坛、朝日坛、夕月坛、先农坛殿座、房间、围墙、泊岸等工分晰缮具清单，恭呈御览。

计开……先农坛四面外围墙并砖土泊岸水沟四道，内围墙五段，先农坛内外御路、甬路，太岁坛内外御路、甬路、海墁，神祇门御路、海墁并围墙，天神坛坛壝北面墙顶门十二扇，地祇坛坛壝南面墙顶门十二扇，庆成宫后殿左配殿三间，右配殿三间。以上各工，拟请钦派大臣查勘，择要兴修。

……先农坛祭台一座，观耕台一座，具服殿五间，太岁坛拜殿一座，神祇门门扇，庆成宫正殿五间，后殿五间，宫门一座，砖门一座，西院茶房三间，以上各工，查与今年方向不宜。

……先农坛宰牲亭一座，神仓一座，收谷亭一座，左右仓二座各计三间，左右碾磨房二座各三间，砖门一座，围墙墙顶，祭器库左配房三间，庆成宫院内海墁、甬路，太岁门内外甬路、海墁，看守堆拨兵房六座计十二间。以上各工，拟俟要工完竣，临时由臣部酌覈办理。

退字二十号

咨　　当月官西□

帮当月官桂□

工部为移咨事：料估所案呈本部奏请钦派大臣查估天坛等五坛殿座、围墙、房间等工一摺，于光绪十二年四月初四日具奏，奉朱笔圈出：协办大学士户部尚书宗室福、工部尚书潘。钦此。相应抄录原奏并清单，移咨贵寺，查照可也。须至咨者。

右咨太常寺。

光绪十二年四月初五

郎中　中□

太常寺　　　　案卷号23

谨奏，为奏明请旨事：准查估大臣协办大学士、户部尚书宗室福等咨送原奏内称：准工部咨“具奏地坛、先农坛应修各工，现屈皇上亲诣行礼，应即为修葺，请由原估大臣速行查勘等因，奉旨：依议。钦此”。臣等当即拣派司员，随同恭诣各处敬谨履勘。覆查地坛、先农坛殿宇、墙垣、御路、海墁均有应修处。所查勘情形，先农坛为重，地坛次之。自应分别缓急，择要兴修，以昭慎重等因，于光绪十三年二月二十六日具奏。奉旨：依议。钦此。钞录原奏清单知照前来。臣部正在核办，间复据承修大臣孙咨送原奏内称：据太常寺奏请添修圜丘坛拜台、皇穹宇、祈年殿等处工程，由原估大臣查明覆奏。奉旨：仍交延孙一并修理。钦此。復据工部奏明：先农坛现值皇上亲诣行礼，为期甚促，观耕台等处应酌量粘补抹饰，先行赶办，正饬匠修理。适宗室延因病出缺，可否请旨添派一员会同承修等因。奉旨：着毋庸添派。钦此。钞录原奏知照到部，除地坛工程尚未开办，拟由臣部另案奏明办理外，其先农坛各工正在兴修，尚未一律报竣。此次续添殿宇、御路、海墁等工是否仍交该侍郎孙敬谨接办？抑由臣部行取各部满汉大臣职名，另行奏请钦派承修之处，伏候圣裁。再，先农坛工程系臣部左侍郎孙承修，是以未经列衔，合并声明。谨奏。

心字第六十七号

咨　当月官钦□

帮当月官　隆□

工部为移咨事：料估所案呈本部奏请“先农坛殿宇、御路、海墁等工可否仍交原派大臣承修”一摺，于光绪十三年三月二十五日具奏。奉旨：仍著孙毓汶接办。钦此。相应钞录原奏，移咨贵寺查照可也。须至咨者。

右咨太常寺。

光绪十三年三月廿六

员外郎　那□

满少卿　克□　三月廿七

满卿

管理事务　宗室　奎□　三月廿六

汉卿　徐阅　三月廿七

汉少卿　寿阅　三月廿七日

太常寺　　　案卷号 23

咸丰十年十二月至光绪三十年一月

报呈

先农坛奉祀官杨远魁为报明事：今查得北面外围墙坍塌一段，墙顶脱落，大门兵房叁间坍塌，牛羊灶坍塌，铜锅脱落。

伏乞工程处老爷查照。

同治七年　月　日

太常寺　　　案卷号 23

咸丰十年十二月至光绪三十年一月

工部为片行事：准太常寺咨修先农坛护洞板并鹿角木、樘簉木等工，咨部修理前来，本部当即派员前往详细查勘得，除先农坛北天门护洞板三分业经准修外，其余护洞板二分、鹿角木二分、樘簉木二分虽有应修情形，惟钱量较巨，拟暂缓修等因，呈遁前来。相应片行贵寺，转饬该处查照可也。须至片者。

右片行太常寺。

儿字六十七号

当月官　荣□

帮当月官　桐□

光绪九年三月初六

太常寺　　　　案卷号23

咸丰十年十二月至光绪三十年一月

呈

先农坛奉祀吴长春呈为报明事：恭查得本坛外围墙东北角至西北角墙身，本年春融时，泊岸地脚沉陷，续经坍塌六段，内有坍塌通街三段，外臌闪跨空三段，墙顶椽望并连檐木植糟朽，瓦片脱落破碎并土泊岸一并水涮坍塌沉阶，前已屡经呈报，均经停缓。惟近年以来雨激水涮，续经坍塌，通街情行较前愈增，地势旷厰，倍加慎重，为此不得不据实呈报。

伏查照施行。

右呈工程处。

光绪九年三月

奉祀　吴长春

太常寺　　　　案卷号23

咸丰十年十二月至光绪三十年一月

报呈

先农坛奉祀官杨亨春今查得：正北面外围墙坍塌四丈有余，上顶木植糟朽不全，印宅内斋宿房五间大木歪斜，瓦片脱落，通至透天。关帝庙内马殿配殿六间，通至透天，神像座卧瓦片脱落，库房五间瓦片脱落，坛户看守房五间木植糟朽。

伏乞工程处老爷查照。

同治八年九月　日

太常寺　　　　案卷号23

咸丰十年十二月至光绪三十年一月

工部为片行事：准太常寺咨称，恭照本年二月二十九日祭先农坛，皇上亲诣行礼应用海青锁等项，均有锈坏，不堪应用等情，移咨工部，迅速派员会同查办等。因前来，查海青锁等项，本部于上年曾经办造，送交在案。

此次咨修之件拟暂缓办，相应片行贵寺查照可也。须至片者。

右片行太常寺。

光绪十四年二月

郎中　徵

太常寺　　　　　案卷号 23

咸丰十年十二月至光绪三十年一月

先农坛署奉祀甯道富呈为报修事：今报得太岁门内迤北关帝庙内东配殿头顶渗漏，西配殿南山墙坍塌并山门油饰爆裂，太岁门角门门扇木植糟朽，寔难关闭。祠祭署大门破碎，二门倒坍，周围群墙坍塌，二堂西山墙倒坍头顶渗漏，东配房南山墙倒坍，窗棂糟朽无存，二门门扇木植破碎，并门外遣官房东山墙坎墙倒坍，太岁门棂花槅扇散碎六扇，又太岁门外西北泊岸一段正北墙身闪裂一段。

退牲案四张，雨伞二十把。以上房间若遇大雨，碍难棲止，俱寔在情形。为此呈报是实。

伏乞工程处老爷查验施行。

同治二年正月　日

太常寺　宗卷号 12

工部谨奏，为奏请钦派大臣承修要工事窃，臣部于本年二月间准太常寺奏请修理天坛、地坛、朝日坛、夕月坛、先农坛各殿宇、房间、围墙、泊岸等工，奉旨：依议。钦此。钦遵。咨部办理，前来当经臣部酌拟，先将围墙、泊岸及东西方向今年宜修处先行请钦派大臣查估，奉硃笔圈出。协办大学士、户部尚书宗宝福、工部尚书潘钦此钦遵在案旋据查估大臣，咨送原奏内称查勘得天坛、先农坛情形最重……正核办间恭阅邸抄六月初十日，钦奉慈禧端佑康颐昭豫莊诚皇太后懿旨，坛庙大祀均应亲诣行礼，以昭诚敬。即于本年冬至大祀圜丘为始，躬亲致祭等因钦此，臣等查此项要工系属郊坛重地，典礼攸关，又值亲行，近期若俟查估大臣造具做法细册，咨送臣部核算钱粮再行奏请，钦派大臣承修辗转需时，恐误工作，臣等公同商酌援案，先行奏请钦派大臣迅速兴修，除原佑大臣例不开例外，谨将各部满汉大臣衔名缮写清单恭请钦点一二员，敬谨承修伏候命下，由臣部将原佑清单知照承修大臣，赶紧兴修。所需钱粮俟查佑大臣造具做法清册到日，由臣部核算细数再行奏闻，由户部发给承修大臣支领统俟工竣，由该工知照原佑大臣查验后，即将修过处所丈尺做法并用过钱粮数目照例题销，为此谨奏，请旨。

沛字三十九号

咨当月官　崇口

帮当月官　连口

工部为移咨事料估所案呈本部，奏请钦派大臣承修天坛、先农坛坛座、围墙、房间等工一摺于光绪十二年七月初七日具奏，奉硃笔圈出：礼部尚书宗室延、工部右侍郎孙。钦此。相应抄录原奏移咨贵寺遵照办理可也，须至咨者。右咨太常寺。

光绪十二年七月初八

员外部　那口

起居注　　　16

是日，元月二十九日

又大学士马齐、富宁安、张廷玉奉上谕：太常寺无养产之项，先农坛地租银两不必于修理先农坛墙垣支用，着赏给太常寺养户。再各处修理坛庙之前，俱交与工部修理，嗣后不必交与工部。如有应行修理之处，或令太常寺会同工部官员估计，交与太常寺修理，或交与太常寺估计，具题修理。其动用何处钱粮，并用过钱粮应于何处奏销之处，大学士会同太常寺议奏。

祝文、祭文类

告祭天坛、社稷坛、奉先殿、朝日坛、祈谷坛、太岁坛、关帝庙、真武庙、都城隍庙、东镇等文稿及仪节事。

太常寺

康熙三十一年十二月二十九日，岁暮祭壬申太岁坛，供帛、牲、酒果，点香烛，读祝文，寺丞席哈纳照旧行礼致祭。

祝文

维康熙三十一年，岁次壬申十二月，乙亥朔越二十九日癸卯，皇帝遣席哈纳致祭壬申年太岁之神，曰：岁既云暮，茚届新春，谨以牲、帛、酒、果品之仪致祭。尚飨。

康熙三十一年十二月二十二日

太常寺

康熙三十二年十二月二十八日，岁暮祭癸酉太岁坛，供帛、牲、酒果，点香烛，读祝文，少卿励杜讷照旧行礼致祭。

祝文

维康熙三十二年，岁次癸酉十二月，庚午朔越二十八日丁酉，皇帝遣励杜讷致祭壬申年太岁之神，曰：岁既云暮，茚届新春，谨以牲、帛、酒、果品之仪致祭。尚飨。

太常寺　　　案卷号 9

太岁殿等告祭祝文

康熙至宣统

太岁殿开工告祭司工神祝文

维光绪三十三年岁次丁未 月 朔越　日，皇帝遣　　至祭于司工之神曰：维神明哲，巧合天工，规矩绳墨，万世所宗。兹修崇殿，仰赖神功。馨香祇薦，诚爽可通。谨告。

后土司工之神位

太岁坛

光绪三十三年岁次丁未十一月初一日戊子，太岁坛告祭。十一月十七日甲辰祭，朔月空遣。

编修 臣杨家骥 恭拟

臣荣庆 臣孙家鼐 恭阅

内阁·祭文 案卷号11

告祭天坛、社稷坛、奉先殿、朝日坛、祈谷坛、太岁坛、关帝庙、真武庙、都城隍庙、东镇等文稿及仪节事

祝文

天神坛

维顺治十四年，皇帝致祭于曰：时当孟秋，霪雨伤稼，朕率臣僚，祗惧修省。帝赐时旸，赖神辅赞。今以牲醴庶品，用修报谢，惟神鉴之。尚享。

地祇坛

维顺治十四年，皇帝致祭于曰：时方孟秋，霪雨未止，祗惧修省，帝赐时旸。惟神主镇一方，恭赞有功，谨以牲醴庶品，用申。

内阁·祭文 案卷号11

告祭天坛、社稷坛、奉先殿、朝日坛、祈谷坛、太岁坛、关帝庙、真武庙、都城隍庙、东镇等文稿及仪节事

自康熙二十六年至光绪三十三年止

东镇告祭祝文

惟神雄控坤舆，峻标震域，拔地表巃崇之象，参天钟造化之灵，迓祥辉于日观，秀耸秦封，分俊彩于星躔，光劈鲁殿。兹者金陵唱凯，玉壘销兵，爰陈秩祀，敬举宣捷之忱，特遣专官，虔修告成之典。歼首逆而望慰兴云，三千里之狼烟迅埽；奏肤功而欢腾就日，亿万年之翠霭常新。薦此絣苾芬，神其昭格。

西镇告祭祝文

惟神尊齐太华，德表中条，躔分井络之辉，瑞启坤珍。

内阁　　　　案卷 11

礼部恭呈乾隆辛巳年坛庙祀册

乾隆辛巳年，各坛庙祭祀斋戒日期缮写黄册，进呈御览。

三月十二日祭先农坛，自初十日为始，致斋二日。

太岁殿工竣移请神牌还位祝文

检讨　臣谢崇基　恭拟

臣荣庆　臣孙家鼐　恭阅

维宣统元年岁次己酉　月　朔越　日　，皇帝遣　　致祭于　太岁之神曰：崇祠增饰，丹青凝栋宇之辉，享礼用中，觞豆肃苾芬之荐，或颂奂仑之美，聿成髹葺之工，谨卜吉辰，奉还神座。自此元调四序，同迓风雨之和甘，还期惠普兆人，咸膺庞鸿之福祉。神其歆格，鉴此精诚。谨告。

太岁宣统元年岁次己酉闰二月初一日辛已、闰二月初三日癸未告祭。

内阁·祭文　　　　案卷号 11

告祭天坛、社稷坛、奉先殿、朝日坛、祈谷坛、太岁坛、关帝庙、真武庙、都城隍庙、东镇等文稿及仪节事。

太岁坛移请神牌告祭文

编修　臣崔永安　恭拟

臣徐桐　臣麟书　恭阅

维光绪十六年岁次庚寅　月　朔越　日　，皇帝遣　　致祭于太岁坛之神曰：兹以缮修坛宇，恭请神牌，暂安先农坛神库。仰维昭鉴。谨，告。

内阁·祭文　　　　案卷号 11

告祭天坛、社稷坛、奉先殿、朝日坛、祈谷坛、太岁坛、关帝庙、真武庙、都城隍庙、东镇等文稿及仪节事。

太岁殿移请神牌告祭文

编修　臣蓝钰　恭拟

臣荣庆　臣孙家鼐　恭阅

维光绪三十三年岁次丁未　月　朔越　日　，皇帝遣　　　致祭于太岁之神曰：维神职司岁序，福锡人寰。仰赖洪功，俾四时之调适，宜新庙貌，系万姓之观瞻。命工官其饬材，繄卜人以告吉，暂迁神座，爰肃明禋。朴斲丹雘之既施，益增美于仑奂，俎豆馨香之聿薦，冀克展乎虔诚。鉴此苾芬，庶其歆格。

光绪三十三年岁次丁未七月初一日庚寅，太岁坛告祭。七月十九日戊申祭，朔月空遣。

内阁·祭文　　　　案卷号11
告祭天坛、社稷坛、奉先殿、朝日坛、祈谷坛、太岁坛、关帝庙、真武庙、都城隍庙、东镇等文稿及仪节事
太常寺

康熙二十八年正月初九日，孟春祭太岁坛供帛、牲、酒、果，占香烛，读祝文。少卿胡简敬照旧行礼致祭。

祝文

维康熙二十八年岁次巳巳正月朔越初九日丁丑，皇帝遣胡简敬致祭于太岁之神曰：兹当孟春，谨以牲、帛、酒、果庶品之仪致祭。尚飨。

康熙二十八年十二月　日

内阁·祭文　　　　案卷号11
告祭天坛、社稷坛、奉先殿、朝日坛、祈谷坛、太岁坛、关帝庙、真武庙、都城隍庙、东镇等文稿及仪节事
太常寺

康熙三十一年正月初八日，孟春祭王申太岁坛供帛、牲、酒、果，点香烛，读祝文。少卿李应廌照旧行礼致祭。

祝文

维康熙三十一年岁次王申正月辛亥朔越初八日戊午，皇帝遣李应廌致祭于太岁之神曰：兹当孟春，谨以牲、帛、酒、果庶品之仪致祭。尚飨。

康熙三十一年十二月二十二日

内阁·祭文　　　　案卷号 11

告祭天坛、社稷坛、奉先殿、朝日坛、祈谷坛、太岁坛、关帝庙、真武庙、都城隍庙、东镇等文稿及仪节事

太常寺

康熙三十二年二月二十二日祭先农坛，供帛、牲、酒、果，点香烛，读祝文，顺天府府丞王承祐照旧行礼致祭。

祝文

维康熙三十二年岁次癸酉二月乙亥朔越二十二日丙申，皇帝遣王承祐致祭于先农之神。惟神肇兴农事，万世永赖。兹当东作之时，躬耕耤日，祈诸物丰茂，为民立命。谨以牲、帛、酒醴庶品之仪致祭。尚飨。

康熙三十二年十二月二十二日

内阁·祭文　　　　案卷号 11

告祭天坛、社稷坛、奉先殿、朝日坛、祈谷坛、太岁坛、关帝庙、真武庙、都城隍庙、东镇等文稿及仪节事

太常寺

康熙三十三年二月十八日祭先农坛，供帛、牲、酒、果，点香烛，读祝文，顺天府府丞吴涵照旧行礼致祭。

祝文

维康熙三十三年岁次甲戌二月巳巳朔越十八日丙戌，皇帝遣吴涵致祭于先农之神。惟神肇兴农事，万世永赖。兹当东作之时，躬耕耤日，祈诸农茂为民立命。谨以牲、帛、酒醴庶品之仪致祭。尚飨。

康熙三十三年十二月　　日

内阁·祭文　　　　案卷号 11

告祭天坛、社稷坛、奉先殿、朝日坛、祈谷坛、太岁坛、关帝庙、真武庙、都城隍庙、东镇等文稿及仪节事

太常寺

康熙三十三年正月十二日孟春祭甲戌太岁坛供帛、牲、酒、果，点香烛，读祝文，卿李辉祖照旧行礼致祭。

祝文

维康熙三十三年岁次甲戌正月亥朔越十二日庚戌，皇帝遣李辉祖致祭于太岁之神曰：兹当孟春，谨以牲、帛、酒、果庶品之仪致祭。尚飨。

康熙三十三年十二月　　日

祭祀先农记载类

上以祭先农坛，斋戒二日。

三月十一日戊戌早，上于中和殿视祭先农坛祝版。礼毕，御保和殿，户部堂官进耕耤农器穜稑等种。上复御中和殿至陈设处，阅毕，回。

三月十二日乙亥，上以躬耕耤田，辰时诣先农坛致祭，午时亲至耕所行三推礼成，复行一推，乃御观耕台。和硕庄亲王允禄、和硕怡亲王允祥、多罗信郡天德昭各五推。吏部尚书查弼纳、户部左侍郎言寿、礼部左侍郎三泰、兵部右侍郎黄国材、刑部左侍郎海寿、工部右侍郎哲矢、都察院左都御史王廷扬、通政使司通政使孙柱、大理寺少卿萨齐库各九推毕。

上谕诸王大臣曰：昨日天阴，今日乃如此晴朗，四年以来耕耤之日皆如之，礼部原拟二月二十九日行耕耤礼，朕于今日不谓二十九日天气风寒，而今日则甚和霁也。诸王大臣等奏曰，皇上凡举行大礼之日，天气定然晴霁，是以臣等竟以为可预必之事矣。顺天府大兴、宛平两县率耆老农夫行礼至耕耤所终亩，上御斋宫，王以下各官庆贺礼，赐茶毕，上回。

乾隆十九年三月十三日。自是日起，上以祭日耕耤祭先农坛，斋戒二日。

十四日丙戌早，上于中和殿视祭先农坛祝版，礼毕，御保和殿，户部官员进耕耤农器种稑等种。上复御中和殿，至陈设处阅毕，回宫。

十五日丁亥，上以躬耕耤田，巳时诣先农坛致祭，午时上亲至耕所，三推礼成乃御观耕台。裕亲王广禄、和亲王弘昼、恒亲王弘晊各五推。吏部侍郎归宣光、户部尚书海望、礼部侍郎勒尔森、兵部尚书班第、刑部侍郎郎兆惠、工部侍郎索柱、左都御史刘统熏、通政使蕴著、大理寺少卿卢承纶各九推毕，顺天府大兴、宛平两县率耆老农夫行礼至耕耤所终亩，礼毕，上回宫。

雍正二年二月十八日壬戌早，上于中和殿视祭先农坛祝版，礼毕，御保和殿，户部官进耕耤农器种稑等种。上复御中和殿至陈设处，阅毕回。

十九日癸亥，上以躬耕耤田，辰时诣先农坛致祭，午时亲至耕耤行三推礼成，复行一推，迺御观耕台。和硕裕亲王保泰、和硕怡亲王允祥、和硕庄亲王允禄各五推。吏部尚书舅舅隆科多、户部尚书张廷玉、礼部尚书三泰、兵部右侍郎李绂、刑部尚书励廷仪、工部尚书孙查齐、都察院左都御史尹泰、通政使司通政使图兰、大理寺少卿唐执玉各九推毕，上御斋宫，顺天府两县率耆老农夫行礼至耕耤终亩，王以下各官行庆贺礼，赐茶毕，上回宫。

乾隆十一年三月二十一日丁亥，上以躬耕耤田，巳时诣先农坛致祭，午时上亲至耕所行三推礼成，复行一推，乃御观耕台。从耕三王各五推，吏部等各九推，毕。顺天府大兴、宛平两县率耆老农夫行礼至耕耤所终亩，上回宫诣。

乾隆十二年二月二十六日丙戌早，上于中和殿视祭先农坛祝版，礼毕回。

二十七日丁亥，上以躬耕耤田，卯时诣先农坛致祭，辰时上亲至耕所行三推礼成，复行一推，乃御观耕台。庄亲王允禄、裕亲王广禄、和亲王弘昼各五推。吏部侍郎德龄、户部尚书海望、礼部尚书王安国、兵部侍郎陈德华、刑部侍郎勒尔森、工部侍郎三和、都察院左督副御史二格、通政使司通政使雷鋐、大理寺卿嵩寿各九推毕，顺天府大兴、宛平两县率耆老农夫行礼至耕耤所终亩，上回宫。

乾隆七年三月上

初二日，是日，上诣畅春园春晖堂请皇太后安。进西直门诣时應宫行礼，于丰泽园演耕耤礼毕，由神武门回宫。自是日起，上以耕耤祭先农坛，斋戒二日。

初三日壬戌早，上于中和殿视祭先农坛祝版，礼毕，御保和殿，户部官进耕耤农器穜稑等种。上复御中和殿至陈设处，阅毕，回宫。

初四日癸亥，上以躬耕耤田，巳时诣先农坛致祭，午时上亲至耕所，三推礼成，乃御观耕台。庄亲王允禄、裕亲王广禄、和亲王弘昼各五推。吏部侍郎蒋溥、户部侍郎三和、礼部尚书三泰、兵部尚书任瀛枝、刑部尚书来保、工部侍郎索柱、副都御使德尔敏、通政使五龄安、大理寺少卿口承纶各九推毕。顺天府大兴、宛平两县率耆老农夫行礼至耕耤所终亩，上回宫。

乾隆二年十二月上

十二月初九日，又太常寺奏“十二月二十九日岁暮祭太岁坛，应遣臣寺堂官一员行礼”一疏，奉谕旨：遣弘昼行礼。

乾隆三年二月下

二月二十三日乙已，上幸丰泽园演耕，礼毕，回宫。

二月二十七日已酉，……自是日起，上以耕耤祭先农坛，斋戒二日。

二十八日庚戌早，上于中和殿视祭先农坛祝版，礼毕，御保和殿，户部官进耕耤农器穜稑等种。上复御中和殿至陈设处，阅毕，回宫。

二十九日辛亥，上以躬耕耤田，已时诣先农坛致祭，午时上亲至耕所，行三推礼成，复行一推，乃御观耕台。康亲王巴尔图、庄亲王允禄、裕亲王广禄各五推。吏部尚书性桂、户部尚书海望、礼部尚书任瀛枝、兵部尚书甘汝来、刑部尚书尹继善、工部尚书来保、都察院左都御马尔泰、通政使司通政使福善、大理寺卿伟瑆各九推毕，顺天府大兴、宛平两县率耆老农夫行礼至耕耤所终亩，上御斋宫，王以下各官行庆贺礼，赐茶毕，上回宫。

乾隆二年闰九月上

十五日庚午，是日，总理事务大臣奉谕旨：《大清律》载：各府、州县社稷、山川、风、云、雷、雨诸神，所在有司以时致祭，所以肃祀典而迓休和礼至重也。省会之地督抚司道驻劄同城，向因律之未载不与祭，专属府州县官行礼。朕思督抚司道等官，均有封疆守土之任，自当虔奉明禋，为民祈报。凡春秋致祭社稷、山川、风、云、雷、雨等坛，督抚应率领阖属文武大小官员敬谨行礼，提镇道员驻劄之地，一体率属陪祭，其如何分列班次、派员监礼及修整坛壝、祭器之处，该部详悉定议。

乾隆三年三月下

十八日，是日，大学士鄂、张、徐奉谕旨：畿辅地方，三春雨泽愆期。今已立夏，甘霖未降，朕心甚为忧伤，日在宫中虔诚祈祷。所有应行求雨典礼，着礼部太常寺择日敬谨举行。设坛之前，该部奏闻，朕再命大臣前往各坛，共摅精诚，敬达朕为民请命之忱悃。

二十日壬申，大学士鄂、张、徐奉谕旨：京师雨泽愆期，朕心虔诚祈祷，并命礼部太常寺设坛分遣大臣共摅精诚，以达朕为民请命之忱悃。今思清理刑狱，亦导扬和气之一端，著大学士鄂尔泰、张廷玉，尚书讷亲、海望会同刑部堂官将现在拘禁枷号人犯内详加检阅，如有应宽应减之处，酌其情节，分别具奏请旨，上。

初二日，是日，大学士、九卿面奉谕旨：迩来雨泽愆期，朕心忧惕，本欲在宫中虔诚斋戒，祈天降赐甘霖。昨奉皇太后谕旨，念朕心屡数月焦劳，朕颜清减于昔，甚为悬注，命朕前往圆明园驻骅。朕思诣诚祈祷，在内与在外无异。用是，仰遵懿旨以慰慈怀。但自上年以来，雨旸未能时若，今春各省雨泽俱颇霑足，惟京城附近地方一二百里之内尚未得雨。

其　他

太常寺　　　　案卷号5

太常寺为祭祀坛庙斋戒亭传知内阁等各衙门的知会（之一）

康熙三十八年一月至乾隆四十六年十二月

太常寺为知会事：二月十二日祭先农坛，自初十、十一日，此二日不理刑名，照常办事。其斋戒牌照旧设立，各该所属衙门一体传知。

雍正八年二月初八日

太常寺为知会事：二月十八日皇上行耕耤礼，祭先农坛自十六、十七，此二日不理刑名，照常办事。其斋戒牌照旧设立。各该所属衙门一体传知。

雍正九年二月十五日

太常寺为知会事：三月初六日祭先农坛。自初四、初五，此二日不理刑名，照常办事。其斋戒牌照旧设立。各该所属衙门一体传知。

雍正十一年二月二十三日

太常寺档　　　　案卷号 6

太常寺为祭祀坛庙斋戒事传知内阁等各衙门的知会（之二）

康熙三十八年至乾隆四十六年

太常寺为知会事：二月二十四日，皇上行耕耤礼。先农坛自二月二十二、二十三此二日不理刑名，照常办事。其斋戒牌照旧设立。各该所属衙门一体传知。

雍正七年二月十五日

太常寺　　　　案卷号 7

各坛庙斋戒底册

乾隆十九年至卅二年

先农坛底册

三十二年三月廿三日祭

大学士忠勇公传斋戒。

大学士尹南苑，刘斋戒，陈斋戒。

协办大学士尚书果毅公阿斋戒。

学士塔永阿斋戒，奉寘上书房，庆桂斋戒，迈拉逊斋戒，张若澄斋戒，庄存舆斋戒。口承寘上书房。

满票签

侍读学士重禄斋戒。

满本堂

侍读学士明福斋戒。

满本堂

侍读学士玛璘上书房。保良、金相、汤先甲斋戒。

蒙古堂

侍读学士兆明、伊克坦布斋戒。

附录 3 明代南京山川坛大事辑录

年 号	公元纪年	历史事件	备 注
洪武二年	1369 年	始建先农坛于山川坛西南。列为大祀，每岁亲祭，遂耕耤田。以后稷氏配。已又奉仁祖配。后改中祀……	《明会典》卷九二
		定祭先农仪。	《明会典》卷五十一
		定分祀天神地祇乐章。	《明史》卷六十二
		二月壬午。上躬享先农，以后稷氏配祀。毕，耕耤田于南郊。	《明实录·太祖实录》卷三十九
洪武三年	1370 年	正月辛亥。享先农。	《明实录·太祖实录》卷四十八
		二月甲子。享先农。合祀太岁、四季月将、风云雷雨、岳镇海渎、山川、城隍、旗纛诸神。	《明实录·太祖实录》卷四十八
洪武五年	1372 年	二月己丑。祭太岁、四季月将、风云雷雨、岳镇海渎、山川、城隍、旗纛诸神。享先农。	《明实录·太祖实录》卷七十二
洪武六年	1373 年	二月己卯。祭太岁、四季月将、风云雷雨、岳镇海渎、山川、城隍、旗纛诸神。享先农。	《明实录·太祖实录》卷七十九
		定合祀天神地祇乐章。	《明史》卷六十二
洪武七年	1374 年	二月己卯。祭太岁、四季月将、风云雷雨、岳镇海渎、山川、城隍、旗纛诸神。享先农。	《明实录·太祖实录》卷八十七
洪武八年	1375 年	二月癸丑。享先农，躬耕耤田。	《明实录·太祖实录》卷九十七
洪武九年	1376 年	二月癸巳。享先农。	《明实录·太祖实录》卷一百三
		丙申。祀太岁、四季月将、风云雷雨、岳镇海渎、山川、城隍、旗纛诸神。	《明实录·太祖实录》卷一百三

续表

年号	公元纪年	历史事件	备注
洪武十年	1377年	正月庚戌。祭太岁、四季月将、风云雷雨、岳镇海渎、山川、城隍、旗纛诸神。	《明实录·太祖实录》卷一百十一
		二月壬子。遣官享先农。命应天府官率农民耆老陪祀。	《明实录·太祖实录》卷一百十一
洪武十一年	1378年	正月壬子。祭太岁、四季月将、风云雷雨、岳镇海渎、山川、城隍诸神。遣官祭先农及旗纛。	《明实录·太祖实录》卷一百十七
洪武十二年	1379年	正月癸卯。祭太岁、四季月将、风云雷雨、岳镇海渎、山川、城隍诸神。遣官祭先农及旗纛。	《明实录·太祖实录》卷一百二十二
洪武十三年	1380年	二月丙子。祭太岁、四季月将、风云雷雨、岳镇海渎、山川、城隍诸神。遣官祭先农及旗纛。	《明实录·太祖实录》卷一百三十
洪武十四年	1381年	正月丙寅。祭太岁、四季月将、风云雷雨、岳镇海渎、山川、城隍诸神。遣官祭先农及旗纛。	《明实录·太祖实录》卷一百三十五
		七月。祭太岁、四季月将、风云雷雨、岳镇海渎、山川、城隍诸神。遣官祭先农及旗纛。	《明实录·太祖实录》卷一百三十八
洪武十五年	1382年	二月丙寅。祭太岁、四季月将、风云雷雨、岳镇海渎、山川、城隍诸神。遣官祭先农及旗纛。	《明实录·太祖实录》卷一百四十二
洪武十六年	1383年	二月乙酉。祭太岁、四季月将、风云雷雨、岳镇海渎、山川、城隍诸神。遣官祭先农及旗纛。	《明实录·太祖实录》卷一百五十二
洪武十七年	1384年	正月丙戌。祭太岁、四季月将、风云雷雨、岳镇海渎、山川、城隍诸神。遣官祭先农及旗纛。	《明实录·太祖实录》卷一百五十九
洪武十八年	1385年	二月庚子。祭太岁、四季月将、风云雷雨、岳镇海渎、山川、城隍诸神。遣官祭先农及旗纛。	《明实录·太祖实录》卷一百七十一

续　表

年　号	公元纪年	历史事件	备　注
洪武十九年	1386 年	正月丙申。祭太岁、四季月将、风云雷雨、岳镇海渎、山川、城隍诸神。遣官祭旗纛。躬耕耤田，遣官祭先农。	《明实录·太祖实录》卷一百七十七
洪武二十年	1387 年	二月乙未。祭太岁、四季月将、风云雷雨、岳镇海渎、山川、城隍诸神。遣官祭旗纛。躬耕耤田，遣官祭先农。礼成，宴群臣于坛所。	《明实录·太祖实录》卷一百八
洪武二十一年	1388 年	二月乙未。祭太岁、四季月将、风云雷雨、岳镇海渎、山川、城隍诸神。遣官祭先农及旗纛。	《明实录·太祖实录》卷一百八十八
		三月。更定祭先农仪，不设配位。	《明史》卷四十九
洪武二十二年	1389 年	二月戊午。遣官享先农。	《明实录·太祖实录》卷一百九十五
洪武二十三年	1390 年	二月丙辰。躬耕耤田，遣官享先农。	《明实录·太祖实录》卷二百
洪武二十四年	1391 年	壬申。躬耕耤田，遣官享先农。	《明实录·太祖实录》卷二百七
洪武二十五年	1392 年	二月丙寅。躬耕耤田，遣官享先农。	《明实录·太祖实录》卷二百十六
洪武二十六年	1393 年	二月庚寅。躬耕耤田，遣官享先农。	《明实录·太祖实录》卷二百二十五
		定祭先农乐章。	《明会典》卷九二
洪武二十七年	1394 年	二月乙酉。遣官享先农。	《明实录·太祖实录》卷二百三十一
洪武二十八年	1395 年	二月己卯。遣官享先农。	《明实录·太祖实录》卷二百三十六
洪武二十九年	1396 年	二月癸卯。遣官享先农。	《明实录·太祖实录》卷二百四十四
洪武三十年	1397 年	二月。遣官享先农。	《明实录·太祖实录》卷二百五十
洪武三十一年	1398 年	二月壬辰。遣官享先农。	《明实录·太祖实录》卷二百五十六
永乐元年	1403 年	二月癸亥。祭先农，躬耕耤田。毕，宴百官耆老。	《明实录·太宗实录》卷十六十七
永乐四年	1406 年	二月戊辰。遣官祭先农。	《明实录·太宗实录》卷五十一
永乐五年	1407 年	二月戊子。祭太社太稷，遣官祭先农。	《明实录·太宗实录》卷六十四

续表

年号	公元纪年	历史事件	备注
永乐六年	1408年	二月戊子。遣官祭先农。	《明实录·太宗实录》卷七十六
永乐七年	1409年	二月壬午。遣官祭先农。	《明实录·太宗实录》卷八十八
永乐八年	1410年	二月戊申。遣官祭先农。	《明实录·太宗实录》卷一百一
		戊午。修太庙及社稷、山川、先农坛。	《明实录·太宗实录》卷一百一
永乐九年	1411年	二月戊戌。祭太社太稷，遣官祭先农。	《明实录·太宗实录》卷一百十三
永乐十年	1412年	二月戊午。祭太社太稷，遣官祭先农。	《明实录·太宗实录》卷一百二十五
永乐十一年	1413年	二月戊午。祭太社太稷，遣官祭先农。	《明实录·太宗实录》卷一百三十七
永乐十二年	1414年	二月戊申。祭太社太稷……遣官祭先农。	《明实录·太宗实录》卷一百四十八
永乐十五年	1417年	二月戊辰。祭太社太稷，遣官祭先农。	《明实录·太宗实录》卷一百八十五
永乐十六年	1418年	二月戊子。祭太社太稷……遣官祭先农。	《明实录·太宗实录》卷一百九十八
永乐十七年	1419年	二月戊寅。祭太社太稷……遣官祭先农。	《明实录·太宗实录》卷二百九
永乐十八年	1420年	二月戊申。祭太社太稷……遣官祭先农。	《明实录·太宗实录》卷二百二十二

后 记

从我开始从事北京先农坛的历史文化研究，到《北京先农坛》的付梓，刚好二十年整。

这二十年一路走来，可以说是极不平凡的历程。

回想当年，我不过二十几岁，在数九严寒中顶风冒雪奔波于首都北京的各大图书馆，像大海寻针一样地找寻着北京先农坛那早已散落成历史记忆碎片的文献资料，靠的就是一种热爱先农坛的精神动力。从那时起，这个动力一直支撑着我不要停歇，一直向前。好在当时单位领导的大力支持，虽然条件艰苦些，但年轻有心气，也就快快乐乐地担起了整理先农坛历史文献资料的重任。一干就是十年，终于在 2007 年出版了《北京先农坛史料选编》，心里算是舒了一口气。该书也是对当年支持我干事业的老领导的最好安慰。

不过，《北京先农坛史料选编》的出版并没有使我停止前进的脚步。在该书编纂过程中，深深感到要想大致说明白先农坛的一切，远非一朝一夕之功。于是设想：能否以选材范围的不同再出版两部书，一是论述大的先农文化，包括中国古代先农祭祀的起源、北京之外其他地方的先农坛，以及它们与世界范围内农业神祇崇拜之间的关系；二是专述北京先农坛文化内涵的方方面面。这样做的好处就是各有一定的侧重，能为互补，当然也有一定程度不可避免的交叉，但在成书上可回避单本书厚重价高的情况，使普通读者能够接受。同时，可以把一些出现的新材料和新观点加进去，尽可能地接近先农坛的历史真面目。循着这个思路，我便着手相关事项，策划这两部后续之作。还算顺利，于 2010 年又出版了《先农神坛》，算是完成了论述大的先农文化之目的。而这部《北京先农坛》也在紧锣密鼓地进行中，没有半点怠慢。

我深深知道，金无足赤、人无完人，要想达成事业的目标，就要充分利用做事来打造一支优秀的专业团队，大家发挥各自所长，各尽所能共同协作。传统上，文博业界单打独斗成为习惯，严重缺乏企业中的团队精神，这种现象严重阻碍了文化事业的进步。对此我有着还算清醒的认识。为了促使先农文化研究的不断深入，一开始我的宗旨就是整合目前馆内的研究队伍，在辨识具有研究素质的同事所长的前提下，尽可能合理分配研究方向，使他们能够与我协同作战。最终，大家以取长补短的朴素精神利用业余时间搜集并整理资料，完成了本书的著述。

本书的完成，是团队合作的结晶，体现着为了文物事业不断进取的意志。就我来说，擅长资料搜集、整理、策划，潘奇燕擅长古建科普研究，李莹擅长比较文化学研究。这样的一个团队组合，对于北京先农坛的文化内涵研究恰到好处，优势互补一目了然。因此，团队成员发表观点互相探讨就变得相当轻松，真正做到了思想上的交融。同时，通过著述不仅活跃了学术气氛、活跃了思想，也加深了同事之间的信任感，促进了各自事业的进步。

本书的出版，事实上完成了北京先农坛历史文化内涵研究三部曲这样一个系列，同时也标志着北京先农坛普遍性历史文化内涵研究画上句号。这个系列的完成，不仅圆了我二十年来的心愿，客观上也为北京史地文化研究、中国古代坛庙文化研究等补充了新鲜血液，使北京史地文化研究、中国古代坛庙文化研究，以至宗教学研究又多添了一个参照。这样说来，我们的工作价值还是十分深远的，也是我们希望的。

我的恩师赵迅先生，从知道我的系列想法那天起，就一直关心我的进展。这“三部曲”都是由老先生亲自审核把关，使我甚为感动。老先生不为名利、只为带动晚辈的精神深深感染着我，也是我破除各种阻力不断鼓励自己完成这个系列的真正动力所在。赵老先生此次还为本书题写书名、撰写了序言，以近九十的高龄还为文博事业不断奉献之精神，实为我等后生再接再厉之真正精神动力所在。

朱祖希先生作为北京历史地理研究的长辈，一直关心着北京先农坛的保护利用情况。朱先生十几年来对我的工作提了不少有益建议，使我受益匪浅。同时朱先生对年轻同志的不断鼓励，亦是我们这个研究团队不断进步的精神动力。

感谢所有支持我事业不断深入的人们，没有你们的鼓励，恐怕我也不太可能从内心之处找寻出人生的真正意义，也不太可能面对人为的阻力和杂音甚至无聊小动作的干扰。二十年来的风雨，不仅像一面镜子一样照出了人的形形色色，也投射出我内心中的本真，使我真正认识到信仰对于一个人的全部价值，那就是作为一个知识人要有不断追求、要有永不停歇的思想。

感谢我的研究团队及与我协作过的每一位朋友，你们是最优秀的伙伴，没有你们不畏研究的艰辛、不畏势利观念的胁迫而毅然地坚持，就不会有我们共同的成长，就不会有我们共同的心灵成熟。

我想，这部著述带给我们的不仅仅是事业的进步成就感，更重要的是过程中的一切的一切永远值得我们回味，因为，它所体现出的最为宝贵的人之社会价值，就是真诚。

还有什么比人与人之间的真诚更宝贵的呢？

最后，感谢读书界朋友们的支持，请你们提出宝贵的批评意见。

董绍鹏

2012 年 5 月